龙文鞭影

大通解

刘博 编著

青岛出版社
QINGDAO PUBLISHING HOUSE

图书在版编目（ＣＩＰ）数据

龙文鞭影大通解 / 刘博编著. -- 青岛 ：青岛出版
2019.2
　ISBN 978-7-5552-7864-1

　Ⅰ. ①龙… Ⅱ. ①刘… Ⅲ. ①古汉语－启蒙读物
Ⅳ. ①H194.1

中国版本图书馆CIP数据核字 (2018) 第270750号

书　　　名 龙文鞭影大通解
著　　　者 刘　博
出版发行 青岛出版社
社　　　址 青岛市海尔路182号（266061）
本社网址 http://www.qdpub.com
邮购电话 010-85787680-8015　13335059110
　0532-85814750（传真）　0532-68068026
责任编辑 郭东明
责任校对 胡　方
特约编辑 崔　悦
内文排版 李红艳
印　　　刷 三河市航远印刷有限公司
出版日期 2019年2月第1版　　2019年2月第1次印刷
开　　　本 32开（880mm×1230mm）
印　　　张 10
字　　　数 150千
书　　　号 ISBN 978-7-5552-7864-1
定　　　价 48.00元

编校印装质量、盗版监督服务电话　4006532017　　0532-68068638
建议陈列类别：畅销·文学

龙文鞭影 大通解

目　录

编者自序

1.《龙文鞭影》是唯一只讲故事的蒙学教材

在现代教育出现之前，中国主要的基础教育形式即传统的"蒙学"。蒙学有两层含意，广义的蒙学是指整个启蒙阶段的教育，狭义的蒙学专指启蒙教育所使用的各种教材。古时代的人上学不像现在，孩子们什么时候上学并不一定。大致上有一个划分，叫：四岁开蒙，八岁入小学，十五岁入大学。小学和大学的区别是什么呢？宋代大学问家朱熹说得最清楚：

"古者初年入小学，只是教之以事，如礼乐射御书数及孝弟忠信之事，自十六七入大学，然后教之以理，如致知、格物及所以为忠信孝弟者。"

所以，蒙学基本上是从四岁到十五岁之间给少年儿童教育的东西。

其中包括几项主要内容：用来识字的如《百家姓》《四言杂字》，教授基本道德伦理的如《弟子规》《女儿经》《增广贤文》，教韵律用来作诗和骈文的如《声律启蒙》《笠翁对韵》，教历史的如《编年歌括》，诗歌类如《神童诗》《千家诗》《唐诗三百首》等。

还有一种综合类，如《三字经》《千字文》《幼学琼林》《龙文鞭影》，是流传最广、影响最大的几种。

其中，《龙文鞭影》是蒙学教材中只讲故事的一部。虽然在故事的选材上，仍然有浓厚的儒家思想的影子，但是比起其他几部，《龙文鞭影》在意识形态的说教上相对较弱。

2.《龙文鞭影》的成书历史

相对《三字经》，《龙文鞭影》的成书时间较晚，在明朝的万历年间，作者叫作萧良有。

萧良有是个神童，明朝万历八年中"会元"，就是会试第一，之后担任国子监祭酒，就是大学校长，在当时具有极高的声望。最早的这本书，叫作《蒙养故事》，后来经过安徽人杨臣净加以增订，改名《龙文鞭影》。"龙文"意指千里马，千里马在"鞭影"之下，一定是一日千里。"龙文鞭影"就是鞭策小朋友进步的意思。

到了清朝末年，丹徒人李恩绶发现了书中的一些谬误，又对它做了一番校对增删，大清光绪年间刊行。

再后来，清朝人李晖吉、徐瓒，仿照着《龙文鞭影》的体例，写了一部《龙文鞭影二集》。所以我们现在看到的《龙文鞭影》，是经过很多人不断增补、校正后的版本。完整的《龙文鞭影》版本我们附在本书的最后面。至于是谁把它分成四卷，没有考察，也不重要。

3.《龙文鞭影》中的故事和由来

《龙文鞭影》中的故事，主要是来自《二十四史》，后来的《清史稿》到了二十世纪二十年代才成书，所以，《龙文鞭影》中这一段的内容比较缺乏。《二十四史》之外，《龙文鞭影》中的故事有很多来自《庄子》《列子》等诸子著作和古代神话、小说笔记如《世说新语》《搜神记》等。

《龙文鞭影》中的故事，全部加起来有两千余个，虽然其中仍然有一些"凑数"的，但是总的说来所选的故事都很"好看"。首先一个是除了部分从笔记小说来的故事之外，大部分故事的主人都能在历史上找到，其次是这些故事要么是历史大事，要么是历史典故，要么是名人趣事，要么是奇闻逸事。少数故事现在看起来有些无聊或者胡说八道，但是考虑到它的成书年代，不那么当真也就罢了。

作为一本教育孩子的"课本"，其思想性是必然的。我们在前面说，《龙文鞭影》的意识形态相对较弱，是拿它跟其他的蒙学书籍相比，譬如《幼学琼林》《弟子规》等，《龙文鞭影》是要孩子们从故事里读出道理，悟出道理，而不是直接告诉你应该怎样做。有人把这两千多个故事要传达的思想道德分成十大类，包括：淡泊明心、多智多趣、好学博识、忠直守节、仁厚崇礼、明德重义、志远意坚、知止自省、孝亲善友、重情然诺。我个人不是很赞成做这种分类，不说这种分类的科学性，也不说很多故事归不到这十类之中，我总觉得，这样归类，又回到了说教的老路。这是让小学生们甚至今天的大读者们深恶痛绝的一件事。

4. 为什么要重新通解《龙文鞭影》

最早接触到《龙文鞭影》，是很多年前看到的 1976 年岳麓书院出版的那一本。现在书也找不到了，内容也忘记了，只记得当时是把它作为一种"成语典故"的解释来看，但是很多内容仍然看不太懂。大概因为《龙文鞭影》是"蒙学"，从前那些有点学问的人都认为这里头的故事是"基础知识"，就像是如今的加减乘除一样基础，所以，很少人为这样的书做注释和译解。但是很明显，到了今天，这样一本"蒙学"大多数人读不懂。

网上搜索，能搜到的也是非常有限的几种解释版本。其中，影响最大的是"吕注本"。这一本由吕平先生做注解的《龙文鞭影》1996年由新疆青少年出版社出版。还有一个"吕注，哀笺"版，只看见网上可能不完整的文字，没看到纸质书。在网上的版本中的"序"中，这位"哀君"写道："蒙学之书甚多，龙文为其上佳者，龙文者何？良马之名，见鞭影而奋蹄急奔，萧氏撰此书乃欲供儿童速学之用，集人文、雅趣、逸事，读来甚为有趣。盖因此书庞杂，若无善注，无法窥其深处。今网络有天台、柳五诸君，致力诗词之道，欲将其整理为文本，其情可敬，某虽不才，亦当稍尽绵薄。吕平先生之注通俗易懂，昔乎不详，出处不明处甚多，某暇时笺注之，求证诸博雅君子。"

我看了几种注释和译解，发现很少超过吕注的。因为我们不是要做专门的研究，像那些研究《道德经》的专家一样把历史上几百种《道德经》注释本都读上一遍并列出名单，我只是在看到一些能找到的注释版本后发现大多数人仍然读不懂。

随便举个例子（出自"吕注本"）。"恂留河内，何守关中"，吕注如下："恂留河北，恂，即汉代寇恂，字子翼，汉上谷昌平（今北京）人。刘秀欲北上，邓禹荐寇恂留守，以固后方。刘秀拜寇恂为河内太守。于是寇恂一面筹饷支前，一面御敌来犯，立下大功。何守关中，何，即萧何，西汉沛人，官至丞相。楚汉相争，萧何留镇关中，转给馈饷，军需无乏。天下既定，封萧何为酂侯。关中，今陕西。"

非常简洁明了。但是对于不明白刘秀是谁，楚汉相争是怎么回事的读者完全不知道在说什么。

要读懂一个故事有两个前提：一个是这个故事的主角是怎么回事，第二个是故事发生的背景甚至来龙去脉。再譬如"王戎简要，裴楷清通"，吕注是："王戎简要，王戎，字濬冲，晋武帝时选吏部尚书，征询钟会的意见。钟会说：'王戎简要，裴楷清通。可当此任。'遂以二人为吏部郎。裴楷：字叔则。"一如既往地简洁。可是，王戎是谁？裴楷又是谁？晋武帝是谁？什么是吏部尚书？为什么说王戎简要，裴楷清通？什么是简要？什么是清通？不回答这些问题，就算看懂所有字，也不知道这是个什么故事。

况且，吕注当中，也有一些谬误。譬如"永和拥卷，次道藏书"中，吕平先生就把北魏的李谧错解成了三国的，把宋朝的宋次道错说成晋朝的。

所以，这本书的初衷就是对《龙文鞭影》这样一本"上佳"的蒙学做一个没有什么历史基础知识的现代人能够看懂的故事集。能不能从中学到历史知识不重要，能不能从故事中得到什么启发也不重要，重要的是能够愉快地阅读。

5. 以人为主，以事为辅

基于"愉快阅读"原则和人们听故事的习惯，我们把原来《龙文鞭影》的以说故事为主变成以说故事的主角为主，顺便把要讲的故事带出来。这样就解决了前面说的读懂故事的两个大前提。

一本《龙文鞭影》，两千多个故事，除了其中一些重复的部分，故事主角也有将近两千。要把这两千人的背景都找出来，在过去是不大可能的，但是在今天就可能了，因为我们有了互联网。互联网是个神奇的魔镜，你想找什么，只要找得对，就很快能够找到。

因为《龙文鞭影》的两千多个故事都是有出处的，查找相关资料信息就比较好办，因为互联网上能找到几乎所有的历史文献。当然我不会傻到每一个故事都去读它的原文再翻译，一定是找出相关的、可信度最大的现有文献，读懂了，去摘取和选择。虽然大部分的白话文出自古文的翻译，但是读多了你会发现，这些翻译出来的文章是照抄不得的。当然，第一，就算是公开放在网上的，也有相应的版权问题，不可以照抄。因此，我们这样的书不能叫"著"，只能叫"编"，或者"编著"；第二，翻译的水平参差不齐，有一些简直是惨不忍睹。在你不得不去找几个版本对照的时候，还不如直接找到原文自己翻；第三，因为我们这本书的每一段都不能太长，所以容量有限，就必须进行压缩和选择，很多时候需要重新写。

关于故事主角的那些故事就是这么来的。譬如我们讲"汉祖歌风"，整篇 770 字，其中 650 字讲刘邦的一生，最后 120 字说"大风歌"。

6. 讲一个完整的故事

前面我们举过一个例子"王戎简要，裴楷清通"，吕注用了六十六个字做注解。结果明白的本就明白，不明白的还是不明白，因为有一大堆问题。在这本书里，我们就尽量讲一个"完整"的故事。所以，我们的"解"是这样的：

这两句在一个故事里，说的是两个人。时间是在三国末期西晋初期时代，史称"魏晋"时代。两个人不但是同僚，还是亲戚。裴楷的侄子是王戎的女婿。两个人都是当时的"名士"。（说明时间、地点、故事中两个主角的关系和社会地位）

王戎出身世家，打小聪明，长相秀美。据说有一项特异功能，他的眼睛可以直视太阳而不会受到伤害。史书上说王戎长于清谈，以精辟的品评与识鉴而著称，做官做到吏部尚书、太子太傅等，是西晋著名的"竹林七贤"之一。（介绍主角之一的王戎，他的特点、本事、官职和名气）

和王戎一样，裴楷也是出身官宦世家。少年时就已经很有名气，长成后气度雍容高雅。此人博览群书，精通理义，被时人称为"玉人"。

官至太子少师，晚年任中书令，和王戎一起掌管机要。（介绍主角之二的裴通，他的出身、特点、官职和名气）

这个故事是说某一年吏部郎一职空缺，吏部郎差不多就是人事部副部长。晋文帝司马昭问钟会谁能胜任此职，钟会说："裴楷清明通达，王戎简要省约，都是吏部郎的人选啊。"（回到故事本身，这个故事中原本就没有"吏部尚书"的事儿，是吕注的失误。这里并没有介绍晋文帝司马昭和钟会，是因为本书中其他地方有介绍。有了前面的铺垫，这个故事就很容易理解和接受了）

每一个故事，都力争有背景，有前因后果。这样一个故事才能变得比较完整好看。

7. 适当地演绎

既然是讲故事，故事就要有情节，要流畅。但是历史故事，尤其是这本书中的所有故事都有出处，解说者发挥的余地并不大。但是出于"愉快阅读"的需要，在有些细节之处，做一些适当的演绎也是必要的。

举个例子。"太宗怀鹞"是一个经典故事。吕注中这样解释：《资治通鉴》载：唐太宗李世民曾得到一只鹞鸟，看见魏征来了就藏在怀中，魏征故意长时间奏事，结果鹞鸟闷死在怀中。魏征，唐宰相，善进谏。

在本书中，我们照例先介绍李世民和魏征，然后再讲这个故事：

　　某一天李世民得到一只鹞鹰，那只鹞鹰长得特别英俊奇异，就在后宫把鹞鹰架在胳臂上玩。万没想到，居然看到魏征迎面走过来。因为害怕魏征又批自己"玩物丧志"，李世民慌忙之间就把鹞鹰藏在怀里。魏征在旁边早就把这一切看在眼里，也没说破，眼珠一转，心里有了主意，于是就走上前向唐太宗汇报工作，不但汇报工作，还顺便给太宗讲古代帝王由于安逸享乐而亡国的故事。半个小时过去了，一个小时过去了，两个小时过去了，魏征好像还是没有结束的意思。太宗李世民心里虽然很是着急，担心怀里的鹞鹰被捂死，可是因为太宗向来尊敬魏征，甚至有点惧怕，况且有点"做贼心虚"，急切之间也想不出什么理由把这家伙赶走。结果，那只鹞鹰最后还是在太宗的怀里被捂死了。

　　一个皇帝，在一个臣子面前表现得像个小孩子一样，真的是一段千古佳话。

　　这样讲出来的故事，是不是更像一个故事呢？

8. 不做过多评价

　　就像在前面说过的，《龙文鞭影》中的大部分故事带有教育意义。当然，这个教育是以儒家的忠孝节义、仁义礼智信那一套为核心的。大部分的故事本身就能够很清晰地说明主题，所以，一般用不着解析者做什么评价。同时，因为本书立足于看故事而不是受教育，所以，不给太多评价也是想让读者更多地自己体会。虽然如此，有时候还是会不由自主地发出一些感叹或者意见。譬如上面这个"太宗怀鹞"的故事最后一句，就是这样一句感叹。在"圣祖吟虹"一段最后的那一句"这老兄考察干部也太过随意了吧？京城的市长可是正部级的大官儿啊"是一句调侃，也是一句感叹。

有些故事，不知道有什么意义，也不好玩儿，譬如"恺崇斗富"，上来就说一句："这是一个很无聊的故事。"

有些故事，荒诞不经。需要做一些说明，譬如"董昭救蚁，毛宝放龟"在故事的最后说：

"这类故事在中国古代各种杂记中有很多。真实性固然是没有，但是传达了两个理念：第一，做善事总是没错的，第二，善待动物。"是为了提醒读者别信。

有的故事就直接划到"胡说八道"行列，譬如"刺史鸡窗"。

晋代有个人叫宋宗，官任兖州刺史。家里养着一只鸡，宋宗经常对着鸡说话。忽然有一天，这只鸡像八哥一样说了人话！从此，宋宗就经常跟这只鸡讨论诗书玄道，宋宗的玄学日日精进，最终成为一代大师。

这纯粹是胡说八道。

有的故事，看起来夸张，却有其真实性，需要增加材料证明它的真实。譬如"琼崖小儿"，是说海南地区人多长寿，有一个老祖宗不知道几百岁了还活着。这一段增加了一点新的信息："海南人长寿，到今天仍然如此。海南省 2015 年申报长寿补偿金的百岁及百岁以上长寿老人有 1944 人，即全省平均每 10 万人就有百岁老人 21.46 人，是全国百岁老人密度最大的省份，是名副其实的'长寿岛'。"来佐证古人没有胡说八道。

9. 繁简的选择

在繁简的选择上，因为本书写作时间较长，前后一致性不太好，总体而言是，前面比较简洁，后面有些啰唆，虽然努力纠正了一番，但是很难回到当时的创作心境中，不敢随意删削。

决定文章长短的主要因素有两个：一个是故事主角的生平，二是故事环境的复杂性。这一本《龙文鞭影》中，故事所涉及的都是在历史上非常有名的人物，不然也不会"名留青史"。有名的人，通常很有故事，其中很多人，一生的故事就是一本厚厚的书，相信很多读者都读过他们的传记。譬如一些帝王：秦始皇嬴政、汉高祖刘邦、汉武帝刘彻、唐太宗李世民、宋太祖赵匡胤等；譬如一些名臣：王安石、张居正、李斯、魏征、萧何；譬如一些哲学家：老子、孔子、孟子、韩非子；譬如一些大文人：司马迁、扬雄、李白、苏轼、欧阳修；譬如一些名将：韩信、关羽、岳飞、李靖等。但是在我们这本书里，每一个人都不可能尽情地展开。所以在开始的时候，基本上确定每一个人的介绍不超过千字，后来有所放松。看了看大概只有曹操的那一段最长，有将近三千字；李白的那一段也有一千八百字。曹操的那一段花了不少笔墨介绍"官渡之战"和"赤壁之战"，李白的那一段长就是因为笔者太喜欢李白了。

历史上写一个人的生平要花很多笔墨写他的升官过程。实际上，中国历史上的名人除了皇帝和隐士大都是在官场混的，所以官场浮沉就是他们的一生。但是对我们写故事的人来说，升官罢官就没那么重要，除非对他的人生有重要影响。所以，在写人的时候，基本上是有故事则长，没故事则短。譬如在介绍张九龄的时候，有一段这样写："之后的十几年，在张说的奖掖和提拔下，虽有些波折，官职一路上升。到张说病逝后四年，张九龄终于坐上丞相宝座，主理朝政。"原因就是这一段没啥精彩故事。反之，在介绍虞子贱的时候，一个"掣肘"的故事就占了四百多字。因为这个故事很有意思也很有意义。

　　每一个故事都有上下文，上下的取舍也决定文章长短。譬如在"通德宫中"，主角是赵飞燕的婢女，所以就需要先说赵飞燕，说赵飞燕就联想到"环肥燕瘦"，所以就从"环肥燕瘦"开始，先说杨玉环，再到赵飞燕，再到樊通德，读起来就很舒服。

10. 结构的延续

　　《龙文鞭影》的结构，在所有蒙书中独树一帜，没有按照内容来划分章节，而是按照每一句的韵脚，所以，就有"一东""二冬"。这样的结构，最大的好处，也是作者的初衷是让小孩子读起来朗朗上口，容易记忆。但是对现代读者来说，就会引起读者不断穿越的感觉。譬如第一段的两个故事"重华大孝，武穆精忠"，前一个还在上古时期，一转眼就到了大宋朝，中间几千年。这样的组合到处都是，大都是为了前后两句的对仗。其实读习惯了也很好玩儿。

传统的注解，都是两句一起的。这样做有几个原因：第一个是两句一组本身就是《龙文鞭影》的特点，这两句都是对仗句，读起来很顺，有利于小孩子背诵；第二个是两句的故事基本上都有关联。随便挑几个，譬如"卫懿好鹤，鲁隐观鱼"，前一个说鸟，后一个说鱼，"仕治远志，伯约当归"，远志和当归都是中药的名字。"卜商闻过，伯玉知非"，"闻过知非"本身就是个成语，"美姬工笛，老婢吹篪"，主角都是女子，说的都是乐器；第三，还有两句说一个故事的，譬如前面说的"王戎简要，裴楷清通"就是一个故事。

所以，也看到过每四句一解的版本，感觉只剩了故事，缺少了很多韵味。经过反复思考，决定仍然延续原有的结构。也有人根据故事表达的中心思想重新编排，个人不觉得好。

11. 几点说明

一、本书全盘通解，不做删节。从前，尤其是在某一个历史阶段，注解古书的时候要删掉那些"封建糟粕"，譬如涉及迷信的内容。在本书中，也有一些所谓迷信的内容，我们没有把它们删掉，但是在注解的时候指了出来。

二、为了大家阅读顺畅，和一般讲解历史故事不同，本书在一些地方采取了简化处理，譬如：

a) 只讲人物生存的朝代，如唐、宋，和年代，如唐玄宗时期、宋仁宗时期，而不列出人物的生卒年份，如911-958年。

　　b) 大部分人物略去了出生地点，主要是因为古时候的地点和现在不一致，需要花笔墨说明，但是意义不大。

　　c) 在讲故事的时候，也尽量不说具体的年份，譬如公元前87年，也不说当朝的年份，譬如"天元二年""正德五年"，因为这种人为的纪年没什么意义，不想让读者费心想为什么是"天元"而不是"地元"。

　　d) 在介绍一些人的生平时，采取了一个"奇怪"的办法：根据年龄的增长顺序，如说李白，就是这样：二十五岁如何如何，三十二岁如何如何。不知道效果会怎样。

　　e) 尽量不说故事的来源。譬如很多故事来自《世说新语》，我们一律不提，就算是来自正史，如果不是故事本身需要，也不提及。感觉如果提及原出处，这个故事就不像是本人讲的了，会产生一些距离感，违反"愉快阅读"的原则。

　　f) 对话不用引号。这本来是现代写作中用到的一种手法。当然，如果您说中国的古文没有标点符号我也不抬杠。本来在写前半部分的时候是有引号的。写完了再读，就觉得引号碍眼，不顺，就取消掉了。

　　三、在说故事的时候，有一些演绎中可能会发生"唐朝人说宋朝话"的情况，请读者不必太在意。

　　四、数字的表示让我头疼很久，总觉得一段文字中突然出现一串阿拉伯数字很突兀。譬如"一天就来了五百个诸侯"写成"一天就来了500个诸侯"，就觉得那个500很扎眼。但如果是523，写成五百二十三又觉得啰唆。所以，数字表示在这本书里有点乱，基本上整数、百以内的数都用文字，太大和复杂的数字就用阿拉伯数字了。

　　五、《龙文鞭影》中有很多生僻字，包括注解中也有很多生僻字，所以我们把那些认为大家可能不认识的生僻字都标了汉语拼音。这样读起来就顺畅多了。

六、整个写作过程中，最叫人头疼的事儿是古代的各种官职。中国古代的官职体系非常复杂，而且每一朝都不一样，每一朝中的每一个年代也会有变化。北京大学出版的《中国官名大辞典》有七百页！原著还是个美国人！官职和官名的设置与当时的政治社会背景密切相关，同样的名字在不同朝代的意思有很大差别，譬如"司徒"之类。有时候要解释清楚一个官名，恐怕就需要数百字。但是，大多数时候不做解释，对理解故事本身没有很大影响，所以，在本书中，简单能解释的就解释一二，解释起来复杂，但是不太影响阅读的，就不解释。譬如说，某人从"统领"升为"统制"，您知道统制比统领官大就可以了。

序篇 中国史谣

　　《龙文鞭影》是古代小朋友们学习中国历史的教材。既然学历史，就应该按照中国历史的进程排序，把历史上发生的各种故事按照先后顺序和历史背景串起来。可是，《龙文鞭影》没有采用这样的顺序，而是把每一个故事用四字命名，根据最后一个字的韵脚排列，所以，每一篇的题目就变成了"一东""二冬""三江"等，其目的是方便小朋友朗读和背诵。因为在古代，背书是读书过程中的主要任务，对蒙学尤其如此。合辙押韵才好背嘛。但是这对中国历史发展阶段不很清楚的同学们来说就有点晕菜了。

　　所以，在开始学习《龙文鞭影》的正文之前，我们先把中国历史的脉络理一理，为了让同学们容易记住，我们也山寨一下《龙文鞭影》的做法，用四字成韵的方式表现出来。水平有限，最多算一个顺口溜吧。同学们不要笑话。

好啦。现在开始，同学们跟我读。

中华历史，源远流长。五千余年，光耀东方。

盘古开天，五帝三皇。有字记录，始于殷商。

帝王典范，尧舜禹汤。夏桀无道，亡在成汤。

大周伐纣，文武二王。东周乱世，春秋登场。

群雄割据，各霸一方。百家争鸣，百花齐放。

老子孔子，韩非商鞅。墨子管子，鬼谷阴阳。

战国七雄，常动刀枪。齐楚燕韩，赵魏秦邦。

一统中华，有秦始皇。统一文字，标准计量。

胡亥残暴，两代即亡。刘邦斩蛇，项羽张狂。

宴设鸿门，羽刎乌江。西汉王朝，断在王莽。

短命新朝，灭于汉光。东汉再起，定都洛阳。

三国终汉，鼎立三方。西蜀刘备，江东孙郎。

北魏曹操，晋起魏亡。西晋黑暗，乱世八王。

五胡乱华，称霸北方。东晋南渡，百年而亡。

南北朝始，裂土分疆。宋齐梁陈，南方四代，

三魏齐周，北地逞强。再统中华，唯有隋炀。

英武杨坚，无道杨广。一时强国，短暂风光。

李渊造反，中华称唐。太宗世民，神武威扬。

贞观之治，举世无双。武曌则天，唯一女皇。

安史之乱，大唐气伤。五代十国，再度裂疆。

北方五代，十国南方。逾五十载，国家动荡。

陈桥兵变，宋朝开张。再统中华，兄弟二皇。

安石变法，贼霸朝纲。金兵南侵，耻辱靖康。

高宗逃跑，临安余杭。岳飞北伐，秦桧祸殃。

成吉思汗，大杀四方。崖山海战，宋朝灭亡。

元都燕京，铁骑扩张。五帝百年，外挫内伤。

烟尘四起，有子元璋。大明崛起，盛超汉唐。

继光抗倭，三宝远航。阳明心学，科技宏昌。

改革居正，专权阉党。自成起义，崇祯吊亡。

清兵入关，承畴投降。康乾盛世，扩土开疆。

文治武功，世界中央。腐败和珅，无能道光。

鸦片战争，大清衰亡。国父孙文，民国之光。

毛氏泽东，民族救星。共产党立，工农解放。

人民共和，五星旗扬。中华民族，屹立东方！

　　总共 544 字，背得熟了，就能把中国的历朝历代记个八九不离十，再看下面的故事就不那么费力气了。

第一篇 一东

原文

粗成四字，诲尔童蒙。经书暇日，子史须通。
重华大孝，武穆精忠。尧眉八彩，舜目重瞳。
商王祷雨，汉祖歌风。秀巡河北，策据江东。
太宗怀鹞，桓典乘骢。嘉宾赋雪，圣祖吟虹。
邺仙秋水，宣圣春风。恺崇斗富，浑潘争功。
王伦使虏，魏绛和戎。恂留河内，何守关中。
曾除丁谓，皓折贾充。田骄贫贱，赵别雌雄。
王戎简要，裴楷清通。子尼名士，少逸神童。
巨伯高谊，许叔阴功。代雨李靖，止雹王崇。
和凝衣钵，仁杰药笼。义伦清节，展获和风。

占风令尹，辩日儿童。敝履东郭，粗服张融。

卢杞除患，彭宠言功。放歌渔者，鼓枻诗翁。

韦文朱武，阳孝尊忠。倚闾贾母，投阁扬雄。

梁姬值虎，冯后当熊。罗敷陌上，通德宫中。

粗成四字，诲尔童蒙

同学们大家好！我叫萧良有，是明朝万历年间的人。万历是明朝的第十六个皇帝叫明神宗朱翊钧的年号，从1573年开始到1620年结束，用了四十八年，是明朝使用时间最长的年号。万历年间有个非常能干的大臣叫张居正，这个张居正可了不得，在中国历史上有"史上第一宰相"的美誉。明神宗刚当上皇帝的时候还是个小屁孩儿，不懂得怎样治理国家，他娘李太后就把所有的军政大权交给了张居正。张居正就实行了一系列的改革，使社会经济得到很大发展，所以，历史上管这段时间也叫"万历中兴"。大家知道的中国最伟大的医生之一李时珍，就是在万历年间写的他那本名垂青史的《本草纲目》。

我是湖北汉阳的人，就是现在的湖北武汉。我小时候据说特别聪明，属于天才少年一类。所以那一年我参加全国统一考试，先是经过了湖北省的乡试，得了举人，然后被朝廷选中，成了有资格参加在首都北京举行的最后选拔考试的贡士，经过三场考试，我在几百个精英学子中脱颖而出，力拔头筹，名列第一，叫作会元！我牛吧？

中了会元之后，皇上就封我当了国子监祭酒。国子监大家知道吧？那可是中国古代的最高学府啊！比现在的清华、北大可牛多了！祭酒就是校长，是从四品的大官！要知道，县长才是七品。

虽然当上最高学府的校长，我对小时候刻苦读书的情景还是记忆犹新。同学们可知道，我们那时候念书，没有你们现在这些数学、物理、化学、生物啥的，基本上就是读前人的书，背前人的书，读透、背熟了，再写文章。可是中国文化源远流长，从春秋战国到秦始皇统一汉字，再从秦汉到我们这时候的明朝，两千多年，光是书就如汗牛充栋。虽然前人也为我们梳理出了很多读书的脉络，可是对于小孩子来说，在那么多书籍里头把精华找出来多难啊。那个时候没有电脑也没有手机，甚至连个像样的图书馆都很难找。所以我就想，要是能够把成千上万的历史书籍中一些精华部分，尤其是各种历史上发生的故事用《三字经》《千字文》那样的形式写出来给小朋友学习背诵不是很好吗？

这就是我编写《龙文鞭影》这本书的初衷啦。

最早这本书的名字其实不叫《龙文鞭影》，叫《蒙养故事》。说起来真是有点无奈，其实《蒙养故事》这个书名更能体现这本书的内容，因为它本来就是写给十岁上下的小朋友们作为启蒙教育的各种故事。可是为什么后来改名儿叫《龙文鞭影》呢？那可不是我改的，是后来有个人叫杨臣诤，是个安徽人，他看了我写的《蒙养故事》，觉得还不够全面，于是就增补了一些内容，然后可能觉得《蒙养故事》这个名字太土太俗了，就给起了这么一个高大上的名字《龙文鞭影》。啥意思呢？龙文是中国古代一种千里马的名字，马最怕什么？最怕被鞭子抽嘛。所以，只要看见鞭子的影子，马就会扬蹄亮掌，飞驰而去。所以，"龙文鞭影"的意思就是这本书就像是鞭子的影子，鞭策小朋友们努力加油，早日成为对社会有用的"千里马"。好吧，反正他改名字也没跟我打招呼，于是这个名字就这么流传下来了。

其实这本书里的故事主要来自二十四史，也采用了历史上一些神话、小说、笔记里头的各种故事。为啥大部分是故事呢？主要也是为了照顾小朋友们喜欢读。不然整篇的大道理，别说小朋友，就算是我，也会读得头大是不是呢？不过，虽然以故事为主，小朋友们一定能从这些故事当中体会出很多大道理，所谓"小故事，大道理"，对不？

这开篇的四句，就是说写这本书的目的。"粗成四句"，是因为整篇《龙文鞭影》都是用四字押韵的方式撰写的，所以，每一篇都是用韵律中的代表字为篇名，"一东""二冬""三江"等，都是按照《韵律启蒙》的顺序排列的。《韵律启蒙》是什么，就要让同学们自己去查一查看一看啦。说"粗成"，那是俺的谦虚！做人不能太高调嘛。"诲尔童蒙"，"诲"就是教诲的诲！也就是"学而不厌诲人不倦"的"诲"，就是教导、循循善诱的意思。不是那些假导师、假学问家"毁人不倦"的那个"毁"哦。"尔"就是你们的意思啦，"童蒙"，就是需要启蒙的儿童嘛。

经书暇日，子史须通

同学们都去过图书馆吧？到了图书馆你要找一本书怎么找呢？一般来说你首先需要找到这本书属于哪个类别，譬如儿童读物、英语、科普什么的。现代图书的分类是一门专门的学问，因为图书内容涉及这个大千世界的每一个细节，不分清楚怎么行呢？所以在中国最牛的大学之一北京大学里就有一个"图书馆系"。历史上有两个伟人跟图书馆有关系，一个是伟大领袖毛泽东，年轻的时候是北京大学图书馆的馆员，还有一个是两千多年前的老子李耳，当过东周王朝的国家图书馆的馆长。不过在古代，没有现在这么多书，也没有这么复杂的学问体系，明代之前，主要的图书体系都是分成四大类——经、史、子、集，神话、小说、戏剧类通常是不在其中的，因为他们不够"正统"。

"经"最简单，主要是和所谓儒家十三经相关的书籍和文献。哪十三经呢？分别是《诗经》《尚书》《周礼》《仪礼》《礼记》《周易》《左传》《公羊传》《谷梁传》《论语》《尔雅》《孝经》《孟子》。是在南宋确定的十三部儒家经典。

"史"也不复杂，其核心就是后来的二十四史（二十四史是清朝乾隆年间由乾隆皇帝"钦定"的）及相关书籍文献。但是二十四史中并没有元朝一百来年的记录，所以在民国期间，大总统徐世昌就下令把《新元史》列入正史，这样就成了"二十五史"，但多数地方都是把《清史稿》列进去而不是《新元史》。都算上的话，就是"二十六史"了。

"子"就复杂得多。大家可能听说过诸子百家，说的是春秋战国时期百家争鸣，各种思想学术流派纷纷出现。据统计，有名字的就有189家，四千多篇著作和文章。后来这一百多家被归纳为最有影响的十二家。他们是法家、道家、墨家、儒家、阴阳家、名家、杂家、农家、小说家、纵横家、兵家、医家。他们的代表人物，都是叫作什么"子"，譬如大家知道的老子、孔子、墨子、孟子、庄子、孙子、列子、荀子、鬼谷子、韩非子等。为啥叫"子"呢？因为"子"在那个时候是一种尊称，就如同说孔先生、孟先生，有学问的人才被称作什么什么"子"。他们的著作也经常以其名字为题，譬如《墨子》《韩非子》《列子》《孙子》等。有时候为了加强尊重，就在前面再加一个"子"，所以你就在《墨子》中看到"子墨子曰"，在《列子》中看到"子列子曰"，"子墨子"

就是"尊敬的墨先生"的意思。

噢，对了，"子"里面还有一种重要的组成部分，就是蒙学，对学生启蒙的学问。我们这本《龙文鞭影》就是蒙学的一种哦。

"集"以诗歌、散文、杂文为主，包括楚辞、别集、总集、诗文评、词曲五个大类。

经史子集分类始于魏晋，最详细的分类应该是清朝乾隆年间修撰的《四库全书》，谁领头修的《四库全书》呢？就是那个"铁齿铜牙"、对对联号称前无古人后无来者的大学士纪昀纪晓岚，外号"纪大烟袋"，因为那家伙就是个烟鬼。

"经书暇日，子史须通"这句话的意思是经史子集是学问的基础与核心，每天都要去读各种经典，对历史上发生的各种掌故也要十分了解。这本《龙文鞭影》就是帮助同学们做到这一点的哦。

好了，闲言少叙，故事开始。

重华大孝，武穆精忠

为啥从"孝"说起呢？因为在咱中华文化里，万事孝为先！你念过《弟子规》没？前两句是啥来着："弟子规，圣人训。首孝悌，次谨信。"所以，孝为第一。

"重华"就是三皇五帝中的舜帝。"自从盘古开天地，三皇五帝到于今"，这"三皇五帝"都是谁呢？历史上有各种不同的说法，我们采用一个比较常见的说法。"三皇"，《尚书大传》里说："遂人为遂皇，伏羲为羲皇，神农为农皇也。"就是遂人、伏羲、神农。而"五帝"则是指黄帝、颛顼、帝喾、尧、舜。舜是最后一个。

顺便说一句，虽然他们叫作三皇五帝，但是这八位并不是后来封建王朝意义上的皇帝，而是奴隶制时代某个大部落的首领。中国第一个真正意义上的皇帝嬴政叫"始皇帝"，秦始皇认为自己的功劳胜过之前的三皇五帝，采用三皇之"皇"、五帝之"帝"构成"皇帝"的称号，是中国历史上第一个使用皇帝称号的君主。不过也就是因为这么个叫法，后来的封建王朝统治者也就叫皇帝了。

传说中尧帝的眉毛有八种颜色，而舜帝的眼睛有两个瞳仁。这个说法，来自一本叫《论衡》的书，书中写道："黄帝龙颜，颛顼戴午，帝喾骈齿，尧眉八采，舜目重瞳，禹耳三漏，汤臂再肘，文王四乳，武王望阳，周公背偻，皋陶马口，孔子反羽。"具体说就是上古时期的帝王和圣人都跟平常人长得不一样。其中黄帝的脸和龙脸差不多，后来人经常说皇上"龙颜大怒"，估计跟这句有关。颛顼头上长角，帝喾的牙长得像马一样没有牙缝，尧帝的眉毛有八种颜色，舜帝的眼睛有两个瞳仁，大禹的耳朵有三个耳孔，商汤的胳膊有两个胳膊肘，周文王有四个乳房，周武王的眼睛不用抬头就能看见太阳，周公旦驼背，皋陶的嘴像马嘴，而孔夫子长得更好玩儿，他的脑袋瓜顶上是两边高中间凹，就像是尖房顶倒过来一样。所谓奇人异相，这也"异"得有点离谱了。比较起来，三国时期的蜀国开国皇帝刘备的"两耳垂肩双臂过膝"，就没啥稀奇了。

好啦，上边这一段，连后边的两句也都解释了，后边就不用重复了。下边接着讲故事。

舜不是尧的儿子。尧是在他的老爸帝喾死了以后继承的王位，而舜的王位则是尧还健在的时候禅让给舜的。在中国历史上，真正在活着的时候禅让帝位的很少，总共大概有十二次。其中，除了尧禅让给舜，舜后来又禅让给禹之外，比较著名的有唐高祖李渊禅让给儿子唐太宗李世民，清朝乾隆皇帝禅让给儿子嘉庆，其他的禅让，基本上都是刀架在脖子上，被逼着交出皇帝大印的，算不上是真正禅让。其实就算是李渊，也是在万般无奈的情况下把皇位让给李世民的。乾隆皇帝更是有意思，他的退位是因为当初说过一句话，他在位的时间不能超过他爷爷康熙皇帝，也就是说不能超过六十年。皇帝说话要算数啊，所以到了六十年他就把皇帝印给了儿子。可是，印是给了儿子，权力可没给，他说了，养心殿我住惯了，哪儿也不去，所以朝廷大权仍然掌握在自己手里。由此看来，皇位是个好位子，皇权是个好东西，谁拿到了都不会轻易放弃，一定要坐到死为止。如果刨去尧禅让舜和舜禅让禹两个上古时期没有真正记录的事件，这世界上主动让出皇帝位的也没谁了。

好啦，书归正传。"重华大孝"有什么故事吗？当然有啦。

舜的亲爹叫瞽，舜的母亲早逝，父亲给舜娶了个后妈，生下一个弟弟叫作象。舜的父亲和后妈愚蠢顽固，象也是一个傲慢无礼的家伙。他们看舜不顺眼，总是想办法要把舜杀死。有一次瞽叫舜修理米仓，看见舜爬上仓顶，瞽就在下面放火烧仓，聪明的舜用两个斗笠当作翅膀，从房顶跳落下来，丝毫无伤。瞽又叫舜去挖井，看见舜深入井中，瞽和象就用土填井，舜好似有神的帮助一样，从旁边的通道逃了出来。舜回到家的时候，瞽和象已经瓜分了舜的家产，象见了舜又怕又恼，但舜的心中毫无怨恨，依然孝顺父母，慈爱弟弟，以孝悌之道使他们转为良善，不至于成为奸恶之人。

正是因为舜在二十岁时就以孝闻名天下，四方诸侯都向尧帝推荐舜，经过长期观察，尧发现舜周围的人都被他的德行所感化，于是就把帝位传给了舜。

说完了"孝"，接下来说"忠"，忠孝节义，是中国文化的核心。如果说"孝"是孝顺爹娘孝顺家人，那么"忠"则是忠于国家。在中国的历史上，岳飞是"忠"的最杰出代表。

岳飞，字鹏举，南宋时期著名军事家、民族英雄、抗金名将，南宋中兴四将（岳飞、韩世忠、张俊、刘光世）之一、诗人、书法家。

少年时期的岳飞，沉默寡言，喜读《左氏春秋》和《孙武兵法》，拜大侠周同（小说中是周侗）为师，练就一身超凡的武艺。二十岁进入军队，屡立战功。金兵入侵大宋，老百姓生灵涂炭。岳母深明大义，在岳飞的后背刺上"精忠报国"四个大字，岳飞投身抗金前线。在战斗中英勇果敢，因战功累积任修武郎，后来又升为武翼郎，是武臣的一个低级的官阶。

靖康之变，宋徽宗、宋钦宗被金兵俘虏，北宋灭亡。宋高宗赵构惧怕金兵，只想逃跑。二十五岁的岳飞不顾自己职微言轻，上书皇帝，要求抗敌。赵构看了，批了八个字"小臣越职，非所宜言"，把岳飞撤职，赶出军营。

但是岳飞抗金的意志依然不改。之后他第四次从军，投奔开封留守宗泽，在汜水关击败金兵，宗泽升岳飞为统制。宗泽死后，岳飞继续在杜充麾下抗金。此时赵构继续南逃，金兀术占领建康（就是今天的南京）。杜充投敌，岳飞开始在敌军后方独立作战，建立"岳家军"。在夺回建康城的战斗中，岳家军斩敌三千，取得辉煌胜利。之后第一次见到皇帝赵构，岳飞固守建康的建议得到赵构的认可，被赐予金带、马鞍等物。

之后三年，岳飞先后平定几起叛乱，升任神武后军统制。宋高宗赵构赐御书"精忠岳飞"锦旗。岳飞上奏提出收复由伪齐占领的襄阳六郡，得到批准。于是岳家军再赴战场，用了不到三个月的时间，收复六郡，惊动朝野。岳飞升为清远军节度使。

之后岳飞率军镇压钟相、杨幺起义，通过瓦解、招降、围困，数日之间就解决了问题。岳飞升二路招讨使，封武昌郡开国公。两度北伐获胜之后，岳飞上表请求恢复中原，遭秦桧、张俊作梗，岳飞辞官，赵构把岳飞召还。后因立太子问题，岳飞与赵构发生矛盾。

真正的矛盾是赵构一直想投降，而岳飞则要"唾手燕云，复仇报国"。然而，通过政变掌权的金兀术并不想与南宋讲和，大军南下，兵临安徽顺昌，赵构无奈，命岳飞救援。岳飞挥师北上，不但解了顺昌之围，还攻下蔡州，收复颖昌、陈州、郑州、洛阳。各地抗金力量崛起，收复大量土地，对金兀术形成包围之势。正当岳飞等需要援军的时候，朝廷却命令张俊撤出。金兀术趁机反击，双方大战数日，金兵大败，退守开封。岳家军全线进击，再围开封。在朱仙镇又一场大战，岳家军再次大胜，金军全面溃退，只好放弃开封，准备渡黄河北逃。金兵中到处传诵着"撼山易，撼岳家军难"。

谁知就在金兀术撤出开封，岳家军进驻朱仙镇之时，岳飞一天之内接到十二道金牌，命令岳飞即刻班师。无奈之下，岳飞大哭，只好班师回朝。金兀术趁机反扑，南宋前功尽弃。班师回朝之后，岳飞再三恳请辞官，赵构不许。

第二年，金兀术再度挥军南下，岳飞领兵驰援淮西。金兵力疲，打算与宋朝议和。金兀术给秦桧写信说：必杀岳飞，而后和可成。之后，张俊、韩世忠、岳飞被调离军队。秦桧开始陷害岳飞，最后以莫须有的罪名，将岳飞杀害于大理寺监狱。小说中所说岳飞被害于风波亭，史书上是没有的。宋孝宗赵昚即位后，岳飞的冤狱才得到平反。

一首《满江红》，道不尽岳飞的满腔报国志！

怒发冲冠，
凭栏处、潇潇雨歇。
抬望眼，
仰天长啸，
壮怀激烈。
三十功名尘与土，
八千里路云和月。
莫等闲、白了少年头，
空悲切。

靖康耻，
犹未雪。
臣子恨，
何时灭。
驾长车踏破，
贺兰山缺。
壮志饥餐胡虏肉，

笑谈渴饮匈奴血。

待从头、收拾旧山河，

朝天阙。

尧眉八彩，舜目重瞳。

这两句上边已经说了，不再重复。

商王祷雨，汉祖歌风

在中国的皇帝榜样中，"尧舜禹汤"绝对是最优秀的代表。前面说了尧、舜，这里说的是商汤。中间还有个大禹，"大禹治水，三过家门而不入"是禹帝最著名的故事。

如果说三皇五帝是传说中的故事，那么真正有文字记载的中国历史应该是从"夏商周"三个朝代开始的。大禹实际是夏朝的第二个首领，第一个就是他的父亲鲧。

而商汤，自然就是商朝的了。汤是商朝的开国君主，这意思就是说，汤把他的前朝夏朝给灭了？

没错，就是给灭了。因为夏朝的最后一个君主叫作桀^{jié}，夏桀。

前面我们说"尧舜禹汤"是中国好皇帝的杰出代表，那么，最坏的君主代表是谁呢？就是"桀"和"纣"啦！他们是中国历史上最著名的暴君、昏君。纣王是商朝的最后一个帝王，被周朝的周文王周武王推翻。由此看得出来，在中国历史上，一个朝代的最后一个皇帝通常是很烂的，不烂也不会被别人推翻是不是？而能够推翻前朝建立新朝代的皇帝都比较伟大。烂皇帝的代表除了这里说的夏朝的最后一个皇帝桀、周朝的最后一个皇帝纣，还有后来秦朝的第二个也是最后一个皇帝胡亥、汉朝最后一个皇帝刘协、唐朝最后一个皇帝李祝等，总之吧，这些个皇帝要么是浑蛋，要么是笨蛋。

夏桀是一个浑蛋。这家伙不但神力超人，两只手可以把铁钩拉直，而且文武双全，却荒淫无度，暴虐无道，把国家的人力、财力都拿来建造倾宫、瑶台，从各地搜罗美女充填后宫。这样的君主领导下的国家，可以想象一定乱七八糟。

商汤，历史上也叫成汤，最初只是夏朝属下一个小国商国的国君。在位十多年，看到大夏国在桀的统治下风雨飘摇，就立志灭掉夏朝。

第一仗，商汤小试牛刀，把相邻的葛国先给灭了。在养精蓄锐准备再打夏桀的时候，夏桀先打了一仗，灭掉了一个不听话的小国有缗国，这一仗打得并不轻松，夏桀的精锐部队基本上打光了。与此同时，大夏朝逐渐分裂，除了商国这种打算造反的之外，也有对夏桀忠心耿耿的，譬如韦国、顾国和昆吾国。于是商汤决定先把这三个钉子拔掉。可是，他还没发兵呢，夏桀就觉得不太对劲儿，把商汤传到夏王都给关起来了。

这下子麻烦了。还好商汤的两个大臣伊尹和仲虺摸透了夏桀的脾气，不断地给夏桀送去珍宝和美女，请求夏桀释放商汤。夏桀被那些珍宝和美女搞昏了头，三年后就把商汤给释放了。结果这三年的囚禁使商汤变成了反夏桀的精神领袖，大家都来投奔他助他灭桀。据说有一天就来了五百个诸侯。

时机一到，商汤起兵，先灭韦国，再灭顾国，接着灭掉昆吾国。扫清外围之后，商汤率大军五千人，战车七十辆，进军夏王都，在王都之外的鸣条之野，与夏桀的军队相遇，大会战一触即发。

会战开始前，商汤写了一篇伐夏的誓词，叫作"汤誓"，诸侯和士兵听了宣读的汤誓后，士气大振，以摧枯拉朽之势横扫夏军，活捉夏桀。自此夏朝灭亡，商朝建立。

商汤虽以武力灭夏，开中国历史上武力夺取政权之先河，其本人却是一个爱民如子的好君主。他减轻对百姓的征敛，鼓励百姓安居乐业，不但统一了黄河中下游地区，就连黄河上游的部落都来归顺。

商汤活到了一百岁。

"商王祷雨"的故事说的是商汤十九年到二十四年，连续五年大旱，粮食绝收。商汤亲临国都亳东边一个叫桑林的地方祈祷上苍赐雨。他剪掉了自己的头发，剪掉了自己的指甲，沐浴更衣，坐在柴堆之上，准备好以自己的生命祭天。商汤的行动感动了苍天，就在山下的大火要烧起来的时候，突然天降大雨。

历史上，也叫作"桑林祷雨"。

汉祖就是汉高祖刘邦，是汉朝的开国皇帝。他灭掉了秦朝，建立了汉朝。前面说过，开国皇帝一般都是伟大的，刘邦也不例外。

刘邦出身农家，为人豁达，年轻时当了一个叫亭长的小官，有一回接受任务押解一些犯人去骊山，结果半路上把所有的犯人都给放了，然后乘醉斩杀一条大蛇。

秦朝末年的时候，因为不满秦二世的统治，刘邦揭竿起义，自称是"赤帝之子"，把他斩蛇的故事描绘成是赤帝之子斩杀了白帝之子，这就是著名的"斩蛇起义"。

起义过程中，刘邦得到了张良、韩信、萧何文武诸臣的鼎力相助，很快就在反秦的势力中脱颖而出，成为与项羽的楚军相当的力量。在著名的"鸿门宴"之后，霸王项羽领兵西进，烧阿房宫，杀秦王子婴，分封各路将军。刘邦被封为汉王。刘邦在没有自信可以和项羽一争天下的时候，选择了接受，回到自己的领地厉兵秣马。在平定三秦之后，东进与项羽决一雌雄。

经过了彭城之战、荥成对峙之后，楚、汉两家签下盟约。以鸿沟为界，东归楚，西归汉，分治而立。今天的象棋有"楚河汉界"，就是由此而来。

然而这个盟约并没什么用。没到一个月两家又打了一仗，项羽小胜。两个月后，在垓下两军再战，汉军重创楚军。楚军大败，阵亡四万、被俘两万，被打散两万，剩下不到两万，被刘邦的六七十万大军层层包围。更可恨的是，在被围的楚军弹尽粮绝、饥寒交迫的时候，刘邦的大将韩信让汉军士卒天天晚上唱"人心都向楚，天下已属刘；韩信屯垓下，要斩霸王头"。这就是著名的"四面楚歌"。

无奈之下，项羽率八百人突围。跑到乌江这个地方的时候，项羽身边就剩下二十八个骑兵。项羽不愿被俘受辱，在乌江边自刎。这就是著名的"霸王别姬"。

"汉祖歌风"这一段说的是刘邦创立汉朝，当上皇帝之后的高祖十一年，淮南王黥(qíng)布起兵造反，刘邦亲率大军征讨，得胜后班师回朝的路上路过自己的家乡沛县，宴请乡里，席间，意气风发，放声歌唱：

大风起兮云飞扬，
威加海内兮归故乡，
安得猛士兮守四方。

这就是历史上著名的《大风歌》啦。

秀巡河北，策据江东

这里的"秀"，说的是东汉的开国皇帝刘秀，叫汉光武帝，不是那个汉武帝刘彻哦。

汉朝分成西汉、东汉，为什么呢？因为中间有一个人把汉朝给断开了，这个人叫王莽。王莽篡位的故事好长，在这儿就先不讲啦。反正就是刘邦创立了汉朝，定都长安，就是今天的西安，在西边；刘秀灭了王莽，恢复了汉朝，定都洛阳，在东边。西汉和东汉就是这么来的。后人也有"前汉后汉"之说。

话说王莽篡权，建立新朝。对，王莽朝代的名字就叫"新"。新朝末年的时候，天下大乱，军阀割据。刘秀虽然有着刘邦的皇家血统，但是刘秀出生的时候就是个普通的老百姓。乱世出英雄，刘秀乱中起兵，经过长达十二年之久的统一战争，先后平灭了关东、陇右、西蜀等地的军阀政权，灭了新朝。为了表示自己是正统的汉朝后裔，刘秀仍然沿用了"汉"这个国名，就是东汉。

"秀巡河北"，讲的是刘秀生命中的一个重大转折。要知道，刘秀刚起义的时候，是跟着若干其他起义军一起战斗的。在起义军推举皇帝的时候，刘秀的势力还不是很强，所以当选的不是刘秀，而是刘玄，叫作"更始帝"。为了能够摆脱刘玄，刘秀不断通过各种方式取得刘玄的信任。直到有一天，刘玄给了刘秀一哨人马，命令他去黄河以北（河北）巡视。这一下刘秀就如同龙入大海，鹰飞蓝天，从此一去不返，直到灭掉所有其他势力，建立东汉王朝。

　　同学们都知道《三国演义》吧？魏、蜀、吴三分天下，曹操、刘备、孙权三大巨头各霸一方。这三个人虽然最后分别做了三个国家的君王，但是起家的方式完全不同。刘备最牛，起义之前是河北涿县一个卖草鞋草席的，靠的是结义的关羽、张飞和八竿子打不着的祖宗"中山靖王"。曹操则有一个显赫的家世，出身官宦世家，曹操的父亲曹嵩是宦官曹腾的养子，在汉灵帝时官至太尉。曹操自己从小官做起，一路做到汉朝丞相。只有孙权，是从他哥哥手里继承的江山。他的哥哥就叫孙策。

　　孙策和孙权的爸爸叫孙坚，是东汉最后一个皇帝汉献帝手下的将军。但是在三十七岁奉命攻打刘表的时候被刘表的部下黄祖设埋伏杀了。那时候孙策才十七岁。孙坚的部队由他的堂哥孙贲带领投奔了大军阀袁术。二十岁的时候，袁术让孙策做了原本属于孙坚的一千多人马的将领。

　　但是袁术是一个反复无常的家伙。一年以后，孙策就找了个理由离开袁术，开始了他收取江东、独霸一方的大业。

　　不到一年的时间，孙策的兵马已经过万。在周瑜、程普、黄盖等将军的协助下，首先打败了牛渚营的刘繇，夺得仓库中所有粮食和兵器战具，势力越发强大。接着孙策继续进军江东各地，先是打败了严白虎，之后进军会稽，活捉会稽太守王朗。

　　两年之后，袁术给自己封了皇帝，孙策与袁术决裂。汉献帝任命孙策为骑都尉，孙策嫌官小，临时改成代理明汉将军，之后又被任命为讨逆将军，封吴侯。不久孙策就统一了江东地区，成为事实上的吴国，只是没有宣布自立为王而已。

孙策喜欢一个人出门打猎。平定江东之后，有一天孙策在丹徒山中打猎，因为他的马跑得太快，护卫们都被远远地落在后面，忽然遇到刺客。刺客二话不说，弯弓搭箭朝着孙策的面门就是一箭，孙策中箭受伤。

四天之后，孙策将死，把弟弟孙权托付给重臣张昭，对孙权说："率领江东兵众，决战两阵之间，横行争衡天下，你不如我；但举贤任能，使其各尽其心，用以保守江东，我不如你。"当晚孙策去世，年仅二十六岁。

太宗怀鹞，桓典乘骢

这是一个很有趣的故事，故事的主角是唐太宗李世民和他的大臣魏征。

李世民是中国历史上英明君主中的一个。他少年从军，立下过赫赫战功，再跟随父亲李渊打败了隋朝，建立了唐朝之后，当过尚书令、大将军，被封为秦国公，后被封为秦王，率领自己的部队先后平定薛仁杲、刘武周、窦建德、王世充等军阀，并在战斗过程中得到了一大批出色的文臣武将，在诸王之中实力强大。

李渊登基后的第九年，李世民发动历史上著名的"玄武门之变"，杀掉了自己的哥哥、太子李建成和四弟齐王李元吉以及两个人所有的儿子，他老爸唐高祖李渊被迫立李世民为太子，不久之后，李渊退位，李世民登基，年号改为贞观，开始了中国历史上又一个盛世——贞观之治。

李世民能够成功，在很大程度上是因为这个人心胸宽阔，能够容人，知人善任，任人唯贤不问出身，所以众多的文臣武将在投奔李世民之后都死心塌地。同时，李世民还鼓励群臣对他的决策提出批评意见，他认为有理的，大部分都接受。其中最著名的谏臣魏征就批了皇帝二百多次，在朝堂上直陈皇帝的过失，在早朝时多次发生了使李世民尴尬、下不了台的状况。晚年的李世民变得有些刚愎自用，但是相比中国历史上的大多数皇帝来说，李世民还是相当大度的，大致上还是保有那种克制、接受批评的氛围。

在唐太宗李世民的众大臣之中，魏征之所以出类拔萃，最重要的就是他敢于当面批评皇上。在李世民心里，魏征的地位也不一般。魏征去世后，唐太宗伤心地说："以铜作为镜子，可以端正衣冠；以历史作为镜子，可以知道国家的兴亡；以人作为镜子，可以知道自己的得失。现在魏征去世了，我失去了一面很好的镜子啊！"

这段"太宗怀鹞"的故事是这样的。

某一天李世民得到一只鹞鹰，那只鹞鹰长得特别英俊奇异，就在后宫把鹞鹰架在胳臂上玩儿，万没想到，居然看到魏征迎面走过来。因为害怕魏征又批自己"玩物丧志"，李世民慌忙之间就把鹞鹰藏在怀里。魏征在旁边早就把这一切看在眼里，也没说破，眼珠一转，心里有了主意，于是就走上前向唐太宗汇报工作，不但汇报工作，还顺便给太宗讲古代帝王由于安逸享乐而亡国的故事。半个小时过去了，一个小时过去了，两个小时过去了，魏征好像还是没有结束的意思。李世民心里虽然很是着急，担心怀里的鹞鹰被捂死，可是因为太宗向来尊敬魏征，甚至有点惧怕，况且有点"做贼心虚"，急切之间也想不出什么理由把这家伙赶走。结果，那只鹞鹰最后还是在太宗的怀里被捂死了。

一个皇帝，在一个臣子面前表现得像个小孩子一样，真的是一段千古佳话。

桓典是东汉汉灵帝时期的一名官员，官名叫"侍御史"。

侍御史、御史、御史中丞、御史大夫，凡是带有"御史"的官衔，在历史上，从秦朝出现这个头衔，一直延续到清朝，都是专门作为监察性质的官职，主要负责监察朝廷、地方上的臣子官员的行为是否有违法和违规之处，一旦发现，就要上报朝廷。

侍御史是一个级别不大的官，他的上司是御史中丞。如果侍御史发现官员犯法或者犯错，是不能直接报告给皇上的，必须通过御史中丞才能上达天听。汉灵帝死后，就是东汉的最后一个皇帝汉献帝刘协。在汉献帝时代，桓典被提拔为御史中丞，并获封关内侯。

桓典的爷爷桓焉曾经做到太傅，是很大的官。桓典继承了家业，在颍川这个地方教书，据说门徒有好几百人。有一年，国相王吉因有罪被杀，朋友亲戚没有人敢到他家去。只有桓典放弃了官职为王吉收尸并将他埋葬，还服丧三年，背土堆成坟，又为他建立祠堂，按礼仪做完所有事情。史书上专门记录这件事儿，相信是为了说明桓典这个人是一个坚持自己的信念、不畏强权、讲信义的典型。

确实，历史上记录的桓典是一个正直不怕事儿的人。那时候宦官专权，桓典却毫不畏惧他们。估计在任上参倒了不少贪官、坏官、烂官、懒官，所以声名大噪。因为他常常骑着青白色的马，就是"骢马"，京城当官的那些人都很怕他，私下里互相嘱咐说：走路的时候要停下来看看，千万别碰上那个骑着青白色马的御史（行行且止，避骢马御史）。

这就是所谓"桓典乘骢"的由来。

嘉宾赋雪，圣祖吟虹

借这个故事，我们先说说南北朝。

大家可能还记得，三国最后被谁给灭了？晋。晋朝是司马氏的天下。当初司马昭是曹家魏国的大臣，结果和他儿子司马炎一起把魏国给干掉了，"司马昭之心路人皆知"说的就是这事儿。

司马家的西晋好景不长，接替司马炎的是晋惠帝，就是那个问"老百姓没有粮食吃，干吗不吃肉"的愚蠢家伙。有这样的皇帝江山怎么会稳？结果皇家宗室之间发生"八王之乱"，北方的胡人乘虚而入，就是"五胡乱华"，大家打成一锅粥。晋朝名存实亡。

后来有个叫司马睿的家伙，当然也是晋朝的皇室，在南方重建晋朝，历史上叫东晋，只管长江以南，因为北方都是胡子，管不了。

后来东晋被刘裕夺权改国名为宋，南北朝正式开启。

南朝还好说，宋灭了东晋，齐灭了宋，梁灭了齐，陈灭了梁。最后陈被隋朝的开国皇帝杨坚给灭了。

北朝就太乱了，最乱的时候前前后后有十六个国，国名儿记起来都困难。后来被北魏统一了，不久北魏内乱，分裂成东魏和西魏。再后来东魏被北齐篡国，西魏被北周篡国，再后来，北周统一北方。再再后来，北周的一个大臣叫杨忠，杨忠有个儿子叫杨坚，就是建立大隋朝的那一位。

乱吧？

　　话说南朝宋朝，有三个大文人，都姓谢。谢惠连，他族兄谢灵运、谢朓合称"三谢"。名声很大。谢惠连的一篇著名文章就叫作《雪赋》。而《雪赋》之中，讲了一个西汉时期的故事。

　　西汉时梁孝王刘武是汉文帝刘恒的儿子，被封梁王。这个人喜欢建造园林，以睢阳为中心，依托自然景色，建了一座很大的园子，又称菟园，后人称为梁园。

　　谢惠连在《雪赋》中说道：某一日大雪纷飞，梁王在菟园中游玩，心情抑郁不乐，便请来枚乘、邹阳等人一同饮酒赋诗，司马相如最晚到场。这个司马相如就是跟卓文君谈恋爱的那个大才子了。为了展现自己的纵横才气，他即兴创作了《白雪之歌》，得到与会的嘉宾齐声赞赏。这就是"嘉宾赋雪"。

　　明朝的开国皇帝明太祖朱元璋是一个奇人，也是一代奇皇帝。历史上关于他的故事很多。

　　朱元璋出生在安徽凤阳，是一个非常贫穷的地方，小时候家里很穷，没办法就出家做了和尚。元朝末年群雄造反，朱元璋投军在郭子兴麾下，屡立战功。郭子兴死了以后，朱元璋接管了他的队伍，数年浴血奋战，终于攻陷元朝首都燕京（就是现在的北京），元顺帝逃走，大明朝建国。

　　这个故事说的是有一个叫彭友信的人，是个贡生。贡生就是地方政府从本地秀才中选拔出来的成绩优异的，送去京城国子监深造的学子。彭友信因为被选拔为贡生，就赶往京城国子监，结果半路上遇到了朱元璋微服出行。那天刚下过雨，天上出现彩虹，朱元璋心情大好，随口吟出两句："谁把青红线两条，和云和雨系天腰。"刚吟完，就看见彭友信在旁边，就让他把诗接下去。也不知道彭友信同学为啥突然福至心灵，大声吟道："玉皇昨夜銮舆出，万里长空架彩桥。"这马屁拍得恰到好处。于是皇上龙心大悦，问了他的籍贯，说明天早上咱们竹桥见面，然后一起上朝面君。这时候彭友信还不知道这是皇上，只认为可能是哪一位贡生或者举人吧，于是第二天早上就如约去竹桥等着，结果等了好久没等到。朱元璋召见了他，问他去没去竹桥，彭友信实话实说，朱元璋很高兴，说：这个人有学问有品德啊，于是就让他当了北京市的市长（北平布政使）。

这老兄考察干部也太过随意了吧？京城的市长可是正部级的大官儿啊！

邺仙秋水，宣圣春风

中国历史上有很多神童，李泌就是其中一个。据说这哥们儿七岁就能做文章，少年的时候就能粗通"黄老列庄"（四部经典：《黄帝内经》《道德经》《清虚经》《法华经》，后面三本也叫《老子》《列子》《庄子》），乖乖不得了。不过由此也可以看出，这个人从小对道家学问很有兴趣，并且有隐居山林的癖好。

李泌生于唐玄宗时期。从小就出入皇宫，并且当过待诏翰林，专门在东宫教太子李亨念书。后来因为写诗得罪了杨国忠和安禄山，被诬告赶出皇宫，李泌干脆就直接隐居去了。

"安史之乱"之后，唐玄宗倒台，太子李亨即位唐肃宗，从山里把李泌找出来，请他当官。李泌坚辞不受，唐肃宗无奈，给了他一个虚衔，留在宫里随时请教，称李泌为先生。这个时候李泌修道已有小成，已经很少吃烟火食物了。

从唐肃宗登基那天起，李泌就一直在肃宗身边，为肃宗出谋划策，虽然没有实际的官位，其权力却大过宰相，因而招来了权臣崔圆、李辅国的猜忌。"安史之乱"被平定，天下太平之后，李泌又一次主动离开皇宫，进入衡山修道。

若干年之后，玄宗、肃宗都死了，新皇帝唐代宗登基。又把李泌从山里找了出来，让他做翰林学士。结果又遭宰相元载嫉妒，找机会把李泌又赶出了京城。后来元载出事被杀，代宗又把李泌召回京师，不久新宰相再次把李泌赶了出去。李泌自己也无所谓，在外地照样不断给皇上出主意，皇帝还是从善如流。

代宗之后，是唐德宗李适。一场兵变，德宗避难在外，又把李泌召在身边，随时召见请教。几年之后，李泌升为宰相。在宰相位置上，李泌成绩卓著，在政治、军事、外交、经济各方面都取得非凡成就。而且，他为官刚直不阿，在大是大非面前，毫不妥协，甚至不顾全家性命，竟然与自己的老板唐德宗争执达数十次之多，这种威武不屈的精神实为难得。

李泌历经四朝，每一朝的皇帝都对他信任有加，这在历史上几乎绝无仅有。但是李泌本人对官场并不是很在意。他一生都没有放松自己的修道，为人处世都隐隐然有仙人之风，因为唐德宗给李泌封了"邺县侯"，所以世人就称之为"邺仙"。著名唐代诗人贺知章说李泌：此子目如秋水，必当拜卿相。这便是"邺仙秋水"的由来。

地球人都知道孔夫子。孔夫子所代表的儒学，是中国历史上为世人所推崇最多、最广、最高的学问，没有之一。这主要是汉之后历代帝王不断推崇的结果。

最早给孔夫子头上加衔的是汉文帝刘衍，追封孔子为公爵，称"褒成宣尼公"，爵位分"公侯伯子男"，国公算得上高位，但也不过是臣子之一。北魏孝文帝改称孔子为"文圣尼父"，北周静帝又恢复公爵之封，号"邹国公"。不管有没有爵位，都还在帝王之下。

到了隋文帝杨坚，孔夫子升级，成为"先师尼父"，从臣子"升职"为"师父"。唐太宗李世民尊孔子为"先圣"，孔夫子第一次成为"圣人"，后来又改成"宣父"。唐高宗李治尊孔子为"太师"，师父的级别升了一级。武则天当皇帝，又把孔夫子往下拉，恢复公爵，改号"隆道公"，而唐玄宗李隆基又把孔子的爵位升了一级，到了王级，叫"文宣王"。

宋真宗称孔子为"玄圣文宣王"，后来又改称"至圣文宣王"。元成宗加封孔子为"大成至圣文宣王"。清世祖又复称"至圣先师"。民国年间"国民政府"派员祭祀孔子，孔子的谥号也是"大成至圣先师"。

只有一个人曾经给孔夫子皇帝的身份，这个人是西夏的夏仁宗。他曾经颁布诏令："尊孔子为文宣帝，令州郡悉立庙祀，殿庭宏敞，并如帝制。"不过西夏在中国历史上影响力实在是太过渺小，所以，大家没拿他当回事儿。

不难发现，大多数的头衔当中都有一个"宣"字，所以，后人称孔夫子为宣圣，也叫宣尼、宣父。

汉武帝刘彻曾经问他的臣子东方朔：孔颜之道德何胜？这里的孔，是孔夫子，颜说的是颜渊，也叫颜回。孔子的门下有三千弟子，七十二贤人，其中德行最好、最安贫好学的学生就是颜渊。孔子曾经夸他："一箪食，一瓢饮，在陋巷，人不堪其忧，回也不改其乐。"

在历史上，东方朔的名声可能不下于他的老板汉武帝。但是跟汉武帝不同的是，东方朔是以幽默诙谐出名的。

在这段故事中，汉武帝问了一个非常严肃的问题：孔夫子颜渊他们的思想德行有什么胜过别人的地方？

东方朔不愧是东方朔，一句话就说清楚了：颜渊的德行像一棵桂树，让整座山都能闻到他的馨香；而孔子的德行就像春风一样，所过之处，万物生长。

恺崇斗富，浑溷争功

这是一个很无聊的故事。

晋武帝司马炎手下有两个富豪。一个是皇帝的小舅子，叫王恺，官拜右将军。另一个家伙叫石崇，官居散骑常侍。两个人都认为自己的财富天下无敌。

为了显示自己有钱，王恺用当时很贵重的麦精刷锅，石崇听了，就用更贵重的石蜡当柴火烧。王恺不服气，用紫纱铺了四十里，石崇就用织锦铺了五十里。

司马炎对此不但不加以制止，为了让自己小舅子王恺得胜，还多次资助。有一回，晋武帝赠给王恺一株两尺多高的珊瑚树，王恺就拿出来对石崇炫耀。石崇一看，二话不说，拿出一个铁如意，乒乒乓乓就把珊瑚树砸个稀碎。王恺大怒说你就算是嫉妒我也不能这样啊。谁知石崇嘿嘿一笑，说："你这有什么了不起的，我现在就赔你。"说着，石崇就让家人从家里取出自己的珊瑚树，不但有很多二尺高的，甚至三四尺高的就有六七株，王恺当场惊得目瞪口呆。

说这个故事无聊是这两个人"生财无道"。王凯的财富靠的是利用手里的权力，欺压百姓，横征暴敛得来的。而石崇更无耻，他的财富是在他当官的任上通过抢劫商人得来的。一个是大贪官，另一个是抢劫犯，都是该杀的家伙。

更可恨的是皇帝司马炎，对这种人不但不惩罚，还怂恿鼓励。难怪西晋那么短命。

斗富是石崇赢了，可是也因为他太张狂，所以成了别人抢劫的对象。后来被别人索要他的美貌小妾绿珠石崇不给，就被诬陷成乱党，全家被杀，还被灭了三族。

下一个还是晋武帝司马炎时期的故事。

王浑、王濬是灭亡东吴的主要将领，王浑是晋武帝的女婿，两个人都是能打仗的将军。

从级别上说，王浑的职务类似前敌总司令，是王濬的领导。在攻打东吴首都建康的最重要战役中，王浑指挥的军队没能尽快打到建康。而王濬率领船队走水路，从四川顺流而下，直接就杀到了建康城下，东吴最后一个皇帝孙皓举白旗投降。

王濬抢了头功，王浑心里不爽，于是就打报告给晋武帝，说王濬这家伙不听指挥，擅作主张，没经过我这个领导同意就打了建康。王濬听说了，就在皇帝面前诉苦说自己如何如何受形势所迫，为了大局不得已而为之。晋武帝不管那个，反正建康打下来了，把东吴灭了，这是最重要的，至于是谁灭的并不重要。所以两个人都得到了很高的赏赐。照理说该皆大欢喜才对。

可是因为王浑告御状的事儿，王濬心里还是想不通。这时候有一个叫范通的人劝他，说大家做事都期望做到"尽善尽美"。您这件事做得"尽美"了，但是不够"尽善"。以后谁要是再问起您打建康灭东吴的事，您就说"这不是我的功劳啊，那都是领导有方、将士英勇啊"。范通让王濬想想当年的廉颇蔺相如故事中蔺相如是如何大度。对比古人，王濬认识到了自己的心胸还是不够宽阔，想通了，就再也不提了。

这事儿怎么听都觉着有点虚伪。

王伦使虏，魏绛和戎

宋朝之所以分成南宋、北宋，是因为中间有金人侵略，金、宋交战，宋军大败，首都汴京失守。这时候的皇帝宋钦宗刚刚登基几个月，早就被金兵的攻势吓破了胆，不断向金营求情。京城的百姓对窝囊废的朝廷一肚子怒火，到皇宫门前游行示威。满朝文武束手无策的时候，一个连官职都没有的家伙站出来说"让我来"。这个人就是王伦，他果然安抚了激愤的百姓。

第二年，金兵掳走了宋钦宗和宋徽宗，这就是岳飞的《满江红》词里所说的"靖康耻"，北宋宣告灭亡。宋徽宗的第九个儿子赵构在应天府登基成为宋朝的新皇帝，就是宋高宗，南宋由此开始。金人当然不会允许宋朝有卷土重来的可能，所以大军南下，宋高宗逃跑，一路逃跑一路不断派人到金国求和。那个时候金国势头正盛，想要彻底把宋国消灭，怎么可能会答应宋朝的求和呢。所以，使臣去了一拨又一拨，结果大部分被杀掉了，没杀的也扣下了。所以，当宋高宗再次想派人去金国求和的时候，就没人敢应了，除了王伦。

王伦第一次出使金国，一到那就被扣下了，一扣就是五年。五年之中，王伦见到了被掳走的宋钦宗、宋徽宗两个老皇帝，也利用金钱结交了不少金国的大臣和将军，对金国有了相当深入的了解。五年后金国看灭掉宋国不容易，也想和谈，就把王伦放回了宋国。

几年之后，宋徽宗在金国死了，南宋朝野上下要求朝廷迎回徽宗灵柩的呼声高涨。宋高宗想到自己的生母韦太后也在金国，就再次派王伦出使。这时候的王伦官已经做得很大了。宋高宗交给王伦的任务有两个，一个是把徽宗灵柩和母亲韦太后接回来，另一个就是把金国占领的河南、陕西两地要回来。前者还好，后者几乎是一个不可完成的任务。

果然，这一次王伦出使金国，并没有达成目标，但是也没白去，至少为达成目标做了不少工作，打下了一个不错的基础。

三年之后，王伦第三次出使金国，到金国之后，金国皇帝金熙宗完颜亶居然还为王伦设宴三日，没有哪个使金的宋朝使者有过这样超豪华待遇了，也说明金熙宗对王伦的认可和赞赏。这次王伦出使成果丰硕，金国不但同意归还宋徽宗灵柩，放还宋高宗生母韦太后，还同意将河南、陕西之地还给宋朝。双方谈判取得重要进展。

第二年，宋高宗再次派王伦去金国，落实之前谈好的三件事。却没想到完颜亶翻脸不认账，不但没有落实自己的承诺，还把王伦给扣起来了。

接下来的事儿就是金兵继续南下，岳飞等奋力抗金，宋高宗再次求和，杀了岳飞。金国同意和解，送韦太后及宋徽宗的灵柩回到南宋首都临安，就是今天的杭州。

　　但是金、宋和解，金国却不肯放王伦回国。因为金国皇帝非常了解王伦的才能，所以千方百计说服王伦留下来为金国效力，许以高官厚禄。但是，王伦是个铁骨铮铮的汉子，虽受尽折磨，宁死不屈。他说："我王伦是来做使节的，不是来投降的。"六年之后，金国黔驴技穷，决定处死王伦。王伦从容就义，时年六十一岁。

　　战乱之秋，王伦四次出使敌国，不但毫无畏惧，而且成绩卓著，在敌人的威逼利诱面前坚贞不屈，其胆识、智慧、谋略、气节，不愧为中国历史上一个卓越的外交家和民族英雄！

　　不好意思，我们的故事又要穿越到春秋时代。

　　夏商周的周朝，也分成两段，一段叫西周，一段叫东周。实际上，东周名存实亡，因为整个东周期间，各诸侯国自立为王，没有谁理那个周朝的皇帝。所以，中国文学史上有一部著名的历史小说，叫作《东周列国志》，说的就是这一段历史。

　　春秋时期到底有多少国家？很难数清楚，据说有一百四十多个，但是其中真正有影响的，也就是齐国、晋国、燕国、楚国、宋国、郑国、卫国、鲁国、吴国、越国、秦国等十几个。孔夫子的老家就在鲁国，就是现在山东一带，所以山东简称为"鲁"。

　　春秋时期最著名的国君叫"春秋五霸"，说的是齐桓公、晋文公、宋襄公、秦穆公、楚庄王，他们先后成为当时无二的霸主。春秋时期，各国之间战争不断，其中晋楚争霸是一条主线。晋、楚两国实力相当，打了很多仗，打了很多年，各有胜负，晋国虽然略占上风，却谁也奈何不了谁。

晋国在山西，所以至今山西还是简称为"晋"。晋国虽然略胜一筹，但是打得非常吃力，为什么？因为除了南边要跟楚国开战之外，其北方，也就是陕西这一块还有一个敌人——戎狄。戎狄人原是北方游牧民族，但是大家知道地球越往北越冷，谁不愿意往南跑到更温暖的地方呀。所以晋国和戎狄的战争也是连年不断。

晋悼公是春秋五霸之一的晋文公之后一个有作为的君主。看着戎狄总是纠缠不休，就想一鼓作气，把戎狄灭了算了。虽然大家知道灭戎狄并不容易，不然也早灭了，可是没有人出来说话。这时候，魏绛先生出马了。

魏绛的爷爷是晋文公的功臣，魏绛在儿孙中也是出类拔萃的人物。魏绛建议与戎狄讲和并提出了五条意见：

一、戎狄是游牧民族，不知道如何耕种，所以重货物而不重土地，可以跟戎狄做个交易，换取他们的土地，让晋国人进入戎狄地区耕种，实际上就等于领土的扩张。

二、尽量不打，让老百姓安居乐业，发展农耕。

三、一旦戎狄臣服晋国，在诸侯中有很大的威慑作用，有利于巩固晋国的霸主地位。

四、只要不打，军队就可以休整，军备物资就不用消耗，可以保存晋国实力。

五、借鉴历史上的经验，以德服人才能保持长治久安。

说白了，魏绛的意思就是通过贸易和交易，让戎狄用"土地换和平"，当然是双方的和平。

晋悼公英明神武，一听就明白了，马上接受了魏绛的建议。

这一来，不但为晋国解决了常年的后顾之忧，而且还使晋国的疆域扩大了很多并且国力大幅度增强。

魏绛和戎有深远的历史意义，不但开辟了中国历史上华夏民族和少数民族以"和"求团结的先河，而且实实在在地把"和"的理念用于实践。通过贸易、土地交易扩大共同的利益，"以德绥戎"，不是武力强迫，而是以德操取信于人。这不是和今天我们的"一带一路"一脉相承吗？

恂留河内，何守关中

大家还记得"秀巡河北"中那个汉光武帝刘秀吗？刘秀灭王莽，手下有云台二十八将。后人崇拜，说这二十八将对应上天二十八星宿。其中之一就是心月狐寇恂，排名第五。

刘秀平定河北之后，南下攻下了河内郡。刘秀认为河内战略位置重要，且当时形势严峻，需要有人留守河内。但是他选来选去没选出合适的人，就去问二十八将排名第一的邓禹。邓禹说："当年汉高祖刘邦派萧何守关中（这一段马上就会说到），从此没有了后顾之忧，所以专心于山东，最终成就大业。如今河内靠着黄河，城防坚固，人口众多，北通上党，南迫洛阳，的确是战略要地。我认为寇恂文武双全，又有很强的城市治理能力。镇守河内，非他莫属啊。"于是，刘秀就任命寇恂为河内太守，行大将军事。刘秀对寇恂说："河内富裕，我们的事业将从这里崛起。当年高祖刘邦留萧何镇守关中，我现在也把河内交给你。记住要坚守转运，给足军粮，率领将士，厉兵秣马，阻止敌兵北渡。"

寇恂没有辜负领导的信任。他一上任，就命令所属各县训练民众练武习射，并且砍伐竹子，造箭一百多万支，养马两千匹，收租四百万斛，作为军资，送上前线。

在寇恂镇守河内期间，当初领头造反的更始帝手下大将朱鲔攻打河内。结果被寇恂和冯异等援军一道打得望风而逃，寇恂一路追杀到黄河，洛阳城吓得大白天都不敢开城门。刘秀听了大喜，说："我现在才知道寇恂有这么大本事！"

前面一段，说了寇恂镇守河内的故事，其中还两次提到汉高祖刘邦命萧何镇守关中的故事，可见这是一个经典。

萧何这个人不得了。有个成语，叫"成也萧何败也萧何"，说明什么呢？说明萧何有本事。

前面说到刘邦的时候，曾经说过刘邦年轻的时候在沛县当个"亭长"的小官。那个时候，刘邦在沛县有几个哥们儿，这里头就包括当"主吏掾"（管县里小官吏升降的）管牢狱之事的狱掾曹参、杀狗的屠夫樊哙、吹鼓手周勃、车夫夏侯婴等。这几个人后来都为刘邦打江山和坐江山立下了汗马功劳。其中曹参接替萧何担任刘邦的第二个相国，所以有"萧规曹随"一说。樊哙为世人熟知，是因为他在那场著名的鸿门宴上救了刘邦，其实樊哙的功劳远不止于此，他是刘邦手下最勇猛的战将，屡立战功，曾任大将军、左丞相，是个优秀的军事统帅。周勃也是刘邦的开国将领，刘邦对他赞赏有加也信任有加，死前曾经说："能够安定刘氏天下的一定是周勃。"所以刘邦死后，周勃也做了汉朝的宰相。夏侯婴也是刘邦的开国功臣，因战功卓著，被刘邦封为"汝阴侯"。

　　刘邦能够得到天下，按照他自己的话说，是因为有三个人的帮助："运筹帷幄之中，决胜千里之外，我比不上张良；镇国家、抚百姓、供军需、给粮饷，我比不上萧何；指挥百万大军，战必胜、攻必克，我比不上韩信。这三个都是人中豪杰，他们为我所用，所以能取得天下。"在"楚汉三杰"中，萧何的长处在于经济运作、国家治理，所以，在历史上，萧何的名声主要来自汉朝建国之后做宰相的阶段。刘邦登基之前，除了兢兢业业做好大军的后勤工作，萧何最重要的做了两件事。一个就是著名的"萧何月下追韩信"，为刘邦留住了一个极为重要的人才（话说后来韩信造反也是萧何去平定的，"成也萧何败也萧何"说的就是韩信，能让你成也能让你败），另一个，就是这里所说的"镇守关中"了。

　　楚汉相争，刘邦在一个月之内攻下三秦之地，留下萧何，镇守关中，自己则带领大军继续向项羽的老巢彭城（今天的江苏徐州）进发。

　　这时候的关中，因为连年战乱，已经是满目疮痍。之前秦始皇的大秦帝国首都咸阳被西楚霸王项羽放了一把大火，整整烧了三个月，已经是一片焦土。萧何留守关中后，并没有被眼前的情况吓到，而是马上行动起来，安抚民心，恢复生产，重新建立社会秩序。他颁布了新的法令，任命了新的政府官员，重新修建县城，同时把原来属于秦朝的皇家园林发放给老百姓耕种，赐给百姓爵位，减免租税。他还让老百姓推举道德模范，每乡推举出一个人，三个乡道德模范组成"县三老"，辅佐县令开展工作。

　　所有这些工作都得到了很好的效果，使得刘邦的大后方社会稳定，农业生产迅速恢复，为前线的将士提供了生活保障。

曾除丁谓，皓折贾充

大家都知道一个词，说谁是谁的"眼中钉，肉中刺"，这个说法就来自这个故事。原来的"钉"，就是"丁谓"的"丁"。

这里面的两个人都是很有才的人物，都当过宋朝的宰相。但是两个人的行径截然不同，下场完全不同，后人的评价当然也是天上地下。

先说王曾。王曾在这本《龙文鞭影》中出现了两次，这待遇可是没几个人能够享受到的。

传奇人物没有笨人，王曾也是。此人从小就有大志，在科考中奇迹般"连中三元"。所谓"连中三元"，就是说在乡试中得到第一名，叫作"解元"，在会试中得到第一名，叫作"会元"，大家还记得这本《龙文鞭影》作者本人也是个"会元"吧？不过萧良有同学并没有做到最牛，因为最后一个是殿试中的第一名，就是大家所熟知的"状元"，拿到这个状元才是最牛的。要知道，科举制度推行一千三百多年中，连中三元者只有十七个人，王曾即为其中之一。而连中三元的人中，只有两个当过宰相，王曾即为其中之一。另一个则是明朝的商辂。

宋真宗在世的时候，王曾的官从小做到大，一直做到翰林学士，为宋真宗提了很多中肯有效的建议。有一次宋真宗晚上召王曾进承明殿，穿着便服跟王曾聊了很久，之后派内侍对王曾解释说："我是很想见你，所以来不及穿朝服，你可不要认为是慢待你啊。"由此可见皇帝对王曾的赏识。

宋真宗驾崩后，宋仁宗即位，王曾升任礼部尚书。因为宋仁宗年纪幼小，皇太后垂帘听政。在这段时间里，大臣们欺负老小，趁机弄权，只有王曾"毅然奋忠，临大节而不可夺。卒使帝宝尊荣，祸乱不作，可谓社稷之臣矣"。王曾的人品、官品堪称一代楷模，道德文章传诵千古。

王曾六十一岁去世。去世之后，宋仁宗亲自为王曾的墓碑写了碑铭："旌贤之碑"，把他的家乡改为"旌贤乡"。

再说丁谓。丁谓有才，进士出身，是个天才式人物。他机敏聪颖，过目不忘，而且多才多艺，琴棋书画、诗词音律、天文地理，无他不知，无他不晓。他文采出众，诗似杜甫，曾被人誉为"今日之巨儒"。在自己的官途上，军事上曾经平定边民叛乱，经济上曾经作为主管财政的长官制定出利国利民的财政政策。

有一年皇宫失火，烧了个精光，宋真宗命丁谓重建皇宫。丁谓采取了"挖沟取土，解决土源；引水入沟，运输建材；废土建沟，处理垃圾"的重建方案，就地取材，废物利用，形成了一个很好的生态循环，不仅"省费以亿万计"，还大大缩短了工期。大家所熟知的"一举三得"就是从这里来的。

就是这样一个天才和能人，为了官位和权力，逐渐变成一个奸佞邪恶之人，被天下人骂成"奸邪之臣"。

"溜须拍马"中的"溜须"，就是来自这位丁谓。说的是宋仁宗年间，寇老西儿寇准任宰相。有一天身为中书省参知政事的丁谓与寇准在宫中开会，会后的宴会上丁谓发现寇准的胡子上沾了一些饭粒儿，就赶紧起身为他轻轻拂去。正直的寇老西儿对此十分厌恶，不但没有感谢，还冷冷地说："你作为参知政事，是国家的大臣，难道就是为长官溜须的吗？"

丁谓因此怀恨在心，后来就把寇准排挤出朝廷，自己当了宰相，勾结宦官，独揽朝政。为了迎合皇帝，丁谓不管老百姓死活，大兴土木建造迎接神仙用的宫殿，并怂恿宋真宗到泰山封禅，耗费的人力物力数都数不过来。因为丁谓的恶行，当时与其他四个奸臣一起被老百姓称为"五鬼"。世间有民谣说"欲得天下好，莫如召寇老；欲得天下宁，拔去眼前丁"。寇老说的就是寇准，眼前丁就是丁谓。

"曾除丁谓"的故事发生在宋真宗去世，宋仁宗即位之后。前面说过，因为宋仁宗幼小，皇太后垂帘听政。这个时候丁谓是宰相，他就肆无忌惮地勾结宦官雷允恭，结党营私，弄得朝野上下天怒人怨。在这个时候，发生了雷允恭擅自移动宋真宗的陵穴这件事儿。王曾抓住这个把柄，上奏刘太后，告丁谓、雷允恭相互勾结，企图不轨。刘太后本来就一肚子气，接到报告大怒，立即命令把雷允恭乱棍打死，把丁谓变为崖州司户参军，基本上就是给流放了。

上面是"好人除坏人"，下面则是两个坏人之间的故事。

三国时期，东吴的最后一个皇帝叫孙皓。他的爷爷就是"生子当如孙仲谋"的孙权孙仲谋。读过《三国演义》的同学都知道，三国当中的蜀国最后一个皇帝刘禅（小名阿斗）很没出息，所以后人把懦弱无能、扶不上墙的家伙叫作"扶不起来的阿斗"。然而比起阿斗的懦弱，孙皓的逆天残暴更是令人发指。

孙皓当上皇帝之后，一开始还好，还知道给臣子封官，给百姓放粮，没过多久，就显露出他残暴自傲的一面。他设立各种酷刑来对待他认为不忠于他的人，他杀掉和流放了多名皇亲宗室，对大臣随意实施酷刑。他手下的宰相，一个被流放处死，灭三族，一个被逼自杀，全家流放，一个死后多年，全家还被流放。这家伙还特别迷信，常常通过占卜算卦做出决定。

最后东吴终究灭在晋武帝司马炎手里，孙皓投降。

从司马懿辅佐北魏皇帝曹操开始，司马家族在魏国的势力就节节上升，到了曹髦做皇帝的时候，那个"司马昭之心路人皆知"的司马昭已经是魏国实际的掌权者，曹髦心中愤懑，想去找司马昭算账，结果在半路上就被人指使杀死了。这个指使之人就叫贾充。

司马昭死之前，把儿子司马炎托付给贾充。司马炎即位晋王之后，给了贾充老大的官，并封为鲁郡公。这个阶段，贾充做了一辈子几乎是唯一的一件好事，制定了一部新法律《泰始律》，在法理上首次区分了律和令的概念。

贾充为人奸诈，阿谀奉承，结党营私，排挤同僚，陷害忠良。先事魏国，结果杀死自己的皇帝，后事晋国，是典型的小人。他还把自己的女儿贾南风嫁给著名的傻子皇帝司马衷，结果后来贾南风专权，导致"八王之乱"。之后的五胡乱华与此不无关系。所以，说贾充是中华民族的千古罪人也不为过。

"皓折贾充"这个故事是说在孙皓投降晋国之后，贾充去看孙皓，问孙皓说："听说你喜欢给人用酷刑啊？"孙皓回答说："酷刑是专门用来对付奸诈小人的！"隐晦地骂贾充是个反复无常的奸诈小人。

田骈贫贱，赵别雌雄

田子方，也叫田无择，春秋时期魏国人，魏文侯的老师。魏文侯对他很是优待。

有一天，魏文侯的太子子击在朝歌城里遇到了田子方，就赶紧让自己的马车到一旁回避，然后下车向田老师行礼，可是田老师并没有理会。子击就问："你认为是富贵的人有资格傲慢呢，还是贫贱的人有资格傲慢呢？"田老师说："那当然是贫贱的有资格傲慢了。如果你是个诸侯，你的傲慢可能会让你失去你的国家；如果你是个大夫，你的傲慢可能会让你失去你的家业。穷人不一样，就算行为有些不合规矩，说话没人听，最多就是拍屁股走人罢了。"子击听了，觉得有理，掉头走了。

赵温是东汉末年的人，他家是当时一个很有势力的大家族。赵温曾在京城当过一个小官。但是赵温是个有志向的青年，对这种情况很是不满，就对别人说："大丈夫应该像雄鹰一样在天上翱翔，不能像母鸡一样趴在地上生存。"于是赵温就辞掉官职回到了家乡，结果正好赶上灾荒，他就把家里的粮食拿出来赈济灾民。

后来，赵温做了汉献帝的司徒。

王戎简要，裴楷清通

这两句在一个故事里，说的是两个人，时间是在三国末期西晋初期，史称"魏晋"时代。两个人不但是同僚，还是亲戚，裴楷的侄子是王戎的女婿，两个人都是当时的"名士"。

王戎出身世家，打小聪明，长相秀美。据说有一项特异功能，他的眼睛可以直视太阳而不会受到伤害。史书上说王戎长于清谈，以精辟的品评与识鉴而著称，做官做到吏部尚书、太子太傅等，是西晋著名的"竹林七贤"之一。

　　和王戎一样，裴楷也是出身官宦世家。少年时就已经很有名气，长成后气度雍容高雅。此人博览群书，精通理义，被时人称为"玉人"，官至太子少师，晚年任中书令，和王戎一起掌管机要。

　　这个故事是说某一年吏部郎一职空缺，吏部郎差不多就是人事部副部长。晋文帝司马昭问钟会谁能胜任此职，钟会说：裴楷清明通达，王戎简要省约，都是吏部郎的人选啊。

子尼名士，少逸神童

　　这个故事的主角也是名士，姓蔡名充，字子尼，晋惠帝时期的人，少年好学，博览群书，文章写得不错，当世有名士之称。

　　故事说的是另一个"名士"王澄，就是上一段"王戎简要"中王戎的弟弟，某一日到了陈留地界，就问当地官员说："你们这里有什么名士没有啊？"当地官员回答道："有啊，江应元、蔡子尼。"王澄有些奇怪，问："陈留郡出过很多高官，你为什么偏偏说这两个人呢？"官员回答："您问的是人品好坏，又不是官衔高低。"在这位官员心里，一个人是不是"名士"看的不是官衔而是人品，这才是要点。

　　"少逸神童"中的少逸姓刘，是宋朝人，自幼聪颖过人，很小的时候就被老师带着出去跟人吟诗作对。某一日少逸去拜访名士罗思纯，罗出上联："家藏万卷书，不忘虞廷十六字。"少逸对下联："目空天下士，只让尼山一个人。"还有一次，另一个名士王元之出了个上联："一回酒渴思吞海。"少逸对："几度诗狂欲上天。"确实对得好。

不过刘少逸长大之后就没什么事迹，估计是"伤仲永"了。

巨伯高谊，许叔阴功

苟巨伯，是东汉颍川人氏。有一年，苟巨伯到远方去看一个生病的朋友，结果正赶上胡贼前来攻打。朋友对巨伯说："我今天必死无疑，你赶紧逃吧。"巨伯正色道："说的什么话？得到你生病的消息我就马上千里迢迢来看你，现在你要我逃跑，用败坏情义来求生，这是我苟巨伯的所为吗？"于是苟巨伯就留下来继续照顾朋友。

很快，胡贼进了城，看见苟巨伯很是奇怪，说："我们大军一到，满城的人都跑光了，你又是什么人，居然敢留在这？"苟巨伯淡然一笑说："我的朋友生病，我不能一走了之，我情愿用我自己的命换取朋友的命。"胡贼听了，感叹道："我们是无情无义的人，居然来打一个有情有义的地方！"羞愧之中，胡贼撤军而去，城池得以保全，满城百姓幸免于难。

这是"情义"的力量啊。

许叔微是南宋时杰出的医学家，是研究和活用《伤寒论》的高人，经方派的创始人之一，曾任徽州、杭州府学院的教授、集贤院学士，进士出身，曾为翰林学士，所以世人称之为"许学士"。许学士不但精通医理，而且菩萨心肠，南宋建炎元年，真州疾疫，许叔微上门为百姓诊治，十活八九，被百姓奉为神医。所著《伤寒百证歌》《伤寒发微论》《伤寒九十论》《普济本事方》《普济本事方后集》，是中国中医史上非常重要的文献。

许叔微医术高超，济世救人，弘扬中医，做下无数功德。某日做梦，梦中神人出现，说许叔微救死扶伤，积下阴功，要给他个功名。果然，在屡考不中之后，那一年许叔微高中进士。

代雨李靖，止雹王崇

李靖这个名字，在中国历史上可是响当当的。他有这么大的名声，并不是因为他是隋末唐初一个立有赫赫战功的大将军，或是当之无愧的军事家，而是因为在两部中国著名的文学作品中，都有李靖的名字，一部是《封神演义》，里面的李靖变成了商朝的将军，陈塘关总兵，另一部是《西游记》，里面的李靖就成了"托塔李天王"。其实这两部书都是明朝时期的作品，《西游记》成书还在《封神演义》之前。《西游记》里并没有说明李靖成仙的过程，这一段反而在《封神演义》中给补齐了。

还有一篇小说，不那么神话，是《唐代传奇》中的《虬髯客传》，写的是李靖、红拂、虬髯客"风尘三侠"的故事，"红拂夜奔"也成为一段佳话。这里的李靖是真的，红拂和虬髯客都是虚构，由此也能看出李靖对后世的影响。

现实中的李靖是一个武将，最早在大隋朝效力，成为太原留守。唐高祖李渊要造反的时候，被李靖发现，李靖就化装成一个囚徒，去向隋炀帝杨广报告，结果半路被李渊抓了，在临刑被斩的时候，李靖大喊："你起兵造反，不就是为天下除去暴乱吗？怎么可以大事未成而杀壮士呢？"李渊欣赏李靖的勇气，就把他放了，被李世民召入幕府。

从此李靖就跟了唐朝。

在李靖的戎马生涯中，他曾经指挥了几次重大战役，包括平定萧铣、平定辅公祏、击灭东突厥、远征吐谷浑等，都取得了重大胜利。之所以能够取胜，除了勇敢善战之外，李靖还有一套卓越的军事思雄和军事理论。他把这些思想和理论写成《李靖六军镜》等多部兵书，可惜大部分失传了。

中国的神话小说中的人物大都会在现实中找个原型，李靖被演绎成"托塔李天王"也是有原因的，就是和这段"李靖代雨"有点关系。这段故事是这样的。

话说有一天李靖在山里打猎，晚上住在一个红墙绿瓦的房子里。半夜有一个老婆婆敲门，对李靖说：这里是龙宫。现在上天下命令要下雨，可是我的两个龙王儿子都不在家，劳您驾帮个忙呗。李靖听了，二话不说，命令自己的兵士取瓶水一滴，洒在青骢马的马鬃上，马上暴雨倾盆，平地水深三尺。李靖知道自己的家乡大旱，就一连滴了三十滴。老婆婆看了叹道："完了，估计你没家了。"因为李靖的家乡被洪水冲得差不多了。

这当然是个神话。

另一个神话就是马上要说的"止雹王崇"。

王崇是汉代的一介平民，十分孝顺。父母亡故，王崇哀痛不止。这时候正值六月，天降冰雹，周围人家的庄稼和牲畜都被冰雹砸死，而唯独王崇家的庄稼和牲畜毫发无损。这是王崇的孝心感动了苍天啊。

这事儿基本上属于牵强附会，就算真有这事儿，跟王崇的孝心也没啥关系，碰巧罢了。不过，古代人利用天象宣传孝顺也没啥大错。

和凝衣钵，仁杰药笼

和凝是唐末五代人，自幼聪明好学，十九岁考中进士，当时名列第十三名，后来成为宰相，是五代时期的文学家和法医学家。

和凝在任翰林学士的时候，曾经做过会试的主考官。有一个叫范质的考生，所写文章很得和凝的赏识，和凝却给他判了第十三名。放榜之后，他对范质说："你的文章非常棒，应该得第一。我之所以把你判为十三名，是想让你继承老夫我的衣钵啊。"在当时，这被认为是很有面子的。范质没有辜负和凝的期望，后来也当了宰相。

下一个故事说的是大名鼎鼎的狄仁杰。

狄仁杰之所以有名，是因为那本著名的《狄公案》。有意思的是，这本《狄公案》有两个版本，一个是清朝出版的公案小说《狄公案》，另一个则是一个叫作罗高佩的荷兰人根据中国小说再创作的《大唐狄公案》，因为这本书，狄仁杰被誉为"中国的福尔摩斯"。

事实上，如果仅仅把狄仁杰看作一个神探那就太过偏颇了。因为除了神探之外，狄仁杰还是中国历史上著名的政治家。在中国唯一的女皇帝武则天统治中国时期，狄仁杰是武则天最倚重的大臣，没有之一。

狄仁杰年轻时参加科举，考中后，从小官做起，一直做到大理寺丞，就是最高法院院长，一年之内判决大量积压案件，涉及一万七千多人，没有出现一件冤案。之后曾任多种职务，包括宁州刺史、江南巡抚使、豫州刺史等，十几年后，成为宰相。武则天对狄仁杰说：你在汝南的时候政绩不错，但也有人说你的坏话，你想知道是谁吗？狄仁杰说：您要是觉得臣错了，臣就改；您要是觉得臣没错，臣感谢。谁说我坏话我不想知道，还会把他看成我的朋友。对狄仁杰的这种胸怀，武则天也很服气。

之后狄仁杰遭酷吏来俊臣诬告被贬到彭泽去当县官。契丹首领孙万荣作乱，攻陷冀州，武则天重新起用狄仁杰为魏州刺史。结果孙万荣听说狄仁杰回来了，二话不说就退兵走了。魏州百姓争相为狄仁杰立碑颂德。不久，狄仁杰被调任幽州都督。武则天钦赐紫袍、龟带，并亲自在紫袍上写了十二个字：敷政木，守清勤，升显位，励相臣。不多久狄仁杰再次升任宰相。

武则天对狄仁杰十分尊重，尊称他为国老，而不是像对其他臣子那样叫他的名字。狄仁杰老年的时候，武则天不批准他的退休申请，不让狄仁杰对她行跪拜之礼。她动情地对狄仁杰说：看到你跪拜，朕浑身不舒服。狄仁杰去世后，武则天大哭：朝堂没人了！

"仁杰药笼"的故事是这样的。

狄仁杰很重视人才，任上曾推荐了张柬之等数十名臣。他手下有一个人叫元澹，聪明博学，才华出众。有一天他对狄仁杰说："地位低的人服务于地位高的人，就像是富贵人家的储蓄。譬如储存腊肉食品以供食用，储存参术芝桂各种药材用于防病治病。我看您府上珍馐美味很多了，我自己倒是愿意做您门下的一味药材。"狄仁杰很高兴。他常对别人说："元澹就是我药笼里一日不可或缺的良药啊。"

义伦清节，展获和风

沈义伦是北宋的开国功臣，后来为了避赵匡义所谓名讳把中间的

"义"字去掉，改名叫沈伦。历史上的沈伦以清廉闻名，为官两袖清风，高风亮节。

沈义伦曾经跟随宋太祖赵匡胤攻打蜀国，当时的领军将领王全斌、崔彦进等人借机大肆抢掠民财，而沈义伦一个人住在佛寺里面粗茶淡饭。回朝的时候，沈义伦的行李里面没有任何财物，只有几卷图书。赵匡胤得知此事，贬黜了王全斌、崔彦进等人，把沈义伦升为户部侍郎、枢密副使，副部级的干部。

后来，沈义伦升为宰相，仍然生活俭朴。某一年闹饥荒，同乡们到沈义伦家借粮食，沈义伦把家里的粮食全部借出，之后，把所有的借据全部烧光。

"展获和风"里面的主角，是我们所熟知的"坐怀不乱"的柳下惠。

柳下惠的真名实际上叫展获，字子禽。因为他家住在大柳树下边，所以被称为柳下，"惠"这个字，算是个外号。有个唐朝的专家叫杨倞，说"惠"这个字是"谥"的。杨倞注解《荀子》中说道："柳下惠，鲁贤人公子展之后，名获字禽，居于柳下，谥惠，季其伯仲也。"谥有两个意思，一个是某人死后后人给的封号，另一个就是"称呼"。柳下惠貌似没做过什么大官，估计给封号的可能性不大。照杨倞的说法，之所以叫"季"，是因为他在家里排行老三，"展季"就是"展老三"。柳下惠、柳下季、展获和展季都是一个人。所以，学中国历史着实不易，就这些个名字就能把人搞得头昏脑涨。

柳下惠和孔子是老乡，都是春秋时期鲁国人。他不以自己侍奉的君主不圣明而感到羞耻，不因为官职卑微而不做，做了官就忠于职守，尽心尽力，被罢了官也不抱怨，贫穷时也不忧愁，对所有人都诚心相待，和谐相处，为人温和宽厚，道德高尚。孔夫子在《论语》中曾经赞扬柳下惠"柳下惠降低自己的志向，虽然辱没身份，却使自己的言语更合乎伦理道德，使自己的行为更合乎自己的思考"。孟子称柳下惠是"圣之和者"。

占风令尹，辩日儿童

如果大家知道《道德经》如何成书的故事，就知道这段话里的"令尹"是谁了。如果不知道，就简单说说。

老子李耳活着的时候在东周当国家图书馆的馆长。估计是在图书馆里读的书太多了，而图书馆长又是个闲差，基本上除了读书就是发呆思考，想得多了，思想就上了档次，变得高大上起来，对图书馆长的工作就觉着厌烦了。于是乎，他老人家一咬牙一跺脚就辞了职，不知道从哪找到一头青牛，骑上青牛就去环游世界旅行。

这一天老子骑牛到了一个叫函谷关的地方。估计那天是刚下完雨，天空中彩虹飞架，紫气缭绕，老子就在这个时候出现在函谷关下。

守关的函谷关令尹是个小伙子叫尹喜，精通历法，善察天象，还会算卦占卜。那一天早上起来见东风拂煦，立起一卦，知道有圣人将到此地，于是就去城头迎接。果然看见一老头童颜鹤发，骑着青牛，背后霞光万丈，紫气纷纭，就知道正是自己期待的圣贤。好家伙，见了圣贤岂能失之交臂。尹喜正想着怎么把老先生留下，城门官来报说这老头没带通行证。于是乎尹喜就借着这个理由把老子李耳给关了起来，一有空就找老子聊天。当他知道老子准备找个地方藏起来当隐士的时候就着急了，逼着老子把自己的学识写出来。被逼无奈，李耳先生就写了一部后来被称作《道德经》的书，李耳也就变成了老子，尹喜也就变成了老子的关门弟子"关尹子"。

"辩日儿童"这个故事的主角是孔夫子。

孔夫子四处游历，有一天在路上看见两个小朋友在大声辩论。孔夫子就凑上前去问，你们在争论什么呢？一个小朋友说：我们在争论太阳什么时候离我们近，什么时候离我们远。我觉得是早上日出的时候离我们近，中午的时候离我们远。另一个小朋友说：不对不对，我觉得是早上的时候离我们远，中午的时候离我们近。第一个小朋友说：早上日出的时候太阳大得像马车的顶盖，到了中午，就像个盘子大小。远的小，近的大，不说明太阳早上近中午远吗？第二个小朋友说：不对不对，太阳在早上刚出来的时候一点也不热，到了中午就把人晒得浑身出汗，远的冷，近的热，不说明中午太阳近早上太阳远吗？两个小朋友让孔夫子评判。孔夫子想了半天也想不出来谁对谁错。两个小朋友笑他说：您还夫子呢！谁说您博学多才呢？

这个故事的启发在于：小朋友们对世界观察仔细；同样一个事物，从不同角度看就有不同的结论；孔夫子不知就是不知，实事求是。

那么，到底是早上的太阳大呢，还是中午的太阳大呢？留给同学们考证。

敝履东郭，粗服张融

历史上有两个"东郭先生"，一个是春秋时期晋国的东郭，一个是西汉汉武帝时期的东郭。著名的寓言故事"东郭先生和狼"，说的是春秋时期的东郭。而这里的故事说的是汉武帝时期的东郭。

这个东郭原本是一个"方士"，方士就是我们所说的"化外之人"，也就是炼丹的道士或者算卦的，医者也算。汉武帝时，大将军卫青是皇帝的大舅子，封为长平侯。他率领军队出击匈奴，大获全胜，汉武帝奖赏十斤黄金。这时候，在卫青下边当差的东郭对卫青说："王夫人最近在皇上面前得宠，可是他家里很穷，您要是把这黄金送一半给王夫人的父母，皇上知道了一定会高兴。"卫青接受了东郭的建议，果然汉武帝知道后很高兴。但是汉武帝知道自己大舅哥没有想出这种主意的水平，就问是谁出的主意，卫青实话实说。于是汉武帝就召见东郭先生任命他为郡都尉。可是东郭先生长时间当差，人穷得很，衣衫破烂，鞋子也是穿了很久，有鞋面没鞋底。看见的人笑话他，东郭先生一点不放在心上，后来升官了，两千石的俸禄，光宗耀祖。

唐朝大诗人李白曾有诗句：自笑东郭履，侧惭狐白温。

另一个故事的主角张融是南北朝时期南齐的大臣。虽然身居高位，却生活俭朴，衣服破旧。齐高帝萧道成觉着这与朝廷一个有地位的大臣不相称，于是就下了一道旨意把自己穿过的一套旧衣服重新剪裁，赐给张融。因此成为后世为官节俭廉洁的典范。

卢杞除患，彭宠言功

卢杞，唐德宗时期的宰相，历史上著名的奸臣。

卢杞在虢(guó)州刺史任上时，给皇帝上书说虢州有三千只官家养的猪成了民患，唐德宗看了就下命令说："那就把这些猪迁到同州的沙苑去吧。"卢杞说："同州百姓也是皇上您的臣民啊，臣认为把这些猪吃掉就行了"。唐德宗果然上当，很欣赏卢杞："作为虢州刺史还能为其他的州县着想，真是宰相之才呀。"就下诏把那些猪赐给灾民，把卢杞升为御史中丞，一年之后升为宰相。

当了宰相之后，卢杞便原形毕露，除了用一张好嘴哄得皇上高兴之外，嫉贤妒能，阴险狡诈，陷害忠臣。不管是谁，只要不合他的心意，就一定除之而后快。其中，宰相杨炎、张镒，以及老臣李揆^{kuí}、大书法家颜真卿等都被他设计陷害，天下人对卢杞无不恨得咬牙切齿。

后来卢杞出事被贬，唐德宗问宰相李勉："大家都说卢杞是个奸佞小人，我怎么不知道啊？"李勉答道："天下都知道卢杞是个奸佞，唯独陛下您不知道，所以才是真正的奸佞啊。"这句话不但解释了卢杞媚上欺下的两面派嘴脸，还同时给皇上上了一课，实在是高啊。

彭宠是汉朝人，王莽篡权时曾在王莽的新朝担任大司空士，更始帝刘玄任命他为渔阳太守。刘秀平定河北时，彭宠归顺刘秀，为刘秀平定河北立下汗马功劳。刘秀赐号彭宠为大将军，仍然做渔阳太守。

平定河北之后，刘秀为了统一当时幽州十郡的指挥，任命朱浮为幽州牧。彭宠听了心中不满，连忙前去拜见刘秀。他认为自己功劳很大，刘秀应该给他很高的礼遇，可是刘秀没有那样做。彭宠心中愤愤不平。刘秀听说了，就问朱浮，朱浮说："当初吴汉等人率领幽州突骑来增援的时候，大王您为了表示感谢，曾经赠给他很多衣服兵器，还尊称他为北道主人。所以这次彭宠指望着与大王见面后，您能够紧紧握住他的手，愉快地交谈。而大王您没有给予他这种礼遇，所以他就失望呀。"

刘秀灭了王莽，重新建立汉朝（东汉），当了皇帝，即汉光武帝。

封赏大臣的时候，当初彭宠派去帮助刘秀的吴汉、王梁都位列三公，彭宠自己却没有升官加爵。彭宠心里愤怒，叹道："我的功劳足以封王啊。陛下难道把我忘了吗？"

后来因为朱浮的诬陷，彭宠一步步失去了刘秀的信任。再后来，彭宠自立为燕王。最后被自己的家奴杀死，首级被献给刘秀。

放歌渔者，鼓枻^{xiè}诗翁

唐朝唐武宗的宰相崔铉做江陵太守的时候，有一天去楚江边上，看见有人在江边垂钓，钓到鱼之后就拿去换酒喝，一边喝酒还一边放声高歌。崔铉好奇，就问：您是隐士吧？钓鱼人呵呵一笑：隐士？姜子牙、严子陵他们都是隐士，不过是沽名钓誉之辈罢了！

中国历史上最不缺的大概就是"隐士"。这里所说的第一个是周朝的开国功臣姜子牙。看过《封神演义》的同学都知道，姜子牙三十二岁上山拜元始天尊为师，修道四十年一事无成。元始天尊就安排他下山去帮助西岐。他啥事儿不干，整天在渭水之滨钓鱼，奇怪的是，他钓鱼的鱼钩不是弯的，而是直的，人们奇怪为什么这样，姜子牙说："愿者上钩啊。"因为他自己心里明白，他要钓的不是鱼，而是人。如此十年，他终于等来了周文王姬昌，开始了灭纣建周的大业。当然这是神话。

另一个隐士严子陵，原姓庄，因为避讳东汉汉明帝刘庄的名字，改性严。此人小时候跟汉光武帝刘秀有交情，刘秀当上皇帝之后，曾多次派人找他，但他隐姓埋名，在富春山里面当农民，直到八十岁离世。此人也喜欢钓鱼，后人还在他钓鱼的地方建造了一座祠堂纪念，并把

那地方称为"严陵濑"。大家都认为严子陵是真正的隐士。

宋朝有个叫卓彦恭的人，有一天路过洞庭湖，看见月亮之下有一老叟泛舟湖上。卓彦恭就问：有鱼吗？老叟回答，没鱼，但有诗。说完就敲着船舷吟唱起来：

八十沧浪一老翁，
芦花江上水连空。
世上多少乘除事，
良夜月明收钓筒。

这老叟自然是个隐士，一般打鱼人哪有这等文采和心胸！但是以上三人中，这最后一个才真正称得上隐士，前面两个显然不是。因为真正的隐士是不会在世间留名，甚至还为自己建庙纪念的。

韦文朱武，阳孝尊忠

韦文朱武，说的是两位伟大的母亲。

"韦文"说的是韦逞的母亲宋氏。宋氏生于前秦时期的一个儒学大家之中，幼年丧母，由父亲抚养长大成人。父亲传授她《周官》（即周礼，四书五经中的一经），并对她说："咱家世代学习《周官》，代代相传。这是周公制定的礼乐，是做官必备。咱家没有男孩子，我就传给你，你要传下去，别让它绝了。"宋氏从此下苦功钻研《周官》，后来结婚生下韦逞之后仍然一刻也不懈怠，继续钻研。韦逞长大后，做了朝廷掌管宗庙礼仪的官太常。想必也是宋氏教导的结果。

有一天，前秦的君主苻坚视察太学，发现太学之中居然没有开设礼乐这门课，感觉到很遗憾，就问手下大臣谁能当这门课的教授，博士卢壶当场就推荐了宋氏。那个时候宋氏老太太已经八十岁了。苻坚听了很高兴，就请宋氏在家里开设学堂，并选了一百三十多学生跟她学习，赐宋氏名号"宣文君"。宋氏隔着红纱帐讲授《周官》，成为中国历史上第一位女博士，也就是专门传授经学的学官。

下一个故事还是跟苻坚有关系。说的是苻坚发兵南下打算消灭东晋，发动历史上著名的"淝水之战"，这时候，镇守襄阳的是东晋名将朱序。苻坚派苻丕、慕容垂发兵围攻，朱序领兵抵抗。朱序的母亲韩氏也亲自率领自己的婢女和城中的女丁登城作战。在巡视城防的时候，韩氏发现城西北防御较弱，于是派人在西北角建筑新城二十多丈。苻丕进攻城西北，朱序坚守在新城，经过激烈战斗，终于使苻丕攻城失败。襄阳百姓因此称西北新城为"夫人城"。

王阳和王尊都是西汉末年的人，两个人先后担任益州刺史。益州就是今天的云贵川，地盘很大，领域内多山。在王阳任益州刺史的时候，有一次走到一个险峻的九折坡时，叹了一声："我这身体是父母给的，怎么能冒这么大风险去爬这陡峭的山坡呢。"于是就原路返回了。到了王尊接任益州刺史，也来到了这个九折坡，就问属下："这里就是往年王阳不敢走的九折坡吗？"下属回答正是。王尊听了呵呵一笑，大声命令属下驾车冲过去。后人说"王阳是孝子，王尊是忠臣"。

这听起来有点扯。王阳怎么看怎么是个胆小鬼，怎么就成了孝子呢？关键是他找的理由高明。因为《孝经》开篇就说"身体发肤，受之父母。不敢损伤，孝之始也"。意思是说，你的身体是从父母那里来的，保护好身体不受伤就是孝的开始。在某种意义上说也有一定道理。

那么王尊的"忠"又体现在哪里呢？不是过一个九折坡就能表现他的"忠"的，而是另有故事。在王尊担任东郡太守的时候，赶上黄河泛滥，民众纷纷逃离。王尊却率领一批官吏和民众到洪水前线抗灾，并祭祀水神河伯，许愿说愿意拿自己的身体填充堤坝，之后就在堤坝上扎起帐篷住在里面。大水冲毁堤坝，王尊仍然坚持住在上面。好几千老百姓请求他撤离，王尊不为所动。很快水位就下降了，灾情解除。王尊的行为得到黎民赞颂，朝廷嘉奖。这才是"忠于职守"的典范啊！

倚闾贾母，投阁扬雄

战国时期，齐国有一个人叫王孙贾，在齐湣王朝内当官。齐国和燕国打仗，结果齐国人被燕国上将军乐毅打得落花流水，连齐湣王也逃离齐国，中间得到一个叫淖齿的人领兵相救，齐湣王就封淖齿为相国。岂不知淖齿是个野心家，不久就起兵造反，齐湣王再一次逃跑。逃跑的路上王孙贾和齐湣王走散了，就自己回了家。他母亲看到他说："你早上出门，晚上归来，我倚门而望。你晚上出门不回，我在楼上倚栏而望。而今你侍奉湣王，湣王不知下落，你怎么可以回家呢？"王孙贾听了，满脸羞愧，立即来到大街上振臂高呼："淖齿作乱，杀了国君，罪恶滔天。我要去诛杀这个逆贼，愿意跟我去的脱掉右臂的袖子！"很快就有四百多人愿意跟着他。王孙贾就带领这些人攻打淖齿，随后杀了淖齿，这时候齐湣王已经被淖齿杀掉，王孙贾就立齐湣王的儿子法章为王，就是齐襄王。

又是一位伟大的母亲啊。

　　如果你读过刘禹锡那篇著名的《陋室铭》，你一定会记住里面的名句："南阳诸葛庐，西蜀子云亭"。南阳诸葛说的自然就是诸葛亮，而西蜀子云说的就是这位扬雄。有诗云"歇马独来寻故事，文章两汉愧扬雄"。西汉司马相如之后，最著名的辞赋家就算是扬雄了，所以后世有"扬马"之称。

　　扬雄的作品中，有一批模仿前人的作品。早期扬雄崇拜司马相如，曾经模仿司马相如的《子虚赋》《上林赋》写了《甘泉赋》《羽猎赋》《长杨赋》，后来又仿屈原楚辞，写了《反离骚》《广骚》等，他的《法言》模仿《论语》，《太玄》模仿《易经》。虽然如此，其中也不乏经典警句和足以让后世效仿的文学手法以及思想和艺术上的创新。当然，扬雄的作品也不都是效仿，他自述情怀的《解嘲》《逐贫赋》《酒箴》等作品，在艺术和思想上也很有价值。

　　王莽当政时，为了防止属下像自己一样造反，就杀了手下的大臣甄丰父子，把刘歆的儿子刘棻流放，然后搜捕同党。当时扬雄正在天禄阁上校书，看到办案的人来了，心中害怕，就从天禄阁上跳了下去，但是并没有摔死。后来王莽知道扬雄与造反无关，就放了他。扬雄七十一岁辞世。

　　由于扬雄先在西汉做官，之后王莽篡权，扬雄又在新朝做官，对此，《三国演义》中诸葛亮说："扬雄虽然文章闻名天下，但屈身为王莽臣子，最后不免投阁。这就是所谓的小人之儒啊。就算是日赋万言，又有什么可取的呢。"

梁姬值虎，冯后当熊

这里说的是两位"巾帼不让须眉"的女性，一个是梁红玉，一个是冯婕妤。

中国历史上的女将军，存在于小说中的不少，但真正有历史记录的很少，梁红玉是其中的佼佼者。在正史之中，没有"梁红玉"这个名字，只有"梁氏"。"梁红玉"的名字也是后来野史演绎出来的。

梁红玉，宋朝著名的抗金女英雄，父亲和爷爷都是武将出身。梁红玉从小就练就了一身好武艺，但因父亲和爷爷战败被杀，梁红玉沦落为营妓。在一次军营的宴会中，梁红玉与其他营妓被召入营，结识了将军韩世忠。梁红玉的飒爽英姿和精湛的武艺引起了韩世忠的倾慕，两个人很快就从相识到相爱，最后终成眷属。

北宋灭亡后，金兵挥师南下，宋高宗仓皇逃跑。途中宋臣苗傅和刘正彦叛乱，扣押宋高宗和一众大臣及家属，梁红玉也在其中。宰相朱胜非命梁红玉出城，到秀州找到韩世忠让他火速进京勤王。梁红玉二话不说，抱上儿子，策马飞奔，一夜赶到秀州。韩世忠立即发兵，叛乱被平。梁红玉立头功。

金兵继续南下，在长江以南烧杀抢掠，引起当地汉人的顽强抵抗。五个月后，金兵统帅宗弼决定撤回长江以北。韩世忠率兵八千奔赴镇江截击，双方在江上激战，梁红玉冒着箭雨在江边的高台上擂鼓为宋军助威，宋军连续打退了金兵十几次攻击，金兵始终不能渡江。

后来因为韩世忠的骄傲，宋军被宗弼打败，金兵突围北去。梁红玉上书弹劾丈夫韩世忠"失机纵敌"请朝廷加罪，此举令举国上下感动。

宋高宗加封梁红玉为"杨国夫人"。

抗金名将岳飞因为被秦桧以"莫须有"罪名杀害于风波亭，韩世忠受到牵连，与梁红玉一起辞去官职归隐苏州。

这里的"梁姬值虎"说的是当初梁红玉以营妓身份进军营，看见廊柱下有一头卧虎，心中害怕之时，有其他人赶到，梁红玉再看廊下，原来是一位军士。这个人就是韩世忠。梁红玉自己赎身，成为韩世忠的妾室。后来韩世忠的原配白氏去世，梁红玉成为正妻。

中国历史上重男轻女，女子之中，妓女是最底层、最卑贱的。正是因为如此，营妓出身的梁红玉的故事才如此惊心动魄。《英烈夫人祠记》如此评价梁红玉："梁氏，娼优异数也。以卑贱待罪之躯，而得慧眼识人之明。更纵横天下，争锋江淮，收豪杰，揽英雄，内平叛逆，外御强仇，挽狂澜于既倒，扶大厦于将倾，古今女子，唯此一人也。惜乎天不假年，死于非命。然青史斑斑，名节永垂。"

比起梁红玉，冯婕好就逊色多了。

冯后，大名冯媛，是汉元帝的妃子。婕好是西汉宫中嫔妃的职称，一等昭仪，二等婕好，三等姪娥xing……共分十四等。历史上还有一个著名的才女叫班婕好，在本书中也会说到。

这个故事说的是汉元帝闲来无事到皇宫的老虎圈去看斗兽，冯媛及诸嫔妃陪同。看着看着，忽然一头熊跑了出来，大家吓得四散奔逃，只有冯媛镇定自若，挡在汉元帝身前。从此汉元帝对冯媛宠爱有加。

这事也就一说罢了。那个场合，皇帝身边一定有卫兵啊，为什么需要一个妃子挺身而出？

再者，冯媛没有跑，也许是被吓傻了呢。

所以，把冯后和梁红玉相提并论，实在是有辱梁红玉的英名啊。

罗敷陌上，通德宫中

"日出东南隅，照我秦氏楼。秦氏有好女，自名为罗敷。罗敷喜蚕桑，采桑城南隅。"这是著名的汉乐府诗《陌上桑》的开篇。说的是一个叫作罗敷的美丽少女，到城南的桑园采桑叶。因为她实在是太美了，不但引得路过的行人驻足，甚至年轻人都脱帽希望罗敷看他一眼。锄地的人看罗敷看得呆了，都忘记了自己手中的活计，回家后还相互埋怨。

这时候一个使君（太守一级的官员）坐着马车打南边来到桑园旁，拉车的五匹马也被罗敷的美丽吸引，停下马蹄。使君就让小吏去问这是谁家的姑娘。小吏回来报告说：秦家的女儿，自己起的名字叫罗敷。使君又问罗敷多大了，小吏回答说，过了十五岁，还不到二十吧。使君就问罗敷："和我一起坐马车可好？"

罗敷正色答道："使君您是不是傻呀？您已经有了妻子，我罗敷也已经有了丈夫。他在东边做官，随从有一千多人。您要想知道哪一个是我丈夫，只要找骑白马后面跟着小黑马的那个大官就是了。他的马尾上拴着青丝，马头上戴着黄金的龙头，腰里配着鹿卢剑。这把剑就值千万以上啊。我丈夫他十五岁在太守府做小吏，二十岁在朝廷里做大夫，三十岁做到侍中郎，四十岁做了城主。他皮肤洁白，有些小胡子，步履从容，出入朝廷官府。就是在几千人的场合，众人也都称赞我丈夫是最出色的。"使君听了，心中惭愧，讪讪离开。

古诗赞扬了罗敷的美丽和聪明，但是也有很多疑点。无论如何，这乐府诗在中国文学史上是很有地位的。所以，读这个故事还不如找出这首诗来读。不过，相比较起来，另外两首乐府诗《孔雀东南飞》和《木兰辞》更好。

中国历史上的美人当中，有一个"环肥燕瘦"之说。环就是唐朝的杨玉环，唐朝以肥为美，所以，杨玉环长得浑圆丰腴。燕则是赵飞燕，是汉成帝的皇后，身材苗条轻盈，以至于能在别人手掌上跳舞。赵飞燕出身贫寒，入宫后得到汉成帝的宠幸，汉成帝就废了许皇后立赵飞燕为皇后。赵飞燕无子，很怕因此失宠，所以就惑乱汉成帝杀害皇子们。汉成帝死之后，赵飞燕立汉哀帝，成为太后。汉哀帝死后，赵飞燕被废为庶人，自杀身亡。"通德宫中"的樊通德是赵飞燕的使女，聪明伶俐，后来嫁给伶玄为妾，常和伶玄说起宫中的故事，每次说，都潸然泪下，感慨万千。伶玄被通德所讲的故事感动，就写了《飞燕外传》流传于世。宋朝诗人刘克庄曾经写诗赞扬通德：

妆束姑随世，风流亦动人。
等闲拥髻语，千载尚如新。

第二篇 二冬

原文

汉称七制，唐羡三宗。呆卿断舌，高祖伤胸。

魏公切直，师德宽容。祢衡一鹗，路斯九龙。

纯仁助麦，丁固梦松。韩琦芍药，李固芙蓉。

乐羊七载，方朔三冬。郊祁并第，谭尚相攻。

陶违雾豹，韩比云龙。洗儿妃子，校士昭容。

彩鸾书韵，琴操参宗。

汉称七制，唐羡三宗

"汉称七制"说的是汉朝的七个皇帝。从开国皇帝刘邦开始：西汉高祖刘邦、文帝刘恒、武帝刘彻、宣帝刘询、东汉光武帝刘秀、明帝刘庄、章帝刘炟。都是有作为的皇帝。

汉高祖刘邦的故事在第一篇"汉祖歌风"中已经有所介绍，说的是刘邦如何打下的江山。刘邦建国登基之后，在国家治理上采取了比较宽松无为的政策，对凝聚人心、经济发展都起到了重要的作用。他以儒家思想为主，法家思想为辅，提出了教化为主、刑罚为辅的统治理念，建立了比较稳固的国家基础。因此也使汉朝延祚四百年，成为中国历史上最长的统一王朝。毛主席曾说刘邦是"封建皇帝里边最厉害的一个"。

顺便说一句，刘邦还是一个业余足球运动员。他有两大业余爱好，一个是斗鸡，一个是蹴鞠，就是我们今天的足球。

汉文帝刘恒是刘邦的第四个儿子。据说刘恒在刘邦的儿子当中是最不受宠的一个，老早就跟着他不受待见的母亲分封到离首都长安千里之外的荒凉之地。十六年之后，政治上十分强横的刘邦的老婆吕后归天，周勃、陈平迎刘恒入京称帝。

刘恒继承了刘邦的无为而治的治国思想，对待刘氏宗室及元老大臣都很宽容。他励精图治，发展经济，废除肉刑，以德服人，使汉朝逐步变得繁荣强盛。后人称汉文帝和他的儿子汉景帝两朝为"文景之治"。

汉文帝刘恒是汉朝第五任皇帝，汉武帝刘彻则是汉朝第七任皇帝，中间是汉景帝。

汉武帝刘彻十六岁登基。由于前两朝的"文景之治"，为汉武帝打下了一个非常好的政治经济基础。在国力强盛的基础上，对外，汉武帝东并朝鲜、南吞吴越、西征大宛、北破匈奴，开疆拓土，国威远扬；对内，汉武帝开创察举制选拔人才，把铸币的盐铁权力收归中央，听从董仲舒的建议"罢黜百家，独尊儒术"，开创以儒家为主导的统治思想，开启"文景之治"之后若干年的"汉武盛世"。

西汉的第十位皇帝是汉宣帝刘询，是汉武帝刘彻的曾孙子。

刘询也是一个没在皇宫中长大的皇帝。也正是因为刘询少年的时候生活在民间，使得他有很多机会观察和体会老百姓的民间疾苦，更知道如何探查下层官吏的作为，为他之后做个好皇帝打下了基础。

刘询在位期间，励精图治，选能任贤，强化吏治；为政宽简，惩治贪腐；整顿工商，减税减负。一系列的政策使国内经济得到迅速发展。军事上，刘询联合乌孙大破匈奴，使匈奴称臣，平定西羌，设西域都护府监护西域各国，将西域大片土地纳入版图。刘询的统治时期被后人称为"孝宣之治"。据说西汉的国力在这一段时间是最为强盛的。

接下来就是东汉的开国皇帝刘秀了。在第一篇"一东"的"秀巡河北"中，我们简约介绍了刘秀打天下的历程。和大多数的开国皇帝一样，刘秀也是一个好皇帝。刘秀在位三十三年，政治上做了大胆的改革，调整中央权力机构，整治官场风气，精简地方结构，优待功臣；经济上实行与民休养生息政策，薄赋敛，释放奴婢、刑徒，试行度田制度。总之吧，经济改革也很成功；文化上大兴儒学、推崇气节，所以，东汉也被历史学家推崇为中国历史上"风化最美、儒学最盛"的时期。这就是历史上有名的"光武中兴"。

汉明帝刘庄是汉光武帝刘秀的第四个儿子，他是直接被立为皇太子而顺利成为皇帝的。在国家统治上，刘庄基本上是继承了他老爹刘秀的一套做法。对外，他让班超出使西域，加强了对西域的管理，命窦固北征匈奴，消除匈奴的威胁。汉明帝把佛教引入了中国，佛教得以在中国扎根。在他统治期间，国家吏治清明，繁荣安定。

最后一个就是汉章帝刘炟^{dá}，是汉明帝刘庄的第五个儿子。在他父亲、祖父治国的基础之上，继往开来，使经济文化得到空前发展。汉明帝和汉章帝父子的统治时期史称"明章之治"。

以上就是"汉称七制"，下面说"唐羡三宗"。

"唐羡三宗"说的是唐朝的三个明君，即唐太宗李世民、唐玄宗李隆基和唐宪宗李纯。

在第一篇"一东"中的"太宗怀鹞"一节，我们已经介绍过唐太宗李世民夺取皇帝之位和善于听取意见的故事。在治理国家上，李世民也是很有建树，在他统治时期，可谓国泰民安。对外，李世民也一样开疆拓土。他攻灭东突厥与薛延陀，征服高昌、龟兹、吐谷浑，重创高句丽，设立安西四镇，各民族融洽相处，被各族人民尊称为"天可汗"，为后来唐朝一百多年的盛世打下重要基础。史称"贞观之治"。

唐玄宗李隆基，在位四十四年，是唐朝在位时间最长的皇帝，如果不是"安史之乱"被迫退位，时间还会更长。

后世李隆基的形象并不太好，主要是因为杨玉环和由此导致的"安史之乱"，或者更直接的是白居易那首著名的《长恨歌》。那首长诗的第一句"汉皇重色思倾国"，说的就是唐玄宗啊。

但事实上李隆基做皇帝的四十多年里，早期还是做得非常成功的。他任用了能干有担当不唯上的姚崇、宋璟为宰相；改革军事制度，变府兵制为募兵制；用各种方法安定边疆，使大唐国社会安定，经济繁荣。唐朝进入全盛时期，史称"开元盛世"。当然后来的李隆基就从一个明君变成了昏君，任用奸臣，政治腐败，自己沉湎酒色，荒淫无度，最终导致"安史之乱"。大唐朝从此走上下坡路。

后世称唐玄宗为唐明皇是清朝康熙年间为了避讳康熙的名字"玄烨"的玄字而改的。

唐宪宗李纯是唐朝的第十一位皇帝。李纯是个奋发有为的皇帝，他即位后，先后任用了一批年轻有为、有才干、力主削藩、反对宦官干扰军政的宰相，数次平定藩镇的叛乱，致使"中外咸理，纪律再张"，出现了"唐室中兴"。和唐玄宗李隆基一样，唐宪宗的后期也由"明"转"昏"，信仙好佛，追求长生不老，重用宦官，诛杀左右，最终暴死。

七制三宗，都是盛世之主，他们或是创造了盛世，或是继承和发扬了盛世，对老百姓来说，都是能够使国家强盛人民幸福的圣主。汉唐两代，这十位皇帝便是代表。

杲^{gǎo}卿断舌，高祖伤胸

学过书法的同学都知道有"颜柳欧赵"楷书四大家一说，第一个就是颜真卿。大家都知道颜真卿是一个大书法家，却很少有人知道颜真卿在"安史之乱"时还曾经率兵打仗，并且做官做到吏部尚书、太子太师，封"鲁国公"。更少人知道，颜真卿还有一个族兄，叫作颜杲卿，是个真正的军人。

颜杲卿参军初期，曾经是安禄山的部下。"安史之乱"时，和儿子颜季明一起守常山，也曾和族弟颜真卿一起守平原，在与安禄山的战斗中，击杀李钦凑，活捉高邈、何千年，战功卓著。叛军围攻常山，颜季明被擒就义。不久城破，颜杲卿遭擒，临刑之时，大骂安禄山。安禄山非常愤怒，命人钩断了颜杲卿的舌头，颜杲卿依然怒骂不已，最终遇害。

文天祥有一首诗赞颂颜杲卿：

常山义旗奋，范阳哽喉咽。

胡雏一狼狈，六飞入西川。

哥舒降且拜，公舌膏戈鋋。

人世谁不死，公死千万年。

颜杲卿千古浩气长存！

高祖就是汉高祖刘邦了。楚汉相争，连年征战，双方死伤无数，仍然分不出高低输赢。有一次在一个叫广武的地方两军对峙，项羽对刘邦说："咱们打了这么多年，军兵死伤无数，老百姓也深受其苦，不如咱俩单打独斗，决一雌雄。"刘邦身板武艺比项羽差了一大截，当然拒绝，历数项羽十大罪状。项羽听了大怒，张弓搭箭，一箭射中刘邦前胸。为了安定军心，刘邦却故意按住脚指头大喊："敌人射中了我的脚趾！"

实在想不出来怎样评价刘邦的这种行为，最后觉得一个字儿就行：牛！

魏公切直，师德宽容

魏公就是北宋的著名宰相、政治家、词人韩琦。之所以叫魏公，是因为韩琦政绩卓著，去世后被宋徽宗追封为魏郡王。

韩琦进士出身，从底层的官员做起，一路升迁。在担任谏官右司谏三年期间，前后向皇帝打了七十多个报告，其中《丞弼之任未得其人奏》最为著名。这份报告直指当朝宰相王随、陈尧佐以及参知政事韩亿、石中立等四人面对国内灾难频发、流民四起的情况束手无策。报告中痛斥四人庸碌无能，大宋朝基业不能因为这种人被毁掉，结果这四人一日之内全被摘了乌纱帽。即所谓"片纸落去四宰执"，韩琦因此名声大噪。

宋仁宗期间，韩琦和北宋著名的政治家、思想家、文学家范仲淹一起屯驻甘肃泾州，镇守国家的西方边陲。边疆人心归服，朝廷倚为长城，天下人称"韩范"，边塞有歌谣传诵："军中有一韩，西夏闻之心骨寒。军中有一范，西夏闻之惊破胆。"

韩琦做过大宋朝三朝皇帝的宰相。第一个是宋仁宗，成功解决了宋仁宗的接班人问题；第二个是宋英宗，和欧阳修一道调解了皇帝和太后之间的矛盾；第三个是宋神宗。宋神宗一登基，就有人上书弹劾韩琦，韩琦辞去宰相职务，离京做了淮南节度使，之后又在大名府干了五年。在王安石变法的问题上，韩琦和王安石看法不同，仍上书给神宗表达自己的意见。这就是所谓"相三朝，立二帝"。

世人说韩琦"思之深，处之当，故切；性纯一，无邪曲，故直"。"魏公切直"即由此而来。

在第一篇"一东"中有一段叫"仁杰药笼"，说的是女皇帝武则天的宰相、神探狄仁杰的故事。在狄仁杰之后，给武则天做宰相的人中有一个叫娄师德，军人出身，所以叫军人宰相。

娄师德为人宽厚。他的弟弟被任命为代州刺史，上任前，跟哥哥辞行，娄师德说：我是宰相，你是州官，皇上恩宠我家太多，恐怕遭人妒忌，你要知道如何保护自己。弟弟说：哥您放心，以后就算有人往我脸上吐口水，我也不会动气，自己擦干净就是了。您不用担心。娄师德摇摇头说：你错了。如果有人朝你脸上吐口水，是对你有气啊。你要是擦了，说明你心里不满，对方怒气一定会更大。弟弟问：那怎么办呢？娄师德严肃地说：让脸上的口水自己晾干。这需要多大的肚量和勇气呀！

娄师德和狄仁杰也有一段故事。娄师德推荐狄仁杰做宰相，狄仁杰自己并不知晓。狄仁杰一直认为娄师德不如自己，看不起娄师德。武则天看出来，问狄仁杰：你觉得娄师德贤明吗？狄仁杰说：作为一名将军，他能够忠于职守。至于是不是贤明，我就不知道了。武则天又问：他善于发现人才吗？狄仁杰回答：我没听说他善于发现人才。武则天递给狄仁杰一个折子，狄仁杰打开一看，是娄师德的一封推荐书，而被推荐的，正是狄仁杰自己！狄仁杰很受震动，低下头对武则天说："陛下，娄公的伟德，我是早就听说，可万没想到，他对我如此宽容，我比他可是差得远了！"

祢衡一鹗，路斯九龙

读过《三国演义》的同学，大概还记得一个"击鼓骂曹"的故事。这个故事的主人公就是祢衡祢正平。

曾经四岁让梨的孔融上书曹操推荐祢衡，其中有四句话，说：鸷鸟累百，不如一鹗，使衡立朝，必有可观。意思是说，您就算有一百只鸷鸟，也不如有一只鹗。祢衡就是这样的一只鹗。他要是立在朝堂，一定能做出让您眼睛一亮的事情。曹操看了推荐书，就召见祢衡。结果祢衡说自己有发狂的病拒绝不见。曹操大怒，就让祢衡做敲鼓的小吏来羞辱他。祢衡当众脱个精光击奏"渔阳"曲大骂曹操。曹操大怒之下，派他到江夏见太守黄祖，结果被黄祖所杀。

下一个故事是一个传说。说的是唐朝年代，安徽颍上县有一个叫张路斯的人，唐中宗时期曾经当过宣城县令，娶妻石氏，生有九子，罢官回乡之后，经常去一个叫焦氏台的地方钓鱼。有一天水里忽然出现宫殿，他好奇地走进去，发现自己变成了龙王。晚上回家，妻子发现他浑身湿漉漉的，就问发生了什么事。张路斯说：我现在已经成为龙王。但是还有一个叫郑祥的人也是龙王，要与我争夺龙宫，明天就要决一死战。明天你把咱家九个儿子都叫上帮我。记住我头上是红头巾，郑祥头上是青头巾。"一场大战之后，郑祥中箭逃走，张路斯的九个儿子也化龙飞升。后来的刺史王敬尧在颍州建立龙王庙纪念张路斯。

纯仁助麦，丁固梦松

纯仁姓范，是宋朝名相范仲淹的二儿子。

范仲淹在开封府做官的时候，有一天命儿子范纯仁去苏州运回五百斛麦子。在苏州麦子装船回开封的路上停靠丹阳，没想到范纯仁在这里遇到了朋友石曼卿。石曼卿告诉范纯仁说自己因为家里没钱不能安葬接连去世的三位家人，都两个月了，正为此苦恼。范纯仁听了，就对石曼卿说，那这五百斛麦子都送给你吧，这样你就可以好好地安葬死去的家人了。石曼卿听了感谢，却继续说：这些麦子安葬家人没问题，可是我还有两个女儿要出嫁，没有嫁妆愁死人啊。范纯仁听了，毫不犹豫地对石曼卿说：那我就把船也送给你吧。

回到开封，范纯仁向爹爹范仲淹报告事情的始末，刚说完石曼卿的困难，范仲淹就急着说：那你还不把麦子和船都给他？范纯仁汇报完毕，爷俩相视大笑。后来"麦舟"就成为助人丧葬费用的代名词了。

丁固是三国时期吴国的人，出身贫寒，早年丧父，和母亲相依为命。一天晚上他做了个梦，梦见肚子上长出一棵松树，醒来觉得奇怪，就请人算了一卦。算卦人说："松这个字拆开了就是十八公，十八年后，您一定位至公卿。"梦想终于实现，若干年后，丁固果然官拜司徒，位列三公。

幸亏这老兄梦见松树，要是梦见槐树，不就是说十八年后变成鬼？

韩琦芍药，李固芙蓉

在前面"魏公切直"一节，我们介绍了北宋名相、政治家韩琦。

话说韩琦镇守扬州。扬州有一个寺庙叫禅智寺，寺中有一个芍药园。那年其中有一株芍药花开四朵，花瓣深红，腰缠金线，被称作金带围。韩琦听说了以后，就邀请王珪、王安石、陈升之一起到庙里赏花，四人欣赏多时，每个人都在头上戴了一朵金带围。然后呢？然后这四个人都当了宰相。

碰巧了。

李固言是唐代唐宪宗的宰相。年轻时考试落榜，心中不快就到四川游览散心。路上遇到一位妇人，对李固言说："郎君明年必在芙蓉镜下及第。"第二年考试，诗赋中果然有"人镜芙蓉"的题目。李固言高中状元。

那妇人一定是个算卦的高手。

乐羊七载，方朔三冬

乐羊是战国时期中山国人，不知道他妻子姓什么。有一天乐羊在路上捡到一块金子，回家拿给妻子看，妻子说：我听说有志之士不喝盗泉之水，清廉之人不受不敬之食，你怎么捡到别人丢的东西拿回家呢，这是对自己德行的侮辱啊。乐羊听了满脸羞愧，赶紧把金子丢了回去，之后就外出求学。一年之后回家，妻子问他为什么回来，乐羊说想家了就回来了。妻子听了摇摇头，拿起一把刀走到织布机旁，对乐羊说：这布料来自蚕丝，在织布机上织成，通过一丝一丝的积累，才能成寸，一寸一寸的积累，才能成一匹四丈长的布啊。学识也是这样，要每天不断积累，不能中断，才能获得成功啊。乐羊听了深受感动，于是在外访师求学，坚持七年未归。后来乐羊果然学业有成，做了魏国的大官。

乐羊的妻子是圣人级的啊。

汉武帝刘彻即位，诏告天下征求贤良。东方朔上书自荐，说：我东方朔早年父母双亡，是兄嫂把我抚养长大。十二岁的时候就已经读书三年，所学文学历史知识已足够用；十五岁学击剑；十六岁学《诗》《书》，吟诵二十二万字；十九岁学《孙吴兵法》，也吟诵二十二万字。我勇猛如孟贲，快捷如庆忌，廉洁如鲍叔牙，诚信如尾生。像我这样的人，给天子当大臣没有问题。汉武帝果然把东方朔召到身边做了侍臣，成为中国历史上著名的机智诙谐人物。汉武帝也经常听取东方朔的意见。

"方朔三冬"的意思是说东方朔读书三年，文史知识就足够用了（学书三冬，文史足用）。要说东方朔不是天才恐怕没人相信，反正我是不信，像我这样的俗人学一辈子都不够用啊。

郊祁并第，谭尚相攻

这里说了两对兄弟。

宋郊、宋祁是北宋宋真宗时期的人。宋真宗赵恒的皇后刘娥是个奇女子，宋真宗后期，刘娥通过各种手段逐渐掌握了朝政大权。宋真宗死后，刘娥临朝称制，威震天下。后人拿刘娥和刘邦的皇后吕后比较，说她"有吕武之才，无吕武之恶"。死后谥号"章献明肃皇后"，因为是儿子当皇帝，所以又叫章献太后。

宋氏兄弟二人一起读书考试。年少时曾经与一位僧人相识，问到两个人的功名，僧人看了两个人的面相说宋祁会飞黄腾达，宋郊也会考中，小有成就。十年后兄弟二人要进京考试，临行前再问僧人。僧人看了数年不见的二人，吃了一惊，对宋郊说：你如今面相大变，一定是做过善事。因为这个善行，此次考试你会名列榜首。宋郊对僧人和弟弟说：对。前些天下大雨，眼看门外的一个蚂蚁巢穴要被淹掉，我就编了一个竹桥让蚂蚁渡过。考完排名，却是宋祁名列榜首，宋郊排在其后。章献太后看了说，哥哥的名次在弟弟之下不好，于是就把宋郊改成状元，宋祁名列第十。

另一对兄弟说的是袁谭、袁尚。

东汉末年，群雄割据，这里头有一个大号的军阀叫袁绍。袁绍跟曹操打仗，屡战屡败，气得吐血几回，眼看着活不长了，就想在三个儿子中选一个继承人。照理说，传统的做法是"立长不立幼"，所以长子袁谭是首选。但袁绍认为大儿子袁谭性情太过刚烈，二儿子袁熙性格又太过懦弱，只有三儿子袁尚长相英俊，礼贤下士，就把袁尚确定为继承人。袁谭心中当然不服。

哥俩的矛盾从此开始。曹操有个谋士叫郭嘉，看出袁谭、袁尚的矛盾，就建议曹操撤兵。果然曹操一撤兵，袁谭、袁尚就在没有外敌的情况下互相打了起来。结果袁谭被袁尚打败，听了一个谋士的建议假装投降曹操。曹操接受了袁谭的投降，还答应把女儿许配给袁谭为妻。

袁尚派兵攻打袁谭，曹操派兵攻打袁尚，袁尚兵败，也假装投降曹操。曹操接受，却夜袭袁尚，袁尚兵败逃跑。趁曹操攻打冀州，诈降的袁谭收拢兵败的袁尚的部下，准备收复冀州。这时候曹操召袁谭，袁谭不理。曹操大怒，断绝婚姻，领兵攻打袁谭。袁谭再败，再次投降，这回曹操拒绝，袁谭兵败被杀。曹操再打袁尚，袁尚又败，投奔辽东公孙康，不久，公孙康就向曹操奉上了袁尚及其二哥袁熙的项上人头。

兄弟反目就如鹬蚌相争，最终曹操这个渔翁得利。

陶违雾豹，韩比云龙

周朝时期有个人叫答子，在陶城做官，所以人称陶答子。陶答子在陶城做官三年，没有任何业绩，官声很差，家里的财富却增长了三倍，可见是个大贪官。他老婆说了他很多次也不管用。为官五年之后，陶答子衣锦还乡，从车百乘，排场盛大，同宗人都敲击牛角庆贺，只有他的老婆抱着儿子哭泣。陶答子大骂他老婆在这大喜的日子里扫兴，他老婆说：我曾经听说在南山有一种动物叫玄豹，经常藏在雨雾当中七天七夜不出来觅食，为什么呢？因为玄豹需要时间把自己的皮毛加以润泽才能使自己变得更高贵，所以要隐藏好远离伤害。猪狗不挑食，什么都吃，越吃越肥，最后就是被宰杀的命运。这意思是你不能这样贪图财富，不然会招来杀身之祸。陶答子不但不听劝告，还把老婆赶出了家门，果然不久就获罪被杀了。

"韩比云龙"说的是唐朝两个大诗人，一个是韩愈，一个是孟郊。

唐宋八大家，韩愈为首，自称"郡望昌黎"，世称"韩昌黎""昌黎先生"，与柳宗元并称"韩柳"，人称"文章巨公""百代文宗"。可以说，没有韩愈，就没有唐代的那一场"文艺复兴"，可见其在中国文学史上地位之高。

韩愈留下诗文七百余篇，其中很多脍炙人口的作品。譬如，小朋友都能背诵的"天街小雨润如酥，草色遥看近却无。最是一年春好处，绝胜烟柳满皇都"，还有那一句"云横秦岭家何在，雪拥蓝关马不前"，都是惊天地泣鬼神的名作。

韩愈有一首诗，名字叫《醉留东野》，是这样写的：

昔年因读李白杜甫诗，长恨二人不相从。

吾与东野生并世，如何复蹑二子踪。

东野不得官，白首夸龙钟。

韩子稍奸黠，自惭青蒿倚长松。

低头拜东野，原得终始如駏蛩。

东野不回头，有如寸筳撞巨钟。

我愿身为云，东野变为龙。

四方上下逐东野，虽有离别无由逢。

这首诗写的是一个叫"东野"的人，韩愈觉得跟他相比，他就是青松，而自己就是蒿草；他就是天龙，我愿意化作一片云跟随；面对东野，自己愿意低头下拜！想想看，韩愈这么牛的人，还能有谁让韩愈这么敬仰？有，这个人就是东野，就是另一个大诗人孟郊。

在诗名上，孟郊或许比不上韩愈，但是，在诸多唐代大诗人当中，孟郊也有自己的地位。"韩孟诗派"就是韩愈和孟郊共同创立的。在韩愈眼里，自己和孟郊，就是另外一个李白和杜甫。

洗儿妃子，校士昭容

中国古代有四大美女，分别是春秋时期越国人西施，经典动作是"西施浣纱"；西汉汉元帝时期的王昭君，经典动作是"昭君出塞"；东汉末年司徒王允的歌女貂蝉，经典动作是"貂蝉拜月"；最后一个就是这段故事的主角，唐玄宗李隆基的贵妃杨玉环，经典动作是"贵妃醉酒"。我们常形容女子容貌美丽的"沉鱼、落雁、闭月、羞花"，就分别来自这四大美女。

杨玉环还与本书第一篇"一东"中"通德宫中"说到的赵飞燕合称"环肥燕瘦"。

因为有白居易著名的《长恨歌》，杨玉环在历史上都被认为是红颜祸水，把"安史之乱"、唐朝没落的起因推到杨玉环身上。这当然是一种历史的偏见。说因为杨玉环的美貌，皇帝旷工不上班或者经常上班迟到，工作态度消极，安禄山因此找理由"清君侧"，发动"安史之乱"，而杨玉环实际上也就是个造反的借口罢了。

但是杨玉环能够被拿来做借口，当然也不是一个省油的灯。譬如这段"洗儿妃子"。

安禄山看到唐玄宗对杨玉环十分宠爱，就主动认杨贵妃为干娘，每一次进宫先拜杨贵妃，后拜唐玄宗。唐玄宗纳闷儿，安禄山说这是我们"番人"的习惯。有一年安禄山过生日，唐玄宗和杨贵妃给了丰厚的赏赐，并在宫中为安禄山行"洗儿"的礼仪，就是把安禄山脱光光用棉被抱进宫，杨贵妃亲自为他洗澡，唐玄宗还在一旁观看。想想安禄山一个五大三粗的胡人大汉，要装作小孩子一样被"妈妈"洗澡，那真是"恶心他妈给恶心开门——恶心到家了"！

宫廷大臣如此混乱，江山社稷不出乱子才没有天理。

在本书第一篇"一东"中"冯后当熊"一段曾经介绍汉朝宫中的嫔妃分成十四个等级，昭仪为一等。到了唐朝，嫔妃的等级变成九个级别，一等昭仪，二等昭容，三等昭媛，如此等等。"校士昭容"中的昭容就是著名的上官婉儿。

上官婉儿的爷爷上官仪曾经是唐高宗的宰相，后来因为替唐高宗起草废除皇后武则天的诏书，与儿子，也就是上官婉儿的父亲上官庭芝一起被武则天杀害。那个时候，上官婉儿刚刚出生，和母亲一起被发配为奴。

十四年之后，武则天召见上官婉儿，在公众下当场考试，发现上官婉儿文采出众，当即下令免除其奴婢身份，掌管宫中诏命。二十八年以后，发生神龙政变，唐中宗复辟，武则天退位，上官婉儿奉命专管皇帝诏令的起草，封为昭容。

但是上官婉儿并没有因此感谢唐中宗，而是勾结韦后、安乐公主，依附武则天的侄子武三思计划谋反，结果谋反失败，武三思被杀。李隆基起兵，韦后、安乐公主、上官婉儿一起被杀。

"校士昭容"说的是当初上官婉儿的母亲郑氏怀孕的时候，曾经在梦中见一巨人以秤相赠，并说：这个秤可以称量天下。上官婉儿出生之后，郑氏就打趣地问婉儿："称量天下的就是你吗？"还不会说话的婉儿居然点头回应。后来婉儿掌管宫中机要，果然是"称量天下"之人啊。"校士"就是"称量之人"。

彩鸾书韵，琴操参宗

三国时期的东吴，有一个官员叫吴猛，他拜高人丁义为师，修仙学道。他的女儿吴彩鸾也同时拜丁义的女儿秀英为师修道。父女俩道法深厚。

话说到了唐朝，有一个书生叫作文箫，中秋节出游，遇见一个美丽的少女，少女自我介绍说名叫吴彩鸾。从三国到唐朝，算一算已经有四百多年，吴彩鸾依然少女模样，可见吴彩鸾已经成仙。吴彩鸾歌道：

若能相伴陟仙坛，应得文箫驾彩鸾。

自有绣襦并甲帐，瑶台不怕雪霜寒。

这意思就是，文箫你要是能和我一起修仙，就会过神仙般的日子。结果上天认为吴彩鸾泄了天机，就罚她到凡间十二年。于是文箫和彩鸾结为夫妻，最后双双修道成仙，骑虎飞升仙界。

在人间的十二年当中，文箫作为一个书生，缺乏谋生的技能，于是彩鸾就以抄书赚钱养家。她的小楷书《唐韵》一本可卖五十钱。毕竟是仙人下凡，彩鸾一天就能写出十多万字，而且写的字仙气十足，备受大家喜爱。这就是"彩鸾书韵"。

琴操是宋朝的一个妓女，通晓诗书，善解佛道，色艺双全。苏轼苏东坡担任杭州太守的时候，很喜欢琴操，经常和她谈诗论佛。有一天，苏轼带着琴操在西湖上游玩，对琴操说：咱俩玩儿个游戏，我当长老，你来参禅。琴操说好。

苏轼问：何谓湖中景？

琴操用王勃《滕王阁序》中的名句回答：落霞与孤鹜齐飞，秋水共长天一色。

苏轼又问：何谓景中人？

琴操用唐朝诗人李群玉《杜丞相筵中赠美人》中的句子回答：裙拖六幅潇湘水，髻挽巫山一段云。

苏东坡再问：何谓人中意？

琴操含羞回答：随他杨学士，鳖杀鲍参军。

　　苏东坡这最后一个问题是："景中之人才情如何？"琴操的回答是："才情堪比杨学士，就算鲍参军也会感到惭愧。"这里杨学士、鲍参军都是著名诗人。为什么含羞呢？因为说的就是自己呀。

　　没想到，苏东坡的问题急转直下，思索一会儿他又问道：就算是如此才情又怎么样呢？

　　琴操没有回答。苏东坡想了一会儿，用白居易《琵琶行》中的名句自问自答：门前冷落鞍马稀，老大嫁作商人妇。

　　两个人默默相对，再也无话。

　　回去之后，琴操反复思考苏轼的话，最后终于醒悟，于是毅然决然出家做了尼姑。

　　可怜可叹！

第三篇 三江

原文

古帝凤阁，刺史鸡窗。亡秦胡亥，兴汉刘邦。
戴生独步，许子无双。柳眠汉苑，枫落吴江。
鱼山警植，鹿门隐庞。浩从床匿，崧避杖撞。
刘诗瓯覆，韩文鼎扛。愿归盘谷，杨忆石淙。
弩名克敌，城筑受降。韦曲杜曲，梦窗草窗。
灵征乌狗，诗祸花尨。嘉贞丝幔，鲁直彩缸。

古帝凤阁，刺史鸡窗

在第一篇中，我们介绍过"三皇五帝"，五帝之中，黄帝居首。
所以我们经常会说我们是黄帝子孙、炎黄子孙。

传说黄帝即位之后，仁爱治国，很受民众爱戴。有一天心血来潮，把天老召来问他：你见过凤凰吗？长什么样子？天老回答说：凤凰啊，前面长得像鸿雁，后面长着鳞片，脖颈像蛇，尾巴像鱼，身有龙纹，体形如龟，颌骨如燕，口喙如鸡。凤凰戴德、负仁、抱忠、挟义，集仁德忠义于一身。天下有道，有凤来仪。黄帝听了，就穿上黄色的朝服，戴上黄色的帝冠，在宫中斋戒沐浴，在阿阁殿上祭祀。很快，天空中一群群凤凰结伴而至，连太阳都被遮住了。飞来的凤凰都栖息于黄帝宫殿中的梧桐树上。这就是"凤阁"的来历。

下一个故事就有点无聊了。

晋代有个人叫宋宗，官任兖州刺史，家里养着一只鸡，宋宗经常对着鸡说话。忽然有一天，这只鸡像八哥一样说了人话！从此，宋宗就经常跟这只鸡讨论诗书玄道，玄学日日精进，最终成为一代大师。

这纯粹是胡说八道。

亡秦胡亥，兴汉刘邦

"兴汉刘邦"的故事在前面的"汉祖歌风""何守关中"两段中已经说了很多，在这里，我们重点说说胡亥。

胡亥是秦始皇的第十八个儿子，也是最小的儿子，从小听从他老爸秦始皇的命令，跟着中车府令赵高读书学习。

秦始皇死的时候，只有胡亥、赵高和几个宦官知道。所以，赵高就和胡亥、丞相李斯密谋，谎称胡亥按照始皇遗诏被立为太子，并假造诏书令公子扶苏、蒙恬等自杀。之后胡亥即位，就是秦二世。

胡亥在登基前杀了自己的长兄扶苏,登基后又把自己的十二个兄弟处死,把另六个兄弟和十个姐妹碾死,将闾等胡亥的三兄弟被胡亥逼死。

胡亥不仅杀害兄弟姐妹,对不待见的文武大臣也没有放过。在赵高的唆使下,胡亥先是杀了蒙恬、蒙毅哥俩,又逼右丞相冯去疾和将军冯劫自杀,之后赵高就把自己的亲信安插进朝廷的重要位置。

除了杀人,胡亥想的就是享乐,国家大事一概不管,大事小事都交给赵高。丞相李斯,就是统一文字和度量衡那位,恐怕赵高过于受宠,自己失去官位,就写了一篇报告给胡亥,文章中首次系统地提出用督查和治罪、镇压反抗的方式巩固中央集权。但是即便如此,赵高也没放过他,设计让胡亥对李斯不满,最终把李斯抓起来严刑逼供,李斯屈打成招。胡亥在位的第二年,李斯被处以极刑,先在脸上刺字,然后割掉鼻子,砍掉双脚,再拦腰斩断,最后剁成肉酱,残忍至极。

胡亥对自己的兄弟和臣子如此,可以想象赵高专权下的王朝是如何虐待老百姓了。各种官员腐败,苛捐杂税,终于官逼民反,引发了中国历史上第一次大规模农民起义,即陈胜吴广农民起义,天下大乱。战国时期各属地纷纷自立为王,刘邦、项羽等势力迅速崛起。

当各路起义军日益逼近的时候,胡亥终于坐不住了,把赵高叫来骂了一通。赵高心中害怕,就跟他弟弟和女婿商量另立天子。于是,赵高的女婿阎乐就带兵冲进皇宫,胡亥求饶不成,被逼自杀。年仅二十四岁。

可怜大秦朝。两代即亡。

戴生独步,许子无双

有个成语,叫作"独步天下",就来自这个戴生。

戴生大名戴良，东汉时期的人。他的曾祖父戴遵在西汉汉平帝时期曾经做过侍御史，王莽篡位的时候就称病回家了。家中富有，乐善好施，尚侠义之风。戴良从小生活在这个环境中，聪明好学，个性放浪，才高八斗，对母亲非常孝顺，对做官却没有任何兴趣。有人问戴良：就您的才学道德，您觉得这天下有谁能跟您比？戴良答道：我就是山东的孔夫子、四川的大禹帝，独步天下，谁能和我比？

后来有人推荐戴良为孝廉，虽然是个小官，戴良也不愿做。州郡的官员强迫他，他就带着妻儿逃到江夏的山里头做起了隐士。

戴良才高倨傲，自认天下第一，无人能比，那是因为他没遇到真正让他服气的人。戴良自傲，是因为没见过足够的世面，却不是那种无知的狂妄。很快，他就遇到了一个让他高山仰止的人物，而且还是同乡。这个人叫作黄宪。

黄宪，出身牛医之家，没有什么文字传下来，以人品高尚闻名于世。戴良每一次见到他都不自觉地肃然起敬。有一回，戴良和黄宪畅谈了很久，回家以后，怅然若失。母亲问他："你又跟那个牛医的儿子聊天去了吧？"戴良点头："我没见到黄宪的时候，自以为独步天下，他比不上我。后来见到他，我才发现这个人的才学品德对我来说就是高深莫测，学习的榜样啊！"

虽然自信心爆棚，但是见到比自己更优秀的人从心底里服气而且见贤思齐，这才是戴良为人最值得世人学习的地方。

同学们在学习的时候遇到不认识的字都会查字典。在中国历史上，最早的汉字字典叫作《说文解字》，作者许慎，字叔重，东汉人，一部《说文解字》，对汉字的文字学做出了不朽的贡献。

历史记载，许慎的贡献还不止于此。他早期的研究主要在"五经"，即《诗经》《尚书》《礼记》《周易》《春秋》及诸子百家之上，当时的人曾经说"在五经的研究上许慎无人能比（五经无双许叔重）"，这就是"许子无双"的由来。他的研究成果写在一本叫作《五经异义》的书中，可惜这本书没有流传下来，但是历史中记载这部书对后世经学发展产生了重大影响。

一个人编一部字典，而且是在遥远的汉朝，想想都知道这样一个工程是多么浩大。要知道，如果历史记载无误，东汉开兴元年，也就是公元105年，一个叫蔡伦的人完成了中国四大发明之一的"造纸术"。而许慎的《说文解字》在公元100年，即东汉永元十二年就基本完成了，比蔡伦造纸整整早了五年。也就是说，当时许慎所读的书中，大部分还是竹简和帛书！

为了使这样一部经典完整准确，许慎并没有急着定稿，而是不断精益求精，把发现的错误和瑕疵修改掉，把新的发现和心得补充进去，直到二十年以后，才把《说文解字》定稿，献给朝廷。说这一部字典耗费许慎半辈子生命毫不为过。

从整个历史来看，也许说"解字无双许叔重"更为贴切。

柳眠汉苑，枫落吴江

清朝人写的故事中说汉朝宫苑里有一株柳树，形状就像一个人，所以叫"人柳"，这棵柳树最奇特的地方是每天睡觉三次，醒来三次。不知道是不是柳枝摇动就算醒着，柳枝不动就算睡着？如果一年四季不管什么天气，不管是否刮风都是这样，那也真的算得上是奇葩了。不过我不太明白把这一句放在这儿是啥意思，也许仅仅是为了对仗下面的"枫落吴江"吧。

崔信明是隋唐时期的人，出身官宦之家。据说崔信明出生在五月五日正午，出生的时候有五色小鸟聚于庭院，高声鸣叫。隋朝太史令史良得知此事，说这个孩子将来一定很有文采，闻名天下，但官做不大。

果然，崔信明长大后博闻广记，出口成章，远近闻名，后来做了隋朝的尧城令。隋炀帝无道，各路英雄揭竿而起，其中之一为窦建德。窦建德自立为王，听说了崔信明的名声，就想招揽他为己用。但崔信明认为这是背叛，有损节操，于是越城逃走，隐居在太行山中。

唐太宗李世民登基之后，广招贤才。崔信明应招出世，被授兴势丞，大概就是个副县长的位置，后来升迁为秦川令，就是县长。

崔信明自恃才高，性情倨傲，又自负出身官宦世家，谁都不放在眼里，遭到世人的讥笑。有趣的是，当时还有一个小官，叫郑世翼，一样傲慢狂妄。某一日两个人在江中偶遇，郑世翼对崔信明说：听说你作出过"枫落吴江冷"的名句，还有没有什么其他的诗作呀？让郑某欣赏欣赏。崔信明嘴一撇，拿出一百多篇诗作给郑世翼。哪知郑世翼看了一半就嗤之以鼻地说："见面不如闻名啊。"顺手就把那些诗作丢进了江水。崔信明只能摇头叹息，摇船而去。

平心而论，"枫落吴江冷"的确是一句好诗。短短五个字，就把秋江的凄冷描写得呼之欲出，确实很难得。但是，就算你崔信明满腹经纶，才华出众，也用不着整天眼高于顶。所以，被更加狂傲的郑世翼羞辱那就是活该呀。

鱼山警植，鹿门隐庞

这里说了两个人，一个是三国曹植，一个是东汉庞德公。

先说曹植。

同学们知道曹植，多数是因为他那首著名的"七步诗"：

煮豆持作羹，漉豉以为汁。

萁向釜下燃，豆在釜中泣。

本自同根生，相煎何太急？

再深入一些的，就会知道曹植另一篇伟大的作品《洛神赋》。作为三国时期著名的文学家，建安文学的代表人物之一与集大成者，曹植在中国文学史上占有重要的一席之地。他的哥哥曹丕、他的爸爸曹操在文学上都很有造诣，史称"三曹"。南朝宋文学家谢灵运曾经说过："天下才有一石，曹子建独占八斗。"这就是成语"才高八斗"的来历。意思是说，天底下的才气有十分，你曹植一个人就占了八分啊。

曹植自小聪颖，十来岁便诵读诗、文、辞赋数十万字。他才思敏捷，下笔成论，出口成章。曹操很喜欢他。那一年，曹操建铜雀台，落成典礼上，曹植当场献赋，一篇《登台赋》，一挥而就，技压群儒。自此曹操对曹植寄予厚望，认为兄弟们中他最能成就大事，好几次都想把他立为接班人。

然而事实上并非如此。曹植聪明不假，文采绝顶不假，但是作为一个绝世才子，曹植性情放浪，缺乏自我约束能力，什么事儿都是率性而为，不计后果，使得本来看好曹植的曹操逐渐失望，最后还是把"太子"之位（魏王世子，因为那时候曹操没有称帝，不能叫太子）给了曹植的大哥曹丕。

即便如此，曹操也没有放弃曹植，仍然委以重任。那一年，曹操让曹植担任南中郎将，行征虏将军，带兵解救被关羽围困的曹仁。带兵出征是掌握军权的象征，也是曹操重点培养的象征，结果曹植在出征前喝得酩酊大醉，曹操派人来传曹植，连催几次，曹植仍昏睡不醒，曹操一气之下取消了让曹植带兵的决定，从此对其不再重用。

所以，曹植是个超级文学家，却做不了一个领军统帅，更做不了一个合格的政治家。

"鱼山警植"的故事是说有一天曹植登临山东东阿的鱼山，忽然听见岩壁中间传来一阵阵诵经的声音，在诵读声中，曹植心灵受到触动和启发，于是创作出了《太子颂》，成为佛教音乐流行于世。

"三顾茅庐"是《三国演义》中最脍炙人口的桥段之一。熟悉的同学可能还记得，里头有一个"水镜先生"，就是大隐士司马徽，他曾经说："伏龙、凤雏，两人得一，可安天下。"大家知道伏龙就是诸葛亮，凤雏就是庞统。是谁给他俩起的这么霸气的外号呢？是庞德公。连司马徽的"水镜先生"也是庞德公叫出来的呢。

庞德公是襄阳名士，与当时的一众名士徐庶、司马徽、诸葛亮、庞统等交往密切。庞德公年纪比他们大，而且其中庞统还是庞德公的"从子"，大概就是庞德公哥哥或弟弟的孩子。诸葛亮、庞统等人的学识受庞德公指导很多，所以他们对庞德公都很尊重，据说诸葛亮每一次去见庞德公，都会独自拜倒在他的床下。也正因为如此，庞德公对诸葛亮青睐有加。

庞德公一生不愿意当官。荆州刺史刘表数次派人相请，庞德公不为所动，刘表亲自上门，庞德公依然不为所动。最后隐居在鹿门山。"鹿门隐庞"由此而来。

浩从床匿，崧避杖撞

前面说的庞德公是襄阳人，这里说的孟浩然也是襄阳人。有趣的是，在孟浩然二十三岁的时候，也曾经在鹿门山隐居。不知道他老兄是不是住在当年庞德公的茅屋。

在唐朝的诸位大牌诗人中，被李白公开示爱的大概也就是孟浩然了。那首《赠孟浩然》写得清楚：

吾爱孟夫子，风流天下闻。
红颜弃轩冕，白首卧松云。
醉月频中圣，迷花不事君。
高山安可仰，徒此揖清芬。

当然，这里的"爱"是欣赏和钦佩的意思，由此也能看出孟浩然在唐朝诗坛的地位超然。作为盛唐时期山水田园诗派的第一人，孟浩然有大量脍炙人口的诗作流传于世。一首《春晓》已经是多少代人一生所读的第一首唐诗，更有《过故人庄》《望洞庭湖赠张丞相》等为世人传颂。李白、王维等人的诗风都受孟浩然影响。

诗作之外，孟浩然的人品也备受敬仰。他憎恶趋炎附势之徒，从来不会"摧眉折腰事权贵"，终其一生，都没有入朝做官。

孟浩然之外，田园诗派的另一个代表人物就是王维，所以后人也称他们为"王孟诗派"，两个人也是好朋友。有一天，王维邀请孟浩然来到自己的内署，正好在这个时候皇帝唐玄宗驾到，孟浩然不是官身，不能见皇帝，只好躲到床底下。王维实话实说报告了皇帝，唐玄宗说：我知道这个人啊，可是没见过，于是命令孟浩然出来相见。唐玄宗说，听说你的诗作得很好啊，念两首给朕听听。孟浩然不假思索，出口吟道：

北阙休上书，南山归敝庐。
不才明主弃，多病故人疏。

唐玄宗听到"不才明主弃"，心中不快，说：虽然你不求入朝为官，但也不能说明我不要你。既然如此，你又为什么诬赖我说被我抛弃了呢。你为什么不念你那首"气蒸云梦泽，波撼岳阳城"？于是让孟浩然回襄阳做他的山水诗人去了。

汉明帝刘庄是个有作为的皇帝，但是脾气暴躁。在本书第二篇"汉称七制，唐羡三宗"中介绍过。

刘庄不但性格暴躁，而且多疑，最喜欢听手下的耳目给他打小报告，通过这些小报告了解官员们的行为甚至隐私，并且会根据报告的内容惩戒官员。遇到他觉得有错误的官员，他不但斥责，还会亲自上手揍。

有一次，尚书郎药崧不知因为什么事儿让汉明帝火气上升，于是这位皇帝大人就抄起一根棒子劈头盖脸向药崧砸去。药崧见势不妙，拔腿就跑。汉明帝见了，更是火冒三丈，提起棒子就追，一边追一边打，在大殿里转圈。最终那位药崧同学体力不支，钻到皇上休息的床底下。

汉明帝举着棒子在床边喊：你小子给我滚出来！床底下的药崧哪敢出来？急扯白脸地对皇上喊：皇上啊，您要保持您做皇上的尊严啊！我可没听说过拿棒子打郎官的君王啊。刘庄看着药崧的样子，居然一笑，把棒子丢在一旁说：算了，朕赦你无罪，出来吧。药崧的原话是"天子穆穆，诸侯煌煌。未闻人君，自起撞郎"，"药崧杖撞"就是这么来的。这样的君臣关系，也算得上是奇葩了。

刘诗瓿bù覆，韩文鼎扛

中国历史上有几个"神人"，就是那种因为能耐太大被后世神话的人。姜子牙算一个，诸葛亮算一个，刘伯温算一个。

刘伯温名刘基，伯温是他的字，是元末明初著名的政治家、军事家和文学家，辅佐朱元璋建立大明朝。朱元璋把刘伯温看作是自己的张良张子房。

刘伯温也是个神童，从小读书过目不忘，十二岁就考中秀才，二十三岁考中进士。有一次在元大都（北京）的一家书店里看到一本天文书，就拿起来翻阅，书店主人看他看得认真，就表示可以把书赠送给他，哪知刘伯温把书还给老板说：这本书已经在我胸中了，还要书有什么用？

元朝没有灭亡的时候，刘伯温断断续续做过几回官，但因为他性情刚直不阿，疾恶如仇，在元朝极其腐败的官场根本就混不下去，所以没有一个官能够做长。

朱元璋起义后，邀请刘伯温到南京，并委任他为自己的谋士，刘伯温的才华得以施展。"先灭陈友谅，再灭张士诚。然后北向中原，一统天下"，是刘伯温为朱元璋制定的战略方针，朱元璋依计而行，果然攻无不克，先后消灭了陈友谅、张士诚等势力，为建立大明国打下坚实基础。

朱元璋登基之后，任命刘伯温为御史中丞兼太史令。三年以后，朱元璋授刘伯温为弘文馆学士，之后又授刘伯温为开国翊运守正文臣、资善大夫、上护军，封诚意伯，食禄二百四十石。第二年，赐刘基还归家乡。几年后刘伯温即在家乡去世。

在民间，刘伯温的故事被演绎成各种版本，随着这些故事的传播，刘伯温就成了"前知五百年、后知五百年"的神仙。说刘伯温本来是玉皇大帝座下天神，是玉帝派到人间帮助真龙天子朱元璋的。为了协助刘伯温，天庭还让四海龙王派了九个儿子辅佐刘伯温。九个龙子屡立战功，不但帮朱元璋打下了大明江山，还为朱棣夺取皇位立下汗马功劳。大功告成之时，龙子们要返回天庭，明成祖朱棣却用诡计，激将法使老九赑屃驮上石碑，无法飞回天庭，八个哥哥决定陪九弟留在人间，但一起发誓永远不现真身，不为朱棣效力。刘伯温得知此事后，心灰意懒，飞离凡间，返回天庭。这当然是神话故事。

"瓿"就是瓶子，"瓿覆"就是瓶子盖。这个典故来自汉代。西汉经学家刘歆对扬雄（扬雄的故事，在本书第一篇"一东"中"投阁扬雄"一节中有过介绍）说：现在的学者们拿着俸禄，都不能把《易经》搞明白，更别提您写的《太玄》了。这些书啊，我恐怕后代人只会用来当作酱缸的盖子了！所以后来就把"覆瓿"作为一种对自己文章的谦辞。而刘伯温就把自己的文集起名为《覆瓿集》。

后代郑板桥曾经在自己的书上题词：有些好处，大家看看。如无好处，糊窗糊壁，覆瓿覆盎而已。

"韩文鼎扛"说的是韩愈。韩愈的故事在本书第二篇"韩比云龙"中有过介绍。宋朝大词人、大书法家黄庭坚曾经写过一首诗：

我有元晖古印章，印刓不忍与诸郎。
虎儿笔力能扛鼎，教字元晖继阿章。

其中说的"虎儿"指的是北宋书画名家米芾的大儿子米友仁，书画成就不下其父，世有大米、小米之称。这里是借用这句诗，赞扬韩愈的文章也是"力能扛鼎"。所以后来形容某作者最有影响、最有代表性的作品为"扛鼎之作"。

愿归盘谷，杨忆石淙

还是韩愈。韩愈曾经写过一篇文章，叫作《送李愿归盘谷序》。李愿是韩愈的朋友，要回到河南济源县一个叫作"盘谷"的地方隐居，韩愈想起自己在官场上曾数度得不到重用，内心里对朋友能够隐居山林还有那么一些羡慕，于是就写了这篇赠文。

杨忆是北宋的文学家，西昆体诗歌的代表人物之一。

小时候的杨忆也是一个神童，七岁能作文，十岁能赋诗，十八岁被赐进士及第，宋真宗时做过翰林学士、户部郎中。他为人正直，性格刚毅；为官清明，不惧权贵，擅长典章制度的修撰。

杨忆在历史上留名，主要还是因为在文学上的成就。以杨忆、刘筠、钱惟演为代表的西昆体是北宋初期诗坛上声势最大的诗歌流派。其特点是追求用典、讲究工整、用词华丽、音节铿锵。杨忆所编著的《西昆酬唱集》是西昆体名称的由来也是代表作。简单说，西昆体追求诗歌形式上的美感，内容上却限于士大夫的生活以及咏物咏史，有创新也有弊端。

"杨忆石淙"来源于镇江府的"杨一清石淙精舍"。一清是杨忆的字，所谓"精舍"，一般是佛家弟子用来研修佛法之所在，文人们也用精舍命名自己研究学问、教授弟子的地方。譬如程朱理学的创始人之一朱熹就曾经创建武夷精舍。

弩名克敌，城筑受降

在本书第一篇"一东"中，有一段叫"梁姬值虎"，说的是巾帼英雄梁红玉和抗金名将韩世忠相遇相识相爱的故事。那一段重点介绍了梁红玉，这里我们重点说说韩世忠。因为名字叫作"克敌"的弓弩就是韩世忠创造出来的，据说这种弓弩射程可达百步，能穿透铠甲。

韩世忠是南宋名将，和岳飞、张俊、刘光世一起合称"中兴四将"。

韩世忠农民出身，从小喜欢练武，性格憨直，行侠仗义。他身材魁梧，且武功高强，所以十八岁就报名参军。在攻打西夏、抗击金兵的战斗中屡立战功，虽然官阶不高，却威名赫赫。

在梁红玉的故事中讲到将官苗傅、刘正彦对朝廷不满发动兵变，扣押宋高宗赵构，梁红玉受宰相朱胜非之命单人独骑怀抱婴儿一夜飞奔宣调韩世忠救驾，韩世忠率兵勤王，救出赵构，因此受到宋高宗信任，被任命为武胜军节度使、御营左军都统制，成了名副其实的一员大将。

黄天荡之战是韩世忠的经典之作，他以八千人的队伍在镇江阻击由金国大将完颜宗弼率领的十万金兵，激战四十八天，歼敌万余，大大激发了江淮民众抗击金兵的斗志，名声大振。

五年之后，韩世忠奉命自镇江北上扬州，再次阻击金兵渡江。韩世忠再用巧计，在大仪镇设伏，金兵上套，伤亡惨重，二百余被俘，大部被歼，史称"大仪镇之捷"，是南宋"十三处战功"之一。

岳飞父子被秦桧以"莫须有"罪名下狱，朝中没有任何人敢出面说话，只有韩世忠，当着秦桧的面质问："岳飞父子何罪？为什么关押他们？"朋友劝他别得罪秦桧，韩世忠却说，"我要是附和了这个奸贼，将来死了以后岂不是要被宋太祖用铁棒子打？"

但是韩世忠终究人单力薄，无法扭转局势。岳飞父子被害，韩世忠心灰意懒，偕妻子梁红玉辞官归隐苏州。

公孙敖是个将军，最初在汉武帝刘彻身边做骑郎，大概就是皇帝出门的时候旁边一队骑兵护卫中的一个。

大将军卫青是刘彻的宠妃卫子夫的弟弟，早期也在宫中当差，和公孙敖关系不错。卫子夫怀孕之后，汉武帝的皇后陈阿娇非常嫉妒，就打算把卫青杀死。公孙敖听到消息，带人救下了卫青，由此得到汉武帝的重用。

之后公孙敖的生涯，基本上就是跟着卫青打仗，不但没什么战功，还两次因为打败仗或贻误军机被判死刑，交了钱之后变成平民。估计是

因为公孙敖救过卫青一命，所以每次公孙敖被贬之后又回到军中当将军。

受降城是汉朝时期外长城的一部分，最初就是为了接受匈奴的贵族投降而建的，后来又称三降城，到了唐朝也叫河外三城。最初建立这受降城的就是公孙敖。

韦曲杜曲，梦窗草窗

"韦曲杜曲"说的是唐朝的两个有名的宰相，一个叫韦安石，一个叫杜佑。

韦安石是个大人才，在武则天、唐中宗和唐睿宗三朝，四次出任宰相一职。此人做事坚持原则，忠于皇帝。在给武则天做宰相的时候，有一次，有人把四川的商人宋霸子等人带进宫中参加武则天的宴会。韦安石看到了，当即奏请皇帝说：商人身份低贱，不应该参与宫廷宴会，说完就命令侍卫把宋霸子等人赶出皇宫，满座皆惊。有一个凤阁侍郎陆元方感叹：这才是真宰相啊！不是我们能比的呀！太平公主专权期间，也曾经拉拢过韦安石，但韦安石丝毫不为所动。太平公主十分恼怒，命人散布谣言陷害韦安石。韦安石虽然没有被下狱，但是宰相的位置变得有名无实、有职无权，不久就被免了宰相，贬为东都留守。

唐玄宗李隆基登基，韦安石又因事得罪了李隆基的宠臣姜皎，结果再度被贬，最终病死在沔州。

杜佑在唐顺宗、唐宪宗两朝做过宰相。除了在宰相的任职上政绩不错之外，杜佑对历史有两个最大贡献，一个是他花了三十六年的时间博览古今典籍及历代哲贤论述，查阅考察了有史以来大量的典章制度的形成过程，撰写成长达二百卷的鸿篇巨制《通典》，创典章制度专史之先河，被大儒家朱熹称为"非古是今"之作。另一个贡献则是他有一个比他更有名的孙子，就是唐朝大诗人杜牧。

"韦曲杜曲"说的是两个花园，韦安石的叫作"韦曲花园"，杜佑的，叫作"杜曲花园"。不知今天还在不在。

"梦窗草窗"说的是南宋的两个文人，一个叫吴文英，一个叫周密。

吴文英，号梦窗，是南宋著名词人，其作品哀艳动人，有"词中李商隐"之称。他的作品集名为《梦窗词集》，收有他的作品三百余首，在南宋词人中，数量仅次于著名词人辛弃疾。

周密，号草窗，是南宋末年雅词词派的领袖，也是吴文英的好朋友。他的词作融会姜夔、吴文英两家之长，形成了典雅清丽的词风。除了诗词，周密还是个笔记大家。他留下了丰富的笔记作品，对于后人研究南宋时期的社会人文、政治经济发展有着极高的参考价值。其中尤以《齐东野语》《武林旧事》闻名。

因为两个人的名号，世称"二窗"。

灵征刍狗，诗祸花龙

三国时期，曹操的儿子、文帝曹丕手下有个人叫周宣。这个人擅长解梦占卜，非常灵验，曹丕经常做了奇怪的梦就问周宣。有一次，曹丕梦见宫殿上掉下两片瓦，化作鸳鸯，就让周宣解梦。周宣说后宫会有人暴死。果然，话音未落，就有人报告说后宫发生内讧，有人被杀死。

　　曹丕任命周宣为中郎，是太史的属下。有一天，太史问周宣：我昨晚梦见一只刍狗，是什么征兆？周宣说：您是馋了，出门必遇美食。太史当天出门办事，果然遇上一顿美餐。过了些日子，太史又问周宣：我昨晚又梦见一只刍狗，是怎么回事儿？周宣说：麻烦了，您会从车上掉下来摔断脚腕子，您可要小心啊。果然，当天就应验了。又过了些日子，太史又问周宣：我昨晚是第三次梦见刍狗了，到底是咋回事儿啊？周宣说：坏了，您家要着火了，赶紧做准备。话音未落，太史家火起。太史纳闷儿，问周宣说：这三次我都是骗你的，根本没有梦见刍狗这回事儿，我就是想试试你而已。为什么最后都应验了呢？周宣笑道：就算您没做梦，您说出来给我听，就是神灵的驱动啊，和真的梦没什么区别。太史还是纳闷儿：那为什么三个同样的梦得出三个不同的推断呢？周宣说：刍狗是祭神的东西，所以，第一次您说梦见刍狗，我就说您能得到祭神余下的美食。而祭祀完了，刍狗会被祭祀的马车轧死，所以说您可能坠车伤脚。刍狗被轧死之后，一定被人拿回去当柴火烧，所以您最后一个梦跟火有关。

　　周宣断梦的方式大致就是这样，十有八九又很灵验。魏明帝末年，周宣去世。

　　其实，刍狗并不是真狗，而是古代祭祀时用草扎成的狗。说起刍狗，真正的来源，是出自老子的《道德经》。《道德经》第五章说："天地不仁，以万物为刍狗；圣人不仁，以百姓为刍狗。"一般的解释是：天地是无私的，没什么仁义，在他们看来，天下万物都是刍狗一般；圣人是公平的，没什么仁义，在他们看来，天下百姓都是刍狗一般。

　　高启是元末明初著名的诗人、文学家，与杨基、张羽、徐贲合称"吴中四杰"。

高启为人孤傲，厌恶官场，曾隐居于吴淞江畔的青丘，自号青丘子。明太祖朱元璋登基后，曾经召高启入朝，授翰林编修，其才识得到朱元璋的赏识，就让他做诸王的老师，纂修《元史》。后来朱元璋又想任命他做户部右侍郎，副部长级，高启却坚辞不受。朱元璋怀疑高启作诗讽刺自己，心中不爽。"诗祸花龙"就是以诗获罪的意思。

后来有人诬告苏州知府魏观造反，高启被株连，被腰斩而死。据说高启临死之时，手指蘸血写了三个"惨"字。朱元璋自此夜夜噩梦，身体每况愈下，不久就死了。

高启留下的诗歌有两千余首，自编为《缶鸣集》。

嘉贞丝幔，鲁直彩缸

张嘉贞，唐朝名相，出身贫寒，二十岁时当了平乡县尉，副县长级，主管地方治安。因为一次农民暴动没处理好，张嘉贞丢了官，继续回家务农。几年后，有个叫张循宪的御史下基层检查工作，张嘉贞应聘到衙门帮忙，得到张循宪的赏识，回朝后上书推荐张嘉贞。武则天亲自面试，任命他为监察御史。

十几年后，张嘉贞被唐玄宗任命为宰相，他的弟弟张嘉祐也入朝做了将军，兄弟俩一相一将，显赫无比。三年宰相之后，因为张嘉祐贪污案辞职。

顺便说一句，前面讲到的"韦曲杜曲"中的韦安石，最终是被唐玄宗的宠臣姜皎陷害被贬，而姜皎的下场也不咋样。他是被这个张嘉贞宰相怂恿唐玄宗李隆基用棒子打死的。

郭元振前来求婚，张嘉贞说，我有五个女儿，也不知道你看中哪一个。这样吧，我们设一个帷幕，让女儿们都站在幕后，每个人手里系一条丝线，你牵到哪一根，就娶哪个女儿吧。郭元振同意，捡了一根红线牵了，就娶了张嘉贞的第三个女儿为妻。这就是"嘉贞丝幔"的来由。郭元振后来成了另外一个大唐名相。

鲁直就是黄鲁直，黄鲁直就是黄庭坚。黄庭坚是北宋著名文学家、诗人、书法家，与张耒、晁补之、秦观都曾游学于苏轼门下，合称为"苏门四学士"。黄庭坚是江西诗派的开派宗师和领袖，与苏轼并称"苏黄"。实际上，就对宋代诗歌的影响而言，黄庭坚甚至超过苏轼。苏轼曾经这样推荐黄庭坚："瑰伟之文，妙绝当世；孝友之行，追配古人。"

诗名之外，黄庭坚还是北宋书法四大家之一，另外三位分别是苏轼、米芾和蔡襄。黄庭坚最擅长行书、草书，楷书也自成一家。黄庭坚的书法，尤其是行书，在很大程度上受苏轼的影响，逐渐形成自己的"长枪大戟、绵劲迟涩"的书风。其草书在尽情挥洒之中，仍然有从容娴雅的境界。他的书法作品对后世影响极大，到现在各种书店里都能看到很多黄庭坚的字帖，楷书、行书、草书都有。

"鲁直彩缸"说的是黄庭坚娶儿媳妇，用红彩缠缸作为彩礼。一口口大缸用红绸子缠裹起来，装满一大车当作彩礼，想想都挺好玩儿。

第四篇 四支

原文

王良策马，傅说骑箕。伏羲画卦，宣父删诗。

高逢白帝，禹梦玄彝。寅陈七策，光进五规。

鲁恭三异，杨震四知。邓攸弃子，郭巨埋儿。

公瑾嫁婢，处道还姬。允诛董卓，玠杀王夔。

石虔矫捷，朱亥雄奇。平叔傅粉，弘治凝脂。

伯俞泣杖，墨翟悲丝。能文曹植，善辩张仪。

温公警枕，董子下帷。会书张旭，善画王维。

周兄无慧，济叔不痴。杜畿国士，郭泰人师。

伊川传《易》，觉范论《诗》。董昭救蚁，毛宝放龟。

乘风宗悫，立雪杨时。阮籍青眼，马良白眉。

韩子《孤愤》，梁鸿《五噫》。钱昆嗜蟹，崔谌乞麋。

隐之卖犬，井伯烹雌。枚皋敏捷，司马淹迟。

祖莹称圣，潘岳诚奇。紫芝眉宇，思曼风姿。

毓会窃饮，谌纪成麋。韩康卖药，周术茹芝。

刘公殿虎，庄子涂龟。唐举善相，扁鹊名医。

韩琦焚疏，贾岛祭诗。康侯训侄，良弼课儿。

颜狂莫及，山器难知。懒残煨芋，李泌烧梨。

干椹杨沛，焦饭陈遗。文舒戒子，安石求师。

防年未减，严武称奇。邓云艾艾，周曰期期。

周师猿鹤，梁相鹡鸰。临洮大汉，琼崖小儿。

东阳巧对，汝锡奇诗。启期三乐，藏用五知。

堕甑叔达，发瓮钟离。一钱诛吏，半臂怜姬。

王胡索食，罗友乞祠。召父杜母，雍友杨师。

直言解发，京兆画眉。美姬工笛，老婢吹箎。

王良策马，傅说骑箕

　　王良是春秋人氏，有一手赶马车的好功夫。传说王良死后被玉皇大帝选去做了车夫。《史记》中记载，银河系中有一个叫作"天驷"的星座，意思就是由四匹马组成，看起来像是一辆马车。在这个星座旁边，还有两颗星，一颗就是王良，另一颗叫作"策"，就是鞭子。"王良策马，车骑盈野"，就是说一旦策星闪动，就说明王良在赶马车。这时候，人间必然遍地都是战车，有战争爆发。

傅说是殷商时期著名的贤臣，商王武丁的丞相。传说中武丁广求贤臣，梦中圣人降临，梦醒后就请人照着梦里的圣人模样画出图形，派人四处寻找，最终在一个叫"傅岩"的地方找到傅说，举为宰相，而这时候的傅说还只是一个做苦力的囚徒。这就是圣王举贤不择贵贱的典型故事——"武丁举傅说"。商国在傅说的治理下国泰民安，成为历史上有名的"武丁中兴"。这大概是中国历史上最早的"盛世"之一了，或者没有之一。

傅说治国，丰功伟绩，死后升天，变成一星，名字就叫"傅说星"。傅说星在二十八宿里面属于东方青龙七星。东方七宿包括角、亢、氐、房、心、尾、箕，其中尾宿包含六个星官，分别是：尾、神宫、龟、天江、傅说和鱼。因东方七宿的最后一个是"箕宿"，所以说傅说星骑在箕星之上，这就是所谓的"傅说骑箕"。

写到这里，觉得很有趣，因为"箕"在生活中是"簸箕"，是扬米去糠的工具。在中国北方农村，扫帚和簸箕经常是一对。骑着簸箕在空中飞的是傅说，那骑着扫帚在天上飞的是谁呢？答案是：哈利·波特。哈哈。

伏羲画卦，宣父删诗。

伏羲画卦是一则很有名的神话故事。

伏羲是中华民族的祖先，三皇五帝中的三皇之首，是中国最早的文献中记载的"创世神"。

传说中的伏羲人首蛇身，与妹妹女娲结婚生儿育女。伏羲称王一百一十一年，为中华民族之后的发展做了杰出贡献。这包括：创造出了占卜八卦，创造出了文字结束结绳记事，结绳为网用于打鱼打猎，发明了乐器"瑟"，开创了音乐，制定了对偶制嫁娶制度，有了姓氏，中华医学也尊伏羲为鼻祖。

另外，中华民族最重要的图腾"龙"也是伏羲大帝创造出来的。他取蟒蛇的身、鱼的头、雄鹿的角、猛虎的眼、红鲤的鳞、巨蜥的腿、苍鹰的爪、白鲨的尾、长须鲸的须，创立了中华民族的图腾龙。我们常说"龙的传人"就是由伏羲而来。

在神话中，作为创世神，伏羲存在的时候，天地还没有形成，世界处于混沌状态。伏羲后来娶了女娲，两个人生了四个儿子，后来成为代表四季的神祇。这个宇宙应该怎样形成呢？如何让这个宇宙成为适合人类生存的世界呢？伏羲经过长时间思索，终于在某一天看到了振翼龙马，心中豁然开朗，太极、阴阳、四象、八卦在脑海中涌出。他赶紧找到一块石壁，把心中所想画了下来。后世的《易经》说："是故易有太极，是生两仪，两仪生四象，四象生八卦。"就是宇宙生成的过程。

所谓八卦，指的是乾、坤、震、巽、坎、离、艮、兑，分别象征天、地、雷、风、水、火、山、泽八种自然物或自然力。这就是我们今天见到的世界。

"宣父"就是孔夫子，在本书第一篇"一东"的"宣圣春风"中介绍过为什么孔夫子叫作"宣圣"或者"宣父"。

《诗经》是中国最早的诗歌总集。在春秋时期，流传的诗歌非常多，据司马迁说有三千多篇。是孔夫子十取其一，整理成集，变成"诗三百"，实际《诗经》收录305篇。这就是所谓的"宣父删诗"。不过对于《诗经》的编辑是不是孔夫子做的，历史上有很多争论，但是这种争论往往得不出什么结论，咱也不用管。

高逢白帝，禹梦玄彝

"高逢白帝"就是汉高祖刘邦斩蛇起义的故事。这一段在本书第一篇"一东"的"汉祖歌风"一节已经讲过，不再重复。

"禹梦玄彝"的禹就是大禹，是夏商周三朝中夏朝的开国君主。据说是黄帝的玄孙，颛顼的孙子，父亲名鲧。被尧帝封于崇，为伯爵，世称"崇伯鲧"。

在第一篇"一东"的"重华大孝"中我们说过，中国历史上真正的"帝位禅让"只有传说中的尧让与舜、舜让与禹。所以，大禹的帝位是舜帝禅让的，原因是大禹治理黄河有功。"尧舜禹汤"，大禹是中华皇帝中的四大模范之一。

传说中大禹的故事最为脍炙人口的就是"三过家门而不入"了。说的是大禹新婚不久就离家去治水，中间三次路过家门都没有时间进去看一看，第三次路过的时候他的儿子已经可以跟他摇手打招呼了。

大禹的另一个传说就是铸造九鼎了。夏朝建立之后，大禹在涂山召开诸侯大会。在大会上大禹检讨了自己的过失，期望大家能够经常责备、规诫、劝喻自己，使自己能够少犯错误和改正错误。原先对大禹有意见的对大禹的言行表示敬佩，原先敬佩的更加敬佩，于是万国服从。

涂山大会之后，大禹为了纪念，决定用诸侯进献的黄金以九州之名铸造九鼎，包括冀州鼎、兖州鼎、青州鼎、徐州鼎、扬州鼎、荆州鼎、豫州鼎、梁州鼎、雍州鼎，象征九州。其中豫州鼎为中央鼎，借此显示大禹为九州之王。我们常说"华夏九州"，即由此而来。

"禹梦玄彝"的故事是说大禹治水来到衡山，在杀白马祭天之后，梦到一个身穿绣衣赤裸着双臂的男子，自称名叫玄彝，是天上的苍水使者。玄彝对大禹说：我有简书给你，不过你要到黄帝宫斋戒。于是大禹到黄帝宫，斋戒三日，果然得到简书，打开一看，里面都是治水的良策。

寅陈七策，光进五规

胡寅，宋朝文人，进士出身。宋钦宗期间，曾任礼部侍郎兼侍讲、徽猷阁直学士。著作有《论语详说》《读史管见》等。学者称其为致堂先生。

金兵南下，宋高宗赵构逃跑，一直跑到杭州，升杭州为临安府，偏安一隅。那时候胡寅任驾部郎中，就是掌管皇帝车驾的官员，擢起居郎，负责记录皇帝的生活起居、一言一行。看到宋高宗在一路南逃的路上和到了杭州之后，不断向金国求和，心中不忿，向皇帝上万言书。

万言书的核心，就是"罢议和修战备"。文章说：您是受了先皇之命出师河北的。现在两个皇帝（宋钦宗和宋徽宗）被金国掳走，您就应该纠合正义之师，北上讨贼，迎回二帝。金兵南下，百姓涂炭，而您到了南方，仍然不思进取，不做长久打算，只是一味忍让，一味求和，所有这些举措都大失人心啊！万言书强烈建议皇帝"务实效，去虚文"（大有"空谈误国，实干兴邦"的味道），并列出七个具体的策略：（一）孝弟，（二）求贤，（三）纳谏，（四）任将，（五）治军，（六）爱民，（七）为天子。并分别说明如何务实效，如何去虚文。最后提醒宋高宗北向才有出路，可以计划十年时间，光复大宋江山。

万言书呈上去之后，宰相吕颐浩对这种直言不讳的报告非常痛恨，就直接把胡寅赶去江州太平观当观主了。这一年，胡寅三十二岁。

司马光很有名，是因为那一则小朋友都知道的故事"司马光砸缸"。说明司马光从小就是一个很聪明的孩子。

的确，司马光是一个神童。他勤奋好学、博学多才、为人谦和、刚正不阿，是北宋时期著名的政治家、史学家和文学家。司马光最大的历史功绩不是见义勇为砸缸救人，而是主持编纂了中国历史上第一部编年体通史《资治通鉴》。

司马光的仕途历经宋仁宗、宋英宗、宋神宗、宋哲宗四朝，可谓官运亨通。但是在政绩上，司马光并没有什么突出的成就，反而在王安石变法的问题上，做了一回顽固派。也有人说，北宋灭亡的种子就是从王安石变法失败埋下的。

我们简单说说王安石变法。王安石变法被称为商鞅变法之后又一次大规模社会变革运动。

北宋从开国皇帝赵匡胤开始，到宋神宗赵顼已经是第六个皇帝，宋真宗期间的"咸平之治"和宋仁宗期间的"仁宗盛治"积累的政治经济成果到这一代已经消耗得差不多了。大宋国表面繁荣，实际上外强中干。宋神宗登基后，下决心搞改革，上任不久，就起用王安石，推动变法；陆续发布了青苗法、免役法、保甲法、方田均税法、市易法等一系列改革措施，对推动经济发展起到重要作用。譬如青苗法就规定每年青黄不接的季节，由政府贷款贷粮给农民，农民夏秋两季收获了再归还。这样不但大大增加官库收入，还限制了高利贷对农民的剥削，一定程度上缓解了阶级矛盾，农民种粮积极性提高。

但是，这一系列改革最终归于失败，除了改革措施本身和当时社会状况的矛盾之外，有两个主要原因。一个是王安石自己的队伍出了问题，用人不当、内部分裂、执行不力；另一个就是以司马光为首的保守派的强烈反对。变法失败使大宋国更加羸弱，只过了一代皇帝之后就灭亡了。

"光进五规"说的是宋仁宗年间，司马光写给仁宗皇帝的一份建议报告，名字叫《宋朝诸臣奏议》，其中给了五条建议：

一、保业。意思是祖宗开业艰难，国家大好基业得来困难失去容易，所以要努力保住这份基业。

二、惜时。要有危机感。国家昌盛的时候什么都容易，国家衰败的时候再去救就难了，所以不能等。

三、远谋。人无远虑，必有近忧，要做长期打算。

四、重微。星星之火可以燎原，涓涓之水可以毁掉一座山，所以要重视微小的变化，防患于未然。

五、务实。画龙不能下雨，画饼不能充饥，空谈误国实干兴邦，所以一定要务实。

合起来就是"五规"。

公平地说，司马光的这五条建议还是非常靠谱的，不愧为著名的政治家。

鲁恭三异，杨震四知

鲁恭是东汉汉章帝时期的人。在担任中牟县令期间，把道德教化作为治理县政的主要手段而不是像很多其他官员那样施用刑罚。老百姓打官司，鲁恭给他们讲道理调解解决。有一回讲道理讲不通，那个该把牛还给人家的亭长就是不还，鲁恭觉得自己无能，就要把官印留下辞官而去，大家都哭着挽留。亭长看到了心中惭愧，就把牛还了，还到县衙申请处罚，鲁恭宽恕了他。在鲁恭的治下，中牟县老百姓安居乐业。

有一年闹蝗灾，周围的郡县都受到了蝗虫的危害，唯独中牟县没有受到任何影响。中牟县与相邻的郡县犬牙交错，可是蝗虫就是绕开中牟县界不进去。

河南尹袁安也曾经担任过县令，他和鲁恭不同，对属下很严，官吏百姓对他又爱又怕。袁安听说了中牟县的事儿，表示不信，就派了个叫肥亲的下属前去查看。肥亲到了以后，鲁恭陪同这位上差一起到田间视察。休息的时候，看见一只野鸡跑过来，旁边有个小孩，肥亲问那小孩：你为什么不把那只野鸡抓住？小孩回答说：这是一只公鸡而且还小啊。肥亲听了很受感动，起身和鲁恭告别，说：我明白了，您这个地方有三个与众不同之处。这其一，蝗虫不来侵犯；其二，您的道德教化及于禽兽；其三，连小孩子都有仁爱之心。我要是再待下去，就是对您这个贤人的打扰了。

　　蝗虫不进中牟县跟鲁恭大人的德政恐怕没什么关系，但是在没有一个合理理由的情况下，把它们联系起来也是人们的一个美好愿望吧。

　　杨震是东汉名臣。曾经有一部电影叫《汉太尉杨震》，讲述的就是杨震的故事。

　　成为名臣之前，杨震是一个名儒。历史上留下来的除了杨震的几份奏折，并没有有关儒学的著作。即便如此，当时的儒生们对杨震的推崇已经是无以复加，他的别称是"关西孔子"，居然能和大成至圣先师孔夫子相提并论，可见其名望之高。

　　杨震本来不想做官的，后来居然是因为看见一只鸟叼了三条鱼，就认为是要去做官的先兆，认为天意不可违，于是五十岁的杨震就去做官了。

　　杨震为官公正廉明，升任司徒之后，上疏告皇帝汉安帝的奶妈王圣在宫中骄横不法，纵容女儿贪赃枉法。汉安帝不听，王圣怀恨。之后，杨震又升任太尉，汉安帝的大舅向杨震推荐人，杨震不受，皇舅不满。汉安帝下诏为奶妈王圣大兴土木，杨震数次苦谏，汉安帝不听，宠臣樊丰等人对杨震恨得牙痒痒。

　　杨震运气不好，遇上这么一个浑蛋的皇帝。最后还是受樊丰等人的诬陷，汉安帝摘了杨震的乌纱帽。杨震心中不忿，服毒自杀。之后的汉顺帝刘保为杨震平反昭雪。

　　杨震五十岁出仕，七十岁自杀，为官二十年。可以说是两袖清风。家里没有产业，子孙们也是粗茶淡饭，步行出门。除了"关西孔子"之外，杨震还有一个外号，叫"四知先生"。说的是在杨震担任东莱太守期间，有一次路过昌邑。这时候担任昌邑县长的正是杨震之前推举过的王密。知道杨震到来，王密前去看望，晚上又提了十斤黄金送给杨震，杨震坚辞不受。王密说：现在是夜半更深，不会有人知道的。杨震说：笑话！天知、神知、我知、你知，怎么说没人知道！

这就是"杨震四知"的故事。

邓攸弃子，郭巨埋儿

邓攸，字伯道，是两晋时期的官员，唐朝编撰的《晋书》把邓攸列入《良吏传》，说明邓攸没做过太大的官，但是个好官。

邓攸最大的官做到部长，吏部尚书，还做过副部长，官名叫尚书左仆射，做各地太守的时间比较长。太守相当于现在的省长。邓攸上任吴郡太守的时候，自带粮食，不拿朝廷工资。有一年吴郡发生饥荒，百姓饿死无数。邓攸请示朝廷开仓赈灾，但那时候没有电话，也没有电报，报告只能靠骑马传递，从吴郡到京师，皇上再研究研究，再派人骑马送回来，最快也要好几天，老百姓等不及呀。于是邓攸就不等朝廷批示，擅自打开粮仓，赈济灾民。因病卸任的时候，对于郡人的数百万馈赠分文不取，几千老百姓拉住他的船挽留他。

"邓攸弃子"的故事是说邓攸在山西太原府当官的那一年，后赵石勒发兵入侵大晋。邓攸带着自己的老婆儿子还有弟媳、小侄一起逃难，途中遭后赵兵马乱军冲散，弟媳失踪。邓攸年迈，无力带两个孩子逃跑。在难以两全的时候，邓攸对妻子说：我弟弟早亡，就留下这么点骨血，我不能让他绝后。现在只能舍弃咱们自己的儿子，以后有机会再生吧。

于是，邓攸就把亲生儿子放在一棵大树上，带着妻子和侄子离去。在后人的演绎中，若干年后一家团圆。这当然是人们的美好心愿。

战乱之后，邓攸一心想再生一个，结果妻子始终不能怀孕，于是就决定纳一房小妾。小妾娶回家一问，发现居然是自己的亲外甥女。邓攸为此悔恨不已，下决心再不纳妾，所以到死都没有儿子。世人感叹说："天道无知啊！邓伯道这样的人都没有儿子！"

后人称邓攸为"人伦之表"，就是做人的表率啊。

这本《龙文鞭影》的第一个故事"重华大孝"讲的就是舜帝的"孝"。在开始我们就说过，中国文化中"万事孝为先"。一个不能孝顺父母和老人的人，是不可能有忠有义、有爱有信的。为了树立孝的典范，元代郭居敬编撰了一套《全相二十四孝诗选》，简称《二十四孝》，讲述了历代二十四个孝子的行孝故事。在北京白云观，有二十四孝的壁画。

"郭巨埋儿"就是其中的一个故事。

郭巨，晋代河南人。据说郭巨的祖上家道殷实，但是到了他爸爸这一辈就没落了。父亲死后，郭巨把家产分给了两个弟弟，自己专门供养年迈的老母亲，对母亲极其孝顺。之后家里越来越穷，妻子生了一个男孩，老母亲疼孙子，自己舍不得吃总是把仅有的食物留给孙孙。郭巨看在眼里，心痛不已，跟妻子商量说，这样下去，老母亲就活不成了。儿子咱们可以再生，母亲没了就永远失去了，不如把儿子埋了，省出粮食供养母亲。妻子也无奈同意。

郭巨就来到后院挖坑，边挖边哭，挖到二尺多深的时候，忽然发现一个坛子，坛子里装满了黄金，坛子上还写着：天赐孝子郭巨，官不得取，民不得夺。意思是说这黄金是上天赐给大孝子郭巨的，官府不能要，百姓不准抢。夫妻俩得到黄金，就打消了埋儿子的念头，继续孝敬母亲，供养儿子。

孝心可敬，做法不可取呀！难怪鲁迅先生对此大有意见。

公瑜嫁婢，处道还姬

钟离瑾，字公瑜，宋朝人，做过开封代理知府。传说钟离瑾的母亲一心向佛，临终之时，也勉励钟离瑾敬佛修行。钟离瑾从此每天做二十件善事，坚持不辍，常常在母亲的像前叩首礼拜。有一天半夜，钟离瑾忽然从床上跳起来对家人说：老夫人说我往生的时候到了，说完即坐化而去。史书的记载是钟离瑾在代理开封知府的任上得了病，宋仁宗封好了一包药赐给他，结果药还没到家，钟离瑾就辞世了。

"公瑜嫁婢"的故事应该是钟离瑾每天做的二十件善事中的一件吧。说的是钟离瑾在担任德化县令的时候，为了自己女儿的出嫁买了一个婢女，一问才知道，这个婢女是已故前任县令的女儿。于是钟离瑾就把这个婢女像自己的亲生女儿一样嫁了出去。当天晚上，钟离瑾就梦见一个绿衣人前来道谢，并且说这事儿已经奏明玉皇大帝，玉帝会降福于钟离瑾及其后代子孙。

杨素，字处道。隋朝大将，杰出的军事家、诗人。

同学们一定知道"破镜重圆"和"成人之美"这两个成语。这两个成语的主角正是杨素。

　　中国历史上出色的将军不少，但是能被称作军事家的不多，"杰出的军事家"更是凤毛麟角。杨素恰恰是其中之一。

　　隋朝之前，中国处于长时间的南北朝分裂状态，最终再度统一，杨素厥功至伟。

　　投靠后来的隋文帝杨坚之前，杨素长时间在北周的周武帝宇文邕手下做大将，在北周灭北齐的战争中，杨素屡立战功，之后又在与陈国的战争中大破陈军。周武帝去世后，周宣帝即位，杨素承袭父亲爵位临贞县公。

　　几年后，周宣帝死，周静帝即位。周静帝宇文衍是个小孩子，朝廷大权落在左丞相杨坚手中。杨素知道杨坚有大野心，就主动投到杨坚门下，不久被任命为汴州刺史。之后杨素随名将韦孝宽东征，战斗中击杀北周宗室宇文胄，立下大功，为杨坚建立大隋朝奠定了坚实的基础。

　　杨坚登基做了皇帝后，加杨素为上柱国，类似于现在的"五星上将"，参与隋朝法律的制定。

　　之后便是杨坚一统中华的壮烈历程。在南下灭陈的战争中，南陈军队在长江三峡顽死抵抗。杨素同时派骑兵、步兵和水军三路突袭，水军大胜，骑兵、步兵在两岸摧毁敌方长江舰队，南朝将士望之生畏，称杨素为"长江之神"。

　　在北征突厥的战争中，杨素一改传统打法，不再像以前那样因为害怕突厥的骑兵剽悍而采用战车、骑兵、步兵交叉作战的方式，而是直接派出骑兵，跟突厥的骑兵针锋相对，正面战斗。大军随后跟进。结果大败突厥十万精锐骑兵，敌军死伤无数，领军人物达头可汗重伤逃跑。

　　不久之后杨素再征突厥，再次大破敌军。突厥兵败，远遁大漠。

至此，大隋的强国地位逐渐确立，成为当时亚洲甚至是世界的最强国。只可惜好景不长，被隋炀帝葬送了。

然而，在历史上，杨素的形象并不正面，在后来的戏剧舞台上，杨素多以白脸出现。主要是因为此人性情狂傲，喜欢享乐，善用智诈。曾国藩把杨素、曹操、董卓、李斯归为一类，说他们"其智力皆横绝一世，而其祸败亦迥异寻常"。

"处道还姬"的故事是这样的。

南陈太子舍人徐德言的妻子是陈后主的妹妹，被封乐昌公主，才貌双全，冠绝当时。当时陈朝衰败，时局不稳，徐德言就对妻子说：以你的才貌，国家灭亡的时候一定会落到权豪之家，这样我们就永远不会再见。可是我们情缘未断，我希望将来有缘再相见，所以我们要有一个信物。于是他就把一面镜子破成两半，两人各执一半，并且与妻子约定：将来你一定要在正月十五这一天拿着半面镜子到街上售卖，如果我看到了，我就会马上去见你。之后南陈亡国，乐昌公主果然流落到越国公杨素家里，杨素对她十分宠爱。徐德言颠沛流离，辗转到了京城，每年正月十五那一天一定到街市上寻找妻子。这一年徐德言正遇上一个老人举着半块镜子售卖，而且要价奇高，街上人都笑话他。徐德言找到老人的住处，拿出食物给老人，把前因后果说给老人听，然后拿出自己的那一半镜子，两块镜子合在一起，果然天衣无缝。于是徐德言在镜子上写了一首诗：

镜与人俱去，镜归人不归。

无复嫦娥影，空留明月辉。

乐昌公主拿到题诗的镜子，哭得饭也吃不下。杨素知道了，非常伤感，马上把徐德言召进杨府，不但把他的妻子还给了他，还给了他丰厚的馈赠。

大家为徐德言夫妻俩庆祝，要乐昌公主也赋诗一首，面对原来的丈夫和现在的丈夫，乐昌公主吟道：

今日何迁次，新官对旧官。
笑啼俱不敢，方验作人难。

之后夫妻二人同归江南，白头偕老。

至少在这件事上，杨素的行为算得上一个真正的男子汉！

允诛董卓，玠杀王夔

《三国演义》中有一段脍炙人口的"吕布戏貂蝉"，就是"王允除董卓"那场大戏中的一段。

那是小说。

老人们说"真三国，假封神，西游哄死人"，《三国演义》七分真，三分假。这一段的貂蝉就是假的。历史上王允除董卓跟貂蝉没有半毛钱关系。

先说董卓，中国历史上最著名的奸臣之一。

董卓年轻的时候武艺高强，在与匈奴的作战中立功，被汉桓帝刘志召为羽林郎，在镇压羌人叛乱、黄巾起义以及凉州叛乱等战役中屡立战功，后又率军进京讨伐十常侍、杀何苗、诛丁原，收编已故大将军何进及丁原的部队，吞并了张辽等并州人的军队，自此军权在握，不久之后自拜相国，封郿侯，在朝中权势冲天，开始独霸朝纲，也开始了他的杀人游戏。

董卓性格残忍，喜欢用杀人立威。在不长的时间里，他先后杀害何太后的母亲舞阳君、大司农周忠的儿子周晖等人，甚至把何苗的尸体从坟墓里挖出来再分尸。汉少帝刘辩也没能逃脱董卓的毒手。

董卓的恶行犯了众怒。关东各州郡推举袁绍为盟主，讨伐董卓。曹操、孙坚等都在讨董大军之中，那时候刘备的势力还很小。董卓不顾百姓生死，强行把首都从雒阳迁到长安，放火烧毁雒阳的宫殿、官府以及民宅，还指示手下大将吕布大肆挖掘以前帝王公卿的坟墓盗取珍宝。

在长安，董卓仍旧专横跋扈，看谁不顺眼就杀。痛恨董卓的官员们也曾经让董卓身边的越骑校尉伍孚刺杀董卓，但没有成功，伍孚当场被杀，一干同党或被抓，或逃跑。

但是想刺杀董卓的还有一个人，这是个不平凡的人，他叫王允。

王允出身名门望族，年轻的时候文武兼修。不但满腹经纶、学富五车，而且一身武艺，有大将之风，十九岁进入官府为吏，之后做到豫州刺史。王允在地方官任上勤政爱民，官声甚佳。正因为如此，朝廷注意到了王允，不久朝廷三公同时征召王允，到中央朝廷做侍御史。

黄巾起义爆发之后，王允受命领军讨伐黄巾军，战斗中，王允不但亲自披挂上阵，而且充分发挥了他的文韬武略，运筹帷幄决胜千里，把豫州一带的黄巾军彻底打败。后来因为揭发中常侍张让串通黄巾军，被张让怀恨，找借口把王允关了起来。王允运气好，不久就赶上朝廷大赦天下，官复原职。而张让不死心，再次找理由把王允关进监狱。之后几个大臣上书为王允求情，汉灵帝刘宏免了其死罪，王允却继续坐牢，结果又遇上朝廷大赦，可是因为张让从中作梗，这回王允没能被释放。几位大臣再次上书皇帝请求赦免王允，到了第二年王允才被无罪释放。

董卓杀了汉少帝刘辩，立陈留王刘协为帝，就是汉献帝。王允先任太仆，后又迁任尚书令，一年后担任司徒，还兼着尚书令。所以，《三国演义》里称王允为王司徒。在三国时期，太尉、司徒、司空为三公，是最大的官了。

王允杀董卓，之前做了长时间策划，直到发现了董卓和他的心腹大将吕布之间的矛盾才开始行动。

王允秘密召见吕布，谈话中得知吕布也痛恨董卓，于是就把计划告诉吕布，要吕布做内应。吕布说：我是董卓的义子啊，怎么能亲自下手。王允对吕布说：你姓吕，他姓董，你们没半毛钱关系。如今董卓是众叛亲离呀，你再这样下去，不是认贼作父吗？

不久后，汉献帝刘协大病初愈，满朝祝贺，王允特意派人请董卓参加。董卓车队行至北掖门的时候，李肃等人持长戟刺向董卓，董卓身穿铠甲，又有武功，长戟只刺中胳膊。董卓大喊：吕布在哪？吕布应声而出，从口袋里掏出事先准备好的皇帝诏书，也大喊一声"奉诏讨贼"！董卓这才发现吕布背叛了，大骂吕布：狗崽子你敢！吕布上前率众人把董卓当场斩杀。董卓被杀的消息传出，官兵们欢呼万岁，老百姓奔走相告，载歌载舞庆祝。

可叹的是，王允在杀了董卓之后，居功自傲，听不进别人的意见。在处理董卓旧部的问题上，王允反复无常，态度极不慎重。吕布也认为自己功劳最大，但是王允看不起他，所以与王允的关系也渐渐变坏。最后，众叛亲离的王允被李傕、郭汜处死。可悲可叹！

余玠，字义夫，号樵隐，南宋名将，民族英雄。

余玠出生于一个贫苦家庭，上学的时候，和一个茶馆老人发生口角，不慎推了老人一把，老人摔倒死了。余玠亡命出逃，作了一首长短句的诗，投入到淮东制置使赵葵帐下，得赵葵赞赏，留在军中任职。

在反击蒙古军入侵的战斗中，余玠战绩卓著，连年升职。四十二岁时，余玠与蒙古军激战四十余日，击溃敌人。凭军功官拜大理少卿，任淮东制置副使。

蒙古人在大汗窝阔台病死之后，内部为争汗位打得不可开交，没工夫再跟南宋打仗，南宋朝得以短时间休整。当时的皇帝宋理宗赵昀就任命余玠做了兵部侍郎、四川制置使和重庆府知府，成了四川的防务总管。从这个时候开始到最后含冤死去，余玠就再也没有离开四川的土地。

在四川十三年里，余玠率领宋军屡次击退蒙古军队的进攻，保住了川蜀大地的一方平安，宋理宗升他为兵部尚书，拜资政殿学士。为了保证军队的战斗力，余玠率领军队开荒种粮，修筑山城。对抗蒙有功的将士给予奖励，对于那些不听指挥、骚扰地方的军官严厉处置。

斩杀王夔的故事就是其中的一个。

王夔当时官任利司都统。此人凶悍残暴，外号"王夜叉"。所到之处，烧杀抢掠。遇见富户，用各种酷刑逼迫他们交出钱财，那些人只要有一点不满，必死无疑。川蜀民众对此人恨之入骨。南宋朝廷虽然知道此人乃不法之徒，但是山高皇帝远，拿他也没什么办法。余玠到四川之后，此人的恶行灌满了耳朵，早就下决心除掉此贼。

那一年，余玠和蒙古军大战于嘉定。余玠率军乘船到达嘉定，王夔领着两百老弱病残前来迎接。余玠见了说：早听说都统帐下全是精兵，今天所见，好让我失望啊。王夔说：不是我没有精兵，是怕亮出来吓着您啊！说着一挥手，只听杀声如雷，江水沸腾，王夔的军兵列成阵势，忽开忽合，刀枪森森，旗帜招展，上千军兵像森林一般，没有一个人敢乱动。余玠身边的人看得面容失色，唯有余玠，镇定自若，命从人颁赏。王夔私下说道："没想到书生当中有这么厉害的人啊！"

因为王夔手握重兵，除掉他不是件容易的事。余玠找来心腹将领杨成商议。当天夜晚，余玠召王夔议事，而杨成则进入王夔的大营，告知众将自己是新来的将官，代替王夔，杀掉了几个协助王夔为恶之人，夺得了王夔的兵权。而王夔一到达余玠的帅帐，就被立刻拿下砍了头。

余玠的成就引起了政敌的嫉恨，他们向宋理宗诬告余玠独掌大权，不尊重皇帝。宋理宗听信谣言，召余玠进京。余玠知道京中变故，回去必是死路一条，愤懑成疾，不久即暴毙于四川。

可怜一代贤臣，落此下场。悲乎！

石虔矫捷，朱亥雄奇

桓石虔是东晋的大将，以勇猛矫捷闻名。有一年，桓石虔随着父亲征西将军桓豁驻扎荆州。在一次城外围猎的活动中，有一头猛兽被射中数箭，伏在地上。一起围猎的将军们知道桓石虔勇猛，就逗他，让他把野兽身上的箭矢拔下来。桓石虔毫不畏惧，疾步到野兽跟前拔下一支箭，野兽吃疼，高高跃起，桓石虔同时也高高跃起，跳得比野兽还高，又拔了一支箭才回到队伍之中。

桓温北伐的时候，桓石虔也随军进攻前秦，在一场战斗中，桓石虔的叔叔桓冲被敌人包围。桓石虔单枪匹马冲入重围救出桓冲，竟无一人敢拦。因为桓石虔的勇猛，世间传说对一些得了疟疾的人只要喊一声"桓石虔来啦"，病人的病就会被吓好，比吃药还灵。

朱亥是中国古代著名的侠客，战国时期魏国人，早年是一个杀猪的。对了，《三国演义》的张飞也是杀猪的出身。

当时魏国的公子无忌，是魏昭王的小儿子，也是后来的魏安釐王的弟弟，被封为信陵君，心性仁厚，招贤纳士。魏国有个叫作侯嬴的隐士，被公子召为客卿，向公子推荐了朱亥，说他是个贤人。公子几次去拜访朱亥，他也不回拜。公子觉得奇怪，也没在意。

秦国攻打赵国，因为赵、魏两国是亲戚，赵国向魏国求援，魏王派大将晋鄙率领十万大军援助赵国，秦王听了就派人威胁魏安釐王，说谁要帮助赵国，我灭了赵国后第一个就灭他。魏王害怕，命令晋鄙驻军观望。

公子无忌决心救赵，通过魏王的宠姬如姬盗取了晋鄙的兵符，带着朱亥来到晋鄙营中，出示兵符说魏王命令由自己代替晋鄙统领大军。晋鄙表示怀疑的时候，朱亥一铁锤砸死了晋鄙。于是公子无忌就率领十万大军击败秦军，救了赵国。

秦王见识了公子无忌的本事，邀请公子到秦国会面，实际上就是想借机把公子除掉。公子识破内中玄机，向魏王建议让朱亥奉璧使秦，就是带着贵重的礼品去拜会秦王，魏王表示同意。

朱亥到了秦国之后，秦王就把他给扣下了，威逼利诱，要朱亥为秦国效力。朱亥不肯，秦王就把朱亥关进一个装着老虎的大铁笼内威胁朱亥。老虎看见有人进来，猛扑上去，朱亥大喝一声："畜生，你敢！"把老虎吓得匍匐在朱亥脚下，动也不敢动。秦王没办法，只好把朱亥再关进大牢。朱亥知道回国无望，数次企图自杀不成，最后自己掐断了自己的喉管，壮烈牺牲。

大诗人李白有一首诗叫《侠客行》，写的就是朱亥和侯嬴：

闲过信陵饮，脱剑膝前横。

将炙啖朱亥，持觞劝侯嬴。

三杯吐然诺，五岳倒为轻。

眼花耳热后，意气素霓生。

救赵挥金槌，邯郸先震惊。

千秋二壮士，烜赫大梁城。

谁说自己不能把自己掐死的？

平叔傅粉，弘治凝脂

这里说了两个涂脂抹粉的美男子。

一个是何晏，字平叔，三国时期魏国的玄学家，东汉大将军何进的孙子。何晏父亲早亡，当时官任司空的曹操纳何晏的母亲为妾，并收养了何晏。何晏少年时才能出众，曹操把自己的女儿金乡公主嫁给了何晏。但是因为何晏放荡好色，魏文帝曹丕不喜欢他。后来魏明帝曹叡即位，对何晏等人的虚浮不实也是非常厌恶，所以何晏并没有得到重用。

魏明帝死后，曹芳即位。因为曹芳年纪幼小，大将军曹爽和太尉司马懿辅助朝政。曹爽与何晏等人要好，于是就把他们提拔成自己的心腹。何晏升任吏部尚书，并因为驸马身份赐爵封侯，倚仗着曹爽的势力，在朝中结党营私，排除异己，包括司马懿在内，也被曹爽排挤出权力中心。之后曹爽采纳何晏等人的计谋，把郭太后迁居到永宁宫，自己独揽朝廷大权。当时有人把何晏、邓飏和丁谧形容为"三狗"，就是曹爽手下的三只走狗。

之后司马懿找准时机发动政变，曹爽向司马懿投降。司马懿让何晏参与清理曹爽及其余党的案子，何晏尽心尽力，企图借此逃脱惩罚。司马懿却没有放过他，最终把何晏与曹爽等人一起诛灭三族。

何晏人品不怎么样，为官更是劣迹斑斑。但是在玄学一道上还是有些贡献的。他的《论语集解》《老子道德论》对后世影响不小。

"平叔傅粉"说的是何晏长相清秀俊美，而且喜欢打扮。魏明帝每次看见他那细腻洁白的脸蛋就怀疑是脸上涂了粉。一年夏天，天气炎热，魏明帝把何晏召到皇宫，赐他一碗热汤面吃。何晏遵命，不一会儿就吃得大汗淋漓，脸上全是汗珠，无奈只能用自己的衣袖擦汗，结果擦完之后，脸色更显白皙，魏明帝才相信何晏确实没有傅粉。

另一个美男子叫作杜弘治，是晋朝的人，与王羲之同属一个时代。王羲之看到杜弘治的时候，见他"肤若凝脂，眼如点漆"，就赞叹为神仙中人。当时有人称赞另外一个美男子王濛的俊美，蔡谟就说：那是你没见过杜弘治呀！

伯俞泣杖，墨翟悲丝

汉朝的韩伯俞是一个大孝子，母亲管教甚严。伯俞每次犯点小错误，母亲就会用拐杖打他，伯俞总是跪下受罚，没有一句怨言。有一天，伯俞又犯了错，母亲照旧用拐杖打他，打着打着，伯俞忽然放声大哭。母亲觉得奇怪，放下拐杖问他，以前每一次打你，你都是心悦诚服地接受，从来也没见你流过一次眼泪。为什么今天打你，你就哭起来了呢？伯俞说：从前儿子犯了错，母亲用拐杖打我的时候，我是觉得很痛的。所以知道母亲身体健康。今天您打我的时候，我身上没有觉得疼痛，知道母亲已经没有力气了，恐怕未来的日子不多了，不觉悲从中来，就哭起来了呀。

　　墨翟就是墨子，春秋末期战国初期的宋国人，墨家学派的创始人，战国时期非常著名的思想家、教育家、军事家、科学家，中国历史上的伟人之一。与大多数"子"一级的伟人不同，墨子的"头衔"中有"科学家"一项。另外，墨子还是中国历史上唯一一个农民出身的哲学家。

　　墨子的一生基本上是在学习、创派、收徒、周游列国中度过的。农民出身的墨子的祖上还是蛮显赫的，曾经是殷商的王室，后来他们这一支没落了，就从贵族成了平民。小时候墨子在农村放过牛羊，当过小木匠，后来出门寻访天下名师，学习治国之道。

　　墨子在各地游学，主要学习的还是儒家的学问，《诗》《书》《礼》《易》《春秋》为主要学习内容。但是墨子并不是一个简单的学习者，而是一个积极的思考者，有着自己独立的世界观。譬如对于儒家对待天地鬼神及命运的态度就很不以为然，对于那一套繁复的葬礼和奢靡的礼乐大为反感，最终，墨子在学习了儒学的基础上，舍弃了儒学，创建了墨学。

　　由于墨家的"平等博爱、尚同尚贤"思想相对其他学派更贴近社会中下层人士，所以，墨学一出，大批的手工业者和中下层人士开始追随墨子。墨子广收弟子，到处宣扬自己的学说，猛烈抨击儒家和各诸侯国的暴政。墨家学说迅速崛起，成为先秦时期和儒家相对立的最大的一个学派，儒学和墨学并称为"显学"，在当时的百家争鸣中，有"非儒即墨"的说法。

　　历史上的墨子曾经做过宋国的大夫，之后就没当过什么官儿了。墨子献书给楚惠王，楚惠王就打算用书社给墨子加封，墨子不受。越王也曾经请墨子做官，并许给他五百里的封地，可是墨子说"你让我做官就得听我的，其他什么封地都可以不要"，越王不干，墨子扬长而去。

墨家学说的主张都写在《墨子》一书中。《墨子》和《论语》有点类似，是后人集合墨子的言行形成，区别在于《论语》总是说"子曰"，《墨子》里总是说"子墨子曰"（《列子》里也是说"子列子曰"）。墨家十大主张包括："兼爱""非攻""尚贤""尚同""尊天""事鬼""非乐""非命""节用""节葬"。

简单说：

"兼爱"就是平等博爱；

"非攻"就是反对战争，尤其是非正义的战争；

"尚贤"就是要选举贤者为君，这种思想在封建世袭的时代是很大胆的。

"尚同"就是人人平等，"官无常贵，民无常贱"；

"尊天""事鬼"是说要尊重天意，侍奉鬼神；

"非乐"是反对礼乐，认为那种靡靡之音会影响世人；

"非命"则是反对儒家的"人生有命，富贵在天"，认为人们是可以通过自己的努力达到富贵安治的目标的；

"节用""节葬"则是反对君王贵族的奢侈浪费，尤其是在丧葬上的厚葬习俗，认为就算君王贵族也应该清廉俭朴。

哲学上，墨子从朴素唯物主义经验论出发，认为人的知识来源有三个：闻知、说知和亲知，毛泽东的"人的正确思想是从社会实践中来"的观点和墨子的这一观点如出一辙。同时，墨子建立了中国最早的逻辑学——墨辩，与印度的因明学、古希腊逻辑学并列世界三大逻辑学派。

墨子还是一个科学家。在宇宙论方面，墨子提出了时间、空间、物体运动统一的运动论；在数学上，墨子给出了"倍"的概念、"同长"的概念、"圆"的概念、正方形的概念等，第一次系统阐述了位值制（十进制）；在物理学方面，墨子在力学、光学、声学等领域有广泛而深入的研究，给出了不少物理学概念的定义，并且有不少重大发现，也总结出了不少重要的物理学定理。年少时做过木工的墨翟，据说其技艺能和当时的大师公输班（就是大家熟悉的那个发明锯子的鲁班了，因为公输班是鲁国人，所以叫鲁班）有一拼。他造的木鸟能飞，还是个造车的能手。在建筑工程上，墨子也是个大专家，这都记录在那本《墨子》之中。

伟大的墨子！

"墨翟悲丝"的故事也叫"墨子泣丝"，说的是某一日墨子看见有人在染丝，就感叹道：丝染于青色即为青色，染于黄色即为黄色，放进五种颜料，就有五种颜色。所以，染丝可一定要慎重啊。不仅染丝是这样，治国又何尝不是呢！说到这，不由得想起老子《道德经》中说"治大国如烹小鲜"，说的也是一个"慎"字，这是治国的首要原则啊。

能文曹植，善辩张仪

在本书第三篇"三江"中的"鱼山警植"故事中我们介绍过了曹植，知道曹植是一个优秀的文学家，但不是一个合格的将军，也不是一个合格的政治家。在这里我们就不再重复了。我们重点说说张仪。

　　春秋战国时期，百花齐放百家争鸣，其中有一家叫作"纵横家"，纵横家的代表人物有两个，一个叫苏秦，他创造了"合纵"，另一个就是张仪，他创造了"连横"，"合纵连横"就是"纵横家"的主张。纵横之术就是谋略权术。

　　苏秦和张仪是同学，老师是大名鼎鼎的鬼谷子。这个鬼谷子可不得了，纵横家称之为鼻祖，算卦的称之为祖师爷，谋略家称之为谋圣，道教也称之为"王禅老祖"（鬼谷子本名王禅），还是兵法集大成者，据说他的老师便是老子。也就是说，苏秦和张仪是老子的徒孙子。顺便说一句，鬼谷子还有两个大名鼎鼎的弟子，一个叫孙膑，一个叫庞涓。

　　苏秦比张仪出道早。从鬼谷子老师那里毕业之后，苏秦先去找了秦国的秦惠王，游说他通过连横兼并六国。秦惠王没拿他当回事儿，于是苏秦来到东方，先后又说了燕国的燕文侯、赵国的赵肃侯、韩国的韩宣王、魏国的魏襄王、齐国的齐宣王和楚国的楚威王，最终东方六国通过合纵联盟，建立"命运共同体"，苏秦为总秘书长，同时担任六国的国相，佩戴六国的国印。我的天，这种事儿他是怎么做到的呢？！

　　苏秦当了六国国相，想起了自己的小师弟张仪，就派人悄悄劝说张仪投靠自己。张仪来了，苏秦却摆出一副臭脸当众把张仪羞辱了一番。张仪心中大怒，一跺脚来到了当初拒绝苏秦的秦国，得到秦惠王的重用。事后他才知道，这是苏秦故意激怒他，为的是让他更好发展。张仪感激，自愧不如，承诺只要苏秦在，秦国就不打赵国。

　　有一年，秦惠王想攻打齐国，但又怕东方六国的合纵联盟，就派国相张仪去楚国游说楚怀王。楚怀王听说张仪到来，以最高礼仪热情迎接。张仪对楚怀王说："大王您要是听我的，跟齐国断了往来，我就让秦王献出商於一带六百里土地，让秦国的美女给您做妾。秦、楚两国联姻，结下兄弟之盟，这样秦国就可以打齐国，楚国也能得到好处，何乐而不为呢。"楚怀王被美女和六百里土地诱惑了，果然和齐国断交，退出合纵盟约，还把楚国的相印给了张仪，派了一个将军，给了张仪无数礼物，跟着张仪到秦国去接受六百里土地。

结果等使者到了秦国，张仪就假装车祸三个月不出门。楚怀王知道了，自责说是因为我做得不够好吧？于是就派人到齐国把齐宣王骂了个狗血喷头，这下子彻底把齐宣王激怒了，齐国和楚国断绝一切关系，回头就找秦国签订了战略联盟。很快，张仪就露面了，对楚国使者说：我有秦王赐给的六里土地，愿意把它先给楚王。使者一听就急了，说：楚王让我接受的是六百里，不是六里呀！楚怀王知道后大怒，发兵攻打秦国，结果被秦齐联军打得落花流水，最后不得不割地赔款。楚怀王遇上张仪这么个大骗子，比窦娥还冤啊。

后来，秦国要挟楚国，想跟他换一块土地，知道是赔本买卖，楚怀王就说：我不要你的土地，把那个浑蛋张仪给我就成。张仪主动请缨出使楚国，结果一到，就被楚怀王关进了监狱，准备把他杀了。谁知被张仪预先准备好的楚国大夫靳尚安排的楚国夫人郑袖说服了楚怀王，不但赦免了张仪，还对他特别优待。

之后，张仪先后游说了楚怀王、韩宣惠王、齐湣王、赵武灵王、燕昭王等，使得这几个国家都依附秦国，东方六国的合纵联盟土崩瓦解。

秦惠王死后，秦武王即位。秦武王不喜欢张仪，张仪感觉到了危机，就找理由说服秦武王派自己到魏国，在担任魏国相国一年之后，死在了魏国。

张仪一辈子的成就，靠的就是一张嘴。有一次在楚国参加上流宴会，被人诬陷说偷了丞相的宝玉，被人家狠狠揍了一顿。回到家他老婆说他：你瞧你，正经事儿不干，整天东拉西扯。被人打成这样！张仪问：我的舌头还在吗？老婆说：废话！舌头当然在啦。张仪一笑，说：这就够啦。

温公警枕，董子下帷

在本章的前面有一个故事叫作"光进五规"，说的是北宋著名政治家、文学家司马光。这里的"温公"，就是司马光，是因为司马光被封"温国公"。

"温公警枕"有点像"头悬梁锥刺股"的故事，都是想办法让自己好好读书的。只不过司马光用的招数是让自己睡一个圆木头做成的枕头，这种枕头的好处就是你只要在睡梦中稍有动弹，枕头就滚动，你就一定会醒来。醒来干吗呢？继续读书。司马光的意思就是不能让自己睡觉睡太长时间，免得耽误了读书。正是因为有了这样的读书精神，司马光才能完成编纂《资治通鉴》这样的伟大事业。

接下来的这个人，因为"罢黜百家独尊儒术"而著名，他叫董仲舒。

如果仅仅说对中国历史的影响，不管个人的学问品行，董仲舒大概要排在前几位。因为不管老子和孔子等人多么伟大，最后真正把一种哲学变成帝王千年不变的统治思想的只有董仲舒。有意思的是，这么"伟大"的董仲舒，在历史的记录上既没有生死的日期，也没有很确定的家乡籍贯（有几种说法），至于为什么，貌似没人知道。

董仲舒虽然经历了汉朝的四个朝代，难得地活了七十五岁，古人说"人活七十古来稀"，却没做过什么大官，最大的官就是汉武帝时期当了十年江都易王刘非的国相，后来又当了四年胶西王刘端的国相。他的大部分时间在授业教书，而董仲舒的上课方式也很奇特，他在他和学生之间拉了一道帷幕，学生们听得见老师的声音却看不见老师。这就是所谓的"董子下帷"。据说有的学生听了董仲舒好多年的课也没见过老师长啥样。

董仲舒一生最著名的故事，就是汉武帝刘彻的"天人三问"和董仲舒回答的"天人三策"。这第一问是：皇帝的权力是哪里来的？问题背后的原因是那些跟着皇帝打下江山的功臣不希望皇家的权力太大。董仲舒的回答是：君权天授！也就是说，皇帝的权力是上天给的，跟那些功臣半毛钱关系都没有，所以君权至上。不过董仲舒同样担心皇权太大，没有节制，所以，也用"天道"来限制，所以他也说：如果皇帝不好好干，也会受到天道的惩罚，譬如会降临灾害。汉武帝比董仲舒更聪明，只记住了"君权天授"，后边的话直接忽略，上天降临灾害也是别人的责任，与我无关。后来的皇帝有样学样，大部分只记住了那四个字。

汉武帝的第二问是：为什么尧舜他们啥也没干，却天下太平，秦始皇日夜操劳，国家还是很快就灭亡了？董仲舒看起来所答非所问：这都不是问题，只要您把民众的教化做好就行了。

汉武帝的第三个问题有关天人感应。董仲舒借题发挥，提出"春秋大一统""罢黜百家独尊儒术"的建议。

还不到二十岁的汉武帝听从了董仲舒的建议，从此儒学就成为皇家的正统思想，同时，儒学教育也在全国蓬勃发展，这都是董仲舒的功劳。

在我们说到"封建思想"的时候，有一个代表性的说法就是"三纲五常"。所谓三纲，就是"君为臣纲，父为子纲，夫为妻纲"，纲就是规范，就是表率。五常说的是仁、义、礼、智、信。这一套儒家文化中的重要伦理思想，就是董仲舒老师的发明。

会书张旭，善画王维

中国书法博大精深，真草隶篆各有千秋。历史上有两位最伟大的草书大师，一个叫怀素，一个叫张旭，并称"颠张醉素"，两个人都是酒鬼。

张旭还有一个著名的酒友，就是诗仙李白。当时，张旭的草书和李白的诗歌、裴旻的剑舞并称"三绝"，在喝酒方面，张旭和李白、贺知章等人被称为"饮中八仙"，同时诗也写得很棒，与贺知章、张若虚、包融并称"吴中四士"，可见张旭在唐朝也是超一流的名士。

张旭性格豪放，是个大酒鬼，经常在喝醉之后手舞足蹈，呼叫暴走，然后提笔落墨，一篇作品一挥而就。有时候兴起，来不及找毛笔，他就用头发蘸墨书写，所以当时人送外号"张颠"，后人则尊张旭为"草圣"。

大诗人杜甫说，张旭的草书艺术是因为看了公孙大娘舞剑得到启发而大为长进的。

在本书第三篇"三江"中的一段"浩从床匿"故事中曾经介绍"王孟诗派"，那个故事中说的"孟"，就是孟浩然。这里我们说的"王"

也就是王维，因其信佛，又称"诗佛"。

"红豆生南国，春来发几枝。愿君多采撷，此物最相思。"这首妇孺皆知的《相思》就是王维的代表作之一。

王维多才多艺，不仅在诗歌上成就斐然，而且参禅悟道，书画音乐都很精通，尤其他的书画，被后人推为南宗山水画之祖。苏东坡评价王维说：味摩诘之诗，诗中有画；观摩诘之画，画中有诗。

大家还记得那首《山居秋暝》吗？

空山新雨后，天气晚来秋。
明月松间照，清泉石上流。
竹喧归浣女，莲动下渔舟。
随意春芳歇，王孙自可留。

有没有"诗中画、画中诗"的感觉？一定的。这大概是诗人兼画家的优势吧。

周兄无慧，济叔不痴

这段故事有点蹊跷。说的是在春秋时期，晋国的大夫杀掉了晋厉公，到京师迎接周子做君王。有人不服气，就说：周子有兄而无慧，不能辨菽麦，故不可立。意思是说：周子有个哥哥是弱智，连菽子和麦子都分不清，怎么能立周子为晋国的君王呢？

有人说周兄就是周子，显然不成立。因为历史上的周子就是晋悼公，他从小聪颖过人，众所周知。如果说不是，那么周子有个傻哥哥跟他能不能做晋国的君王有关系吗?

　　这不重要了。重要的是周子,又称孙周,后来成为晋悼公的那个人。周子是晋厉公的侄子,从小聪颖过人,博闻广识,谈吐不凡。晋国大夫杀掉晋厉公,迎接周子回国的时候,周子刚刚十四岁,回国后登基成为晋悼公。

　　晋悼公登基之后,首先肃清了晋厉公的一帮子余孽,然后出台一系列新政,包括选拔贤能之才、免除苛捐杂税、提倡勤政廉洁、匡扶穷人、援助灾民等,得到国人的支持。不满十五岁的晋悼公超强的治国能力也得到诸侯的赞佩,诸侯竞相归附。

　　在晋悼公的领导下,晋国再次走向鼎盛,他挟天子以令诸侯,和戎狄以征四方(大家还记得"魏绛和戎"的故事吧?在本书第一篇里),成为当世无双的天下霸主。

　　晋悼公二十九岁去世,短短十几年,就成就了他政治家、战略家的地位,是春秋战国时期最伟大的诸侯之一。

　　王湛是西晋初期的官员,大家还记得本书第一篇"一东"中有一段"浑濬争功"的故事吗?那个故事中的王浑,晋武帝的女婿,就是王湛的亲哥哥。

　　王湛是个有才华的人,但是此人性格沉静,不爱讲话,也很少跟大家交往,所以亲戚朋友们都认为他是个痴呆。父亲去世后,王湛住在父亲的墓地,为父亲守孝三年。哥哥王浑的儿子王济经常来给爷爷扫墓,一开始很少跟叔叔王湛说话,后来看见叔叔的床头有一本《周易》,就跟叔叔聊了起来。开始的时候,王济对叔叔没一点敬意,毕竟大家都认为叔叔是个痴傻。没想到聊起来之后,王济发现王湛是个很有才华的人，不觉对其肃然起敬，自责道：家有名士，三十年都不知道，我有罪呀！

因为王浑是晋武帝的女婿，所以晋武帝见到王济的时候，经常会拿王湛来开玩笑，说：你家的傻子叔叔死了没有？以前王济听了都是默默不言，但发现叔叔的才能之后，王济就回答皇帝说：我叔叔不傻啊。并且对叔叔的才华赞扬有加。晋武帝就问，那他跟谁可比？王济说：在山涛之下，魏舒之上。从此王湛的名声就传扬开了，后来他也在朝廷中出任要职。

杜畿^{jī}国士，郭泰人师

杜畿是三国时期魏国的人，小时候父母早亡，受继母虐待，以孝顺闻名乡里。因为孝名，二十岁就在东汉朝廷中太守的手下做功曹还兼县令，业绩优秀，常受表彰。

黄巾起义，军阀混战，董卓乱政，天下大乱。杜畿的官做不下去，他便外出逃难。局势稳定之后，杜畿回到京都，当时担任京兆尹（京城的太守）的是杜畿的朋友张时，就继续聘用杜畿做功曹，张时对杜畿总是不满，杜畿就把官给辞了，继续找门路。之后他结交了侍中耿纪，没事儿就跑到耿纪家里聊天，谈论各种国家大事。没承想隔墙有耳，曹操的心腹谋士荀彧正好住在耿纪家隔壁，听到了杜畿的宏论，就派人找到耿纪，质问他说：有国士不推荐，好意思官居高位？耿纪就把杜畿推荐给荀彧，荀彧把杜畿推荐给曹操。曹操当时官居司空，就任命杜畿为司空司直，就是司空的助手，负责监察工作。

后来因为战略上的需要，曹操派心腹杜畿到战略要地河东郡担任河东太守。但是原任太守王邑拒不让位，在司隶校尉钟繇，就是那个大书法家，楷书的奠基人的帮助下，王邑跑去京师跟汉献帝告状。钟繇建议把王邑的左膀右臂卫固和范先的部队消灭掉，为杜畿上任扫清障碍，但是杜畿说：不行。大兵入境，战火四起，老百姓遭殃。局势一乱，很难控制。于是杜畿单枪匹马，上任河东太守。

为了不使河东出乱子，杜畿采取了一让再让的策略，并不断采用各种方式瓦解卫固和范先的势力，在暗中培养自己的势力。不久之后，河东郡周边战乱开始，杜畿带领自己的部队，与曹操里应外合，杀了卫固和范先，杜畿这才真正上任。

在太守的任上，杜畿宽惠爱民，老百姓有了官司，杜畿不厌其烦地进行说服和调解；在农业生产上，杜畿整出了一套办法促进经济发展；同时，还大力发展教育，开设学堂，还亲自授课，培养出一大批儒士。在后来的战争中，河东郡成为曹操重要的粮草基地。所以，即便后来曹操要提升杜畿的官职，还是要他兼着河东太守。曹操对杜畿说：从前有萧何守关中，寇恂平河内，你也有跟他们一样的功劳啊！同学们还记得"恂留河内，何守关中"的故事吗？

战争之后，人口稀少。魏文帝曹丕下令各郡县征集寡妇，分派到妇女少的地区生儿育女，杜畿的河东郡每年都是上交寡妇最少的。后来杜畿升官进了朝廷，赵俨接任河东太守，送上的寡妇数一下子多了很多。曹丕就质问杜畿：以前你送那么少，我以为河东没寡妇呢。现在怎么能送来这么多？杜畿听了正颜厉色回答：我以前征集的，都是死人妻，赵俨征集的，都是活人妻！

杜畿在河东郡当了十六年太守，其政绩常常是天下第一。后来，曹丕给杜畿封了侯，官拜尚书仆射。有一年，曹丕命令杜畿建造御楼船，杜畿亲自到陶河试船，结果遇到风暴，以身殉职。

郭泰是东汉时期的名士，出身贫贱，师从屈伯彦，历时三年，博通群书，口若悬河，声若洪钟，在洛阳游学时，受到当时的"天下楷模"、名士李膺的高度赞赏，一时名震京师。

郭泰一生不入仕途，却对官场有很大影响。在游太学时，和另一个名士、太学士首领贾彪一起编写了一系列顺口溜，讽刺挞伐那些贪赃枉法、专权无道的宦官和王公大臣，搞得那些个公卿因为惧怕太学生们的贬议而不敢登太学之门。

东汉时期的汉桓帝和汉灵帝期间，士大夫集团对宦官集团的专权乱政不满，于是发生党派之争，就是所谓的"党锢之祸"。两次党锢之祸都以反宦官集团的失败告终，士大夫集团遭到严重打击，很多人被砍头，包括当时的很多名士。但是郭泰虽然褒贬时政，却无过激言论，所以，在党锢之祸中只有郭泰和名士袁闳幸免于难。从此郭泰闭门教书，教出来的学生数以千计。

陈国童子魏昭，仰慕郭泰的才学，多次登门拜师。他对郭泰说：经师好见，人师难求。我虽然资质一般，也愿意跟随您左右，帮您洒扫庭院。看到魏昭的诚意，郭泰同意收他为徒。后来郭泰生病，要魏昭熬粥给他喝，粥熬好奉上，郭泰骂道："你给长辈熬粥，粥内却没有敬意，我吃不下！"就把粥碗摔到地上。魏昭再熬，郭泰又骂，如此三番，魏昭始终恭敬如初。郭泰也被感动，不仅把魏昭当成弟子，而且当作好友，真诚相待。

有一年，因为太傅陈蕃、大将军窦武密谋诛杀宦官而遇害，很多太学生受到株连死于非命。郭泰听了后在野外放声痛哭，极为悲恸，没过多久，就离世而去，终年四十二岁。郭泰死后，河内郡汤阴以北两千里内有近万人来为郭泰送葬，当时送葬人肩挑的扁担和乘坐的柴车把道路都给塞满了。郭泰坟茔上的石碑由著名的文学家、书法家，蔡文姬的父亲蔡邕亲手书写。南北朝时期北周的周武帝下令把天下的碑刻全部除掉，唯独郭泰的碑被下令特别保留。

同学们想明白"经师"和"人师"的区别了吗？

伊川传《易》，觉范论《诗》

同学们一定还记得那篇著名的《爱莲说》吧？《爱莲说》的作者周敦颐是宋朝儒家理学思想的开山鼻祖。周敦颐有两个著名的学生，是哥俩。哥哥叫程颢，弟弟叫程颐。哥俩共创"洛学"，为宋朝理学奠定了基础，世称"二程"。

程颐出生在河南府伊川县，世人称为"伊川先生"。

程颐五十岁的时候，太尉文彦博在洛阳鸣皋镇的一个小村给程颐划拨了一块地，建了一所"伊皋学院"，本意是想让程颐在这里继续讲学。文彦博的四句话，给程颐的前五十年做了一个非常到位的总结：著书立言，名重天下，从游之徒，归门甚众。说明当时程颐在社会上的影响很大。

三年之后，王安石变法失败，司马光等人推荐程颐进朝为官，说他博学好古，安于贫贱，恪守节操，言必忠信，动遵礼义，希望朝廷委以重任。但是程颐并没有受命，第二年才应诏入京，当了"崇政殿说书"，就是皇帝的老师，教年幼的宋哲宗读书。除了教授皇帝儒家学说、道德修养之外，程颐也经常借讲书的机会在皇帝面前议论时政，而且无所顾忌，使得他的名声越来越大，吸引了很多读书人纷纷向他拜师求学。但是也引起朝臣的不满，有人就要求皇帝让程颐回家。程颐看形势不好，主动辞职。

后来新党再度执政，程颐被贬。宋徽宗恢复新法，下令销毁全部程颐著作。程颐官位被夺，不久就去世了。不过同学们放心，程颐的全部著作都被很好地保留了下来，至于谁干的，不重要啦。

跟我们上一个故事中的郭泰的命运大不相同，程颐死后，只有四个人发文祭奠，其他与他有关系的朋友和门生没有人敢去送葬。一代大师，死后如此悲惨！

由程颐和后来的朱熹创造的"程朱理学"对后世产生的影响之大难以评估。

彭觉范是南宋时期的一个僧人，名字叫彭德洪。据说彭和尚自幼饱读诗书，经史子集无所不通，能写诗能作文。他曾经说过：什么叫诗呢？诗就是人们寄寓妙观逸想的地方，怎么可以受什么规矩的局限。就譬如王维画画吧，有一幅画叫《袁安卧雪图》，其中有芭蕉傲雪而立。就有人说，下雪的时候还会有翠绿的芭蕉？这怎么可能啊？这违反常规呀。在我看来，这就是把神情寄寓其中而已，那些用季节挑刺儿的都是俗人罢了。

觉范和弟弟论诗。弟弟说：诗，贵得于天趣。觉范问：如何识天趣？弟弟说：你要是知道萧何如何识韩信，就知道如何识天趣了。对于这种驴唇不对马嘴的说法，觉范甚至不知道从哪儿反驳。

董昭救蚁，毛宝放龟

这是两个因爱护动物而得到好报的故事。

董昭是汉朝人。有一年坐船横渡钱塘江，半路看见水上漂着一截芦苇，芦苇之上趴着一只黑色的大蚂蚁，眼看着要掉进水里，昂着头看着董昭，眼神中有求救之意。董昭顿发恻隐之心，抛了根绳子过去，蚂蚁顺着绳子爬过来，跟着船一起上了岸。当天晚上，董昭就梦见一个身着黑衣的男子，率领着百来个随从，自称自己是蚁王，向董昭施礼致谢，并说，如果董昭未来有难，一定会出手营救。若干年后，董昭果然遭人陷害被关进大牢。想起当年蚁王的话，就从地上捡起两三只蚂蚁放在手掌心中，嘱咐了几句，就放它们走了。很快他就看见成群结队的蚂蚁爬进牢房，咬断了他身上的绳索，在墙上挖了一个大洞，董昭越狱成功。

毛宝是晋朝人。在他十二岁的时候在江边看见一个渔夫钓起一只白色乌龟，就用钱把乌龟买下来放回江里。若干年后，毛宝在与石虎的作战中失利，无奈跳入江中，眼看要淹死的时候，忽然感觉身下有一物驮着他来到岸上。到了岸上毛宝回头一看，原来就是当年他放生的白龟。

这类故事在中国古代各种杂记中有很多，真实性固然是没有，但是传达了两个理念：第一，做善事总是没错的；第二，善待动物。

乘风宗悫，立雪杨时

宗悫是南北朝时期南朝宋的一名将军，小时候就很有志向。有一次叔叔宗炳问他长大后志向是什么，小宗悫大声答道：愿乘长风破万里浪！宗炳是个很有学问的人，所以对习文的子侄们寄予更高的期望，不大看得上舞枪弄棒整天练武的宗悫。听了宗悫的话，宗炳叹道：将来你要是不能大富大贵，就一定会败了我宗家啊！宗悫的哥哥宗泌结婚，婚礼当天晚上就有强盗打劫。当时只有十四岁的宗悫挺身而出，以自己高强的武艺把十几个强盗打得四散奔逃。

长大之后，宗悫参军，英勇善战，屡立战功，果然成为南朝宋的名将，死后被朝廷追赠为征西将军。

在前边的"伊川传《易》"中，我们介绍了程朱理学的创始人程颐。这里要说的杨时，则是程颢、程颐两兄弟的门徒。与游酢、吕大临、谢良佐并称程门四大弟子，晚年隐居龟山，又称龟山先生。

这本书里我们介绍过很多神童，杨时是另一个。据说杨时八岁能作诗，九岁能作赋，二十四岁中进士。

中进士之后，杨时并没有去做官，而是拜在程颢门下，一心研究理学，先后写出《列子解》和《庄子解》。要知道，道家三经中，《庄子》《列子》三居其二，还有一部，就是《老子》。

四十一岁时，杨时拜于程颐门下，到洛阳的伊川学院，继续学习研究理学。虽然已经有颇高的造诣，杨时仍然谦虚谨慎，勤奋好学，最终大成。在二程的理学和朱熹的理学之间起了承前启后的作用。应该说，"程朱理学"的形成也有杨时的一份功劳。

在担任浏阳县令、萧山县令期间，杨时积极治理水患，及时请求朝廷支持得到百姓赞扬。在担任余杭知县时，杨时不畏权贵，抵制奸相蔡京以便民为借口为自己的母亲筑坟圈地，并写文章揭露蔡京、童贯等奸臣暴政虐民的卑劣行径。

在担任朝廷的秘书郎期间，杨时上书建言，主张放宽或废除茶盐二法，减轻百姓负担，促进贸易自由。金军南侵时，杨时不畏强权，怒斥三军统帅童贯不战而逃，怒斥奸相蔡京蠹国害民，建议罢免投降派张宗昌，诛杀童贯，展现出非凡的勇气。

杨时告老还乡时，婉拒宋高宗的馈赠，在家过着简朴的生活，并教育儿孙形成勤俭家风，其学问、气节、道德为后世景仰。

"立雪杨时"的故事在历史上更多地称作"程门立雪"。说的是杨时在四十一岁时再次到洛阳拜程颐为师。有一天，杨时与同学游酢拜见老师，看见程颐在闭眼打坐，就站在门外等候，天上下着大雪。当程颐睁眼看见两个弟子的时候，大雪已经下了一尺多深。程门立雪，尊师重道，千古佳话。

阮籍青眼，马良白眉

阮籍是三国时期魏国的人，著名的"竹林七贤"之一。因为曾经当过步兵校尉，所以外号"阮步兵"。

历史上把阮籍认为是"正始之音"的代表。什么是"正始之音"呢？"正始"，是三国时期魏国魏废帝曹芳的年号。所谓"正始之音"是说在那个时期文人士大夫之间的一种文化风气。典型表现就是把老子、庄子的道家思想和孔子、孟子的儒家经义糅合在一起，避开当下的现实，在更广泛、更哲学的空间尽情展开思想的翅膀，高谈阔论，放达不羁。阮籍的八十二首《咏怀诗》就是正始文学的典型代表。

有人认为阮籍是三国时期最具有"文艺范儿"的人。其主要原因是阮籍好酒，无酒不欢。除了常常和朋友们把酒言欢，在酒桌上酣畅淋漓地大放厥词、写诗作赋，喝酒也是阮籍处世的一种方式。司马昭想和阮籍联姻，阮籍心中不愿，竟然大醉了六十天，司马昭只能作罢。后来司马昭要篡权，让阮籍为公卿大臣们撰写给自己的"劝进表"，阮籍仍然心中不愿，只好又把自己灌醉，敷衍塞责，写了劝进表之后的两个多月，就辞世而去。其实阮籍不但好酒善诗，还弹得一手好琴，在家看书，经常几个月不出门，出门游历，也常常数月不归。

历史记载中的阮籍有一种特异功能。就是他的眼睛可以呈现青和白两种颜色，见到那些俗人，就给人家白眼。有一次，嵇康的哥哥嵇喜来见阮籍，阮籍给人家白眼，嵇喜也没怪他，回家告诉弟弟嵇康，嵇康想了想，就拎着酒、夹着琴去找阮籍，阮籍一见，心头大悦，立马就是青眼相见。这就是"阮籍青眼"的故事。

看过《三国演义》的同学，一定记得"诸葛亮挥泪斩马谡"的桥段。其中的马谡就是马良的亲弟弟。马家兄弟五个都很有才华，因为每个人的字里头都有个"常"字，所以人称"马氏五常"。马良在兄弟们中最为出色，又因为他长了一对白色的眉毛，所以有"马氏五常，白眉最良"之说。

韩子《孤愤》，梁鸿《五噫》

又来大人物了！这回是韩非子。

春秋战国时期百家争鸣，领头的是儒家、道家、墨家，还有法家。商鞅是法家学派的创始人，而韩非是法家学派的重要代表人物，是战国末期杰出的思想家、哲学家和散文家。

韩非子出身战国时期韩国的贵族家庭，是儒家代表人物之一荀子的学生，另外，他还有一个名人同学李斯，就是后来做了秦始皇宰相的那位。

虽然老师是一位大儒，但是韩非子真正研究通透的不是孔夫子，而是老子的《道德经》，韩非子对于老子学说的解读，被誉为是和庄子一样最得老子思想精髓的两个人之一。在这个基础上，韩非子把法家思想集之大成，主张"依法治国"，提出中央集权、名实相符、改革图强、法不阿贵等重要法家思想。以"法""术""势"的链条把它们串联起来，形成一套完整的法家治国思想体系。这个体系是后来秦始皇嬴政富国强兵、统一六国、建立秦王朝的重要依据。

出身于韩国的韩非子在韩国得不到重用，其主张也得不到君王的采纳，一气之下就发奋著述，写出了《孤愤》《五蠹》《内外储》《说林》《说难》等著作。秦王嬴政看到之后大为赞赏，说我要是见不到此人，死不瞑目啊。

之后韩非子被韩王派遣出使秦国，秦王见了，非常喜欢，韩非子在秦国备受重用。但是，在统一六国的战略上，韩非子和李斯的想法不同。最关键的是，李斯要先灭韩国，而出身韩国的韩非子主张先灭赵国，保存韩国。于是李斯就向秦王告状说韩非子作为韩国的王子，他要保存韩国一定是为了韩国的利益。秦王认为有理，就把韩非子抓进监牢。李斯私下做小动作，逼韩非子服毒自杀。后来秦王嬴政后悔，派人赦免韩非子，可惜为时已晚，韩非子已经死了。

梁鸿是东汉时期的一个隐士。他最著名的故事就是与妻子孟光的"举案齐眉"了。

年轻时候的梁鸿学富五车，品行出众，很多有权有势的人想把女儿嫁给他，都被他一一拒绝。同县孟家有个姑娘，长得又胖又黑又丑，力大无穷，因为挑剔，三十岁了还没嫁人。她父母问她到底要嫁个什么样的丈夫，她说：我要嫁就嫁给梁鸿那样的贤人。梁鸿听说了，立刻就下了聘礼求婚。到了出嫁的时候，姑娘穿上漂亮的衣服等着来接，可是等了七天，梁鸿也没派人来接，于是就去问梁鸿：听说夫君您道德高尚，却不知为何不来接奴家过门？梁鸿说：我要娶的是那种勤俭持家的伴侣，是能够跟我隐居在山里的人。你看你现在，衣着华丽，涂脂抹粉，不是我梁鸿希望的那个人啊。姑娘说：原来这样啊。其实我也是想考察一下你的节操而已啊，说罢马上换上粗布衣衫，拿着干活的工具来到梁鸿面前。梁鸿看了说，这才是我梁鸿的妻子啊。后来夫妻二人给大户人家皋伯通佣工舂米。每天回家，妻子都给梁鸿准备好饭菜，然后把装好食物的托盘低着头举到眉毛处，恭敬地侍奉梁鸿就餐。这就是"举案齐眉"。后来这个成语的意思转变成形容夫妻间的相敬相爱。

梁鸿是个诗人，他的诗作中有一首叫作"五噫歌"，是这样写的：

　　　陟彼北芒兮，噫！
　　　顾览帝京兮，噫！
　　　宫室崔巍兮，噫！
　　　人之劬劳兮，噫！
　　　辽辽未央兮，噫！

　　这是一首离骚体的诗，什么意思呢？翻译出来是这样：

　　　登上北芒山，啊！
　　　回头看帝京，啊！
　　　宫殿多巍峨，啊！
　　　百姓多劳苦，啊！
　　　苦难无尽头，啊！

　　这是一首诉说百姓苦难的诗。这首诗传扬出去后，引起汉章帝不满，下令搜捕梁鸿。梁鸿无奈，改名换姓，后来就去了皋伯通家打工，就是前面说的举案齐眉那一段，不久就病死了。

钱昆嗜蟹，崔谌乞麋

　　钱昆是五代十国时期吴越王钱俶的儿子，后来在宋朝当官。宋仁宗时期先后做过卢州、濠州、泉州、亳州、梓州、寿州、许州的知州，为政宽简，后来升到右谏议大夫，在秘书监退休。
　　钱昆有一个爱好，就是特别爱吃螃蟹。别人问他期望到什么样的地方任职，钱昆说：只要是有螃蟹吃，没有通判的地方，我就满足啦。有螃蟹吃容易理解，为什么没有通判呢？因为宋朝各州都设有通判一职，由皇帝直接委任，虽然相当于知州的副手，却能够直接报告给朝廷，基本上就是朝廷派来监视知州工作的。不但如此，知州要是发布什么命令，还必须有通判一起签名才能生效。钱昆做过数个州的知州，自然知道身边有这样一个通判有多讨厌，所以有此一说。这不过是个玩笑，有螃蟹无通判的地方恐怕是没有的。

崔暹是北齐的开国功臣。他有个哥哥叫崔谌，官居河间太守。仗着弟弟在朝中的势力，到处强取豪夺，有一回要到了李绘头上。

李绘小时聪颖，长大后身材魁伟、面目俊朗。他为官清廉，不畏权势，历任中书侍郎、丞相司马等职。崔谌做河间太守的时候，李绘任高阳内史。崔谌张口向李绘要麇鹿的角和鸽子的羽毛。李绘写了封信回答崔谌：鸽子有六个翅膀，飞起来直上云霄；麇鹿有四条腿，跑起来能直接到海。下官我身体疏懒，手脚迟钝，近追不上鸟兽，远不能侍奉小人啊。

皇帝当时派崔暹选拔司徒左长史，最早崔暹推荐的是李绘，但是后来就没声音了。大家都认为跟这封信有关。

难怪大家都说小人得罪不得。

隐之卖犬，井伯烹雌

吴隐之是东晋后期的人，曾经当过中书侍郎、左卫将军、广州刺史等职，官至度支尚书，是历史上著名的清官。

在上任广州刺史的路上，吴隐之带着家人来到距离广州四十里的石门。这个地方有一眼山泉，当地人说，这个泉眼的名字叫作"贪泉"，谁要是喝了这个泉的泉水，就会变得贪婪无比，所以之前广州的官都是贪官。吴隐之听了摇头说：胡说八道！要是一个人根本就没有贪念，到哪儿都不会见钱眼开。难道这就是所谓"进了岭南就不再廉洁"的原因吗？说着他走上前去舀了一大瓢泉水喝下去，并且赋诗一首：

古人云此水，一歃怀千金。
试使夷齐饮，终当不易心。

什么意思呢？意思是古人说这个泉的泉水，只要一喝下去就总是惦念着黄金千两。但是你如果让根本就没有贪念的伯夷、叔齐哥俩喝了，就绝对不会生出任何贪污之心。

因为清廉，所以家贫，那一年吴隐之女儿出嫁，同僚谢石知道隐之家里穷，就派人来帮忙。但是隐之没有请一个宾客，也没有为女儿置办一件嫁妆，而是让一个小丫鬟牵了一条狗到街上卖了作为嫁妆。后来吴隐之做了晋陵太守，他妻子依旧砍柴做饭。

百里奚是春秋时期的名人，初时在虞国做大夫，后来到秦国做大夫，是秦穆公的左膀右臂，著名的政治家、思想家。传说百里奚是秦穆公用五张黑羊皮从集市上换来的一代名相，所以百里奚外号"五羖大夫"。"羖"就是黑羊。

秦穆公用羊皮换来百里奚的时候，百里奚已经七十岁了。秦穆公跟他聊了三天三夜，非常赞赏和敬佩他的学问能力，就把全国的军政大权交给了他。从此，百里奚做了七年的秦国丞相。在任期间，百里奚生活俭朴、平易近人，政事上毫不马虎，兢兢业业，把一个秦国治理得外安内定，成就了大秦霸业。百里奚死的时候，秦国全国上下百姓痛哭，小孩子们都不唱歌，劳动者都停下舂杵为他哀悼。

在内政上，百里奚举贤纳士，上任宰相之时，就向秦穆公推荐了贤人蹇叔，秦穆公任命蹇叔为上大夫，共商国是。此人为秦国崛起起了重要的作用。

在外交上，百里奚刚柔并济，在诸侯中树立秦国威信。有一年晋国遭饥荒，请求秦国接济。有人就说应该趁晋国饥荒把它打下来，百里奚不同意，认为这样做有损秦国形象，反之应该尽力提供帮助。秦穆公采纳了百里奚的意见，运粮食给晋国。晋国百姓得以活命，无不对秦国感恩戴德。

秦穆公之所以成为春秋五霸之一，把原本弱小偏僻的秦国建成一个强国，百里奚功不可没。

说了半天百里奚，和这个故事的"井伯"有什么关系呀？有关系，因为井伯就是百里奚，百里奚就是井伯。虽然后人有人质疑，但是通常还是认为他们是一个人。

"井伯烹雌"的故事是说有一天百里奚在相府宴客，觥筹交错之间，相府后院洗衣房的一个女用人听到音乐声，来到前堂向百里奚请求为大家演奏一曲，百里奚欣然同意。于是那老妇在众目睽睽下大方落座，轻抚琴弦，缓缓唱道：

百里奚，五羊皮。

忆别时，烹伏雌，炊扊扅，
今日富贵忘我为。

百里奚，初娶我时五羊皮。
临当别时烹牝鸡，
今适富贵忘我为。

百里奚，百里奚，
母已死，葬南溪。
坟以瓦，覆以柴，
舂黄黎。搤伏鸡。
西入秦，五羖皮，
今日富贵捐我为。

　　歌声凄婉幽怨，字字真情。百里奚听了大惊，赶紧上前询问，才知道这正是自己几十年前失散的结发妻子，于是两人抱头痛哭。百里奚不忘旧情，当堂认妻，秦国上下无不为之感动。秦穆公还派人送来很多财宝祝贺。"烹伏雌"简单说就是炖小鸡。是百里奚的老妻回忆当年离别时的情景。

枚皋敏捷，司马淹迟

　　这本《龙文鞭影》之中，两句话说一个故事的不多。"王戎简要，裴楷清通"算一个，这是又一个。

故事的主角是两个人，一个叫司马相如，一个叫枚皋，两个人都是西汉时期的文学家。不过比较起来，司马相如的名气比枚皋就大得多了。在前面的故事里，我们已经多次提到过司马相如，这里我们稍微详细地介绍一下。

司马相如原名司马长卿，据说是因为仰慕战国时期的名相蔺相如把自己的名字改了。少年时期喜欢读书练剑，后来拿钱捐了个官儿，做了汉景帝的武骑常侍，就是皇帝出门打猎的时候，守卫在皇帝身边，先把那些猛兽射杀的骑士。由此看来司马相如的弓箭水平不弱。

不过这不是司马相如的志向。后来梁孝王刘武来朝，司马相如因此结识了邹阳、枚乘（就是枚皋的爹）、庄忌等辞赋家，发现大家志趣相投。司马相如因病辞职后，就在家研究辞赋。其间为梁孝王刘武写了一篇《子虚赋》。当时的皇帝汉景帝不好辞赋，所以这篇《子虚赋》没引起什么注意。后来景帝驾崩，汉武帝刘彻即位，看到《子虚赋》，惊为古人之作，叹息不能与作者相识。后来听说作者就在本朝，刘彻大喜过望，赶紧召见。司马相如见了汉武帝说，《子虚赋》写的是诸侯打猎，不算什么，我再写一篇天子打猎的吧。于是另一篇名作《上林赋》隆重出炉，不但与《子虚赋》内容相接，且更有文采。文章以维护国家统一、反对帝王奢侈为主旨，歌颂了大汉帝国的高大形象，刘彻看了大喜，立刻封司马相如为郎官。

在官位上，司马相如并无特别建树，他的历史地位，仍然在文学上。其地位几乎登峰造极，被后人尊为"辞宗"和"赋圣"。鲁迅先生把司马相如和写《史记》的司马迁相提并论，说：武帝时文人，赋莫若司马相如，文莫若司马迁。

司马相如和卓文君的爱情故事为世人传颂。说的是司马相如因病辞职期间，一曲《凤求凰》牵住了卓王孙的离婚女儿卓文君的芳心，两个人私奔去了成都，卓王孙大怒，不给女儿一个铜板。于是背井离乡的小两口只好自谋生路，卖了车马，开了一家酒坊，卓文君当垆卖酒，一时传为佳话。

　　枚皋和司马相如同一代，是前面提到的西汉辞赋家枚乘的庶子，就是小妾生的儿子。此人以文思敏捷著称，每一次汉武帝心中有感，让侍从们作赋，枚皋总是第一个完成，所以枚皋长期做汉武帝的文学侍从。

　　司马相如和枚皋正好相反，做文章精雕细琢，非常缓慢，据说经常一篇文章要做几百天，所以有"马迟枚速"一说。

祖莹称圣，潘岳诚奇

　　著名的《三字经》中，有这么两句："莹八岁，能咏诗；泌七岁，能赋棋。彼颖悟，人称奇，尔幼学，当效之。"说的是两个学习的典范。其中"莹八岁，能咏诗"中的"莹"就是祖莹。而另外一个，则是说的李泌。在本书的第一篇"一东"中有一段叫"邺仙秋水"，里面介绍的就是李泌的故事。

　　祖莹打小就是一个刻苦读书的孩子，白天读、晚上读，年复一年，日复一日，父母亲为了让他休息，就把家里的灯盏都藏了起来。祖莹知道这是父母不让他夜里读书，就悄悄把炭火放在小炉子里，上面撒一层薄薄的烟灰，到了晚上再轻轻把灰吹开，将炭火吹着，就着炭火，继续读书。因为用功，祖莹八岁就能背诵《诗经》《尚书》，还会写诗写文章，远近都称之为"圣小儿"。这就是"祖莹称圣"的由来。长大后的祖莹也成了一名才华出众的学者，很受皇帝赏识，做过太学博士、殿中尚书、车骑大将军等职，还有著述流传世上。

大家都知道中国历史上有四大美女，却没有四大美男。历史上第一美男非潘安莫属。潘安、潘岳是同一个人，西晋时期著名的文学家和政治家。但是他的美貌，比任何其他名气都大。传说潘安年轻时驾车走在街上，满街的老少妇女都为之着迷，争抢着往潘安的车里丢水果，把车都塞满了。成语"掷果盈车"就由此而来。

本来可以靠美貌吃饭的潘安，却非要蹚政治这浑水。官场中的潘安性格轻佻、趋炎附势，依附贾充的外孙贾谧，做了黄门侍郎，经常与一帮文士活跃在富豪石崇的金谷园，号称"金谷二十四友"。后来赵王司马伦囚禁晋惠帝自己当了皇帝，原为下人的孙秀做了宰相。而孙秀曾经在潘安的父亲手下，那时候经常被潘安拿鞭子抽。如今孙秀当了宰相，如何能饶了潘家？结果潘家一家和石崇一起全部被杀。

紫芝眉宇，思曼风姿

元德秀，字紫芝，唐玄宗时期的大清官、诗人。

元德秀一生没做过大官。能够青史留名，主要还是因为他的德行和文才。

前两年有个学生考上了清华大学，但是因为母亲身体有病要照顾，所以就背着母亲进了清华，后来还得到清华大学官方的体恤。其实背着母亲进京城的，一千多年前就有了，就是这位元德秀。因为元德秀早年丧父，进京参加进士考试的时候不忍把母亲一个人留下，于是就背着母亲进了京城。考中进士之后，母亲去世，他就在母亲的坟墓旁边搭了一间芦棚守护，吃饭不放盐，睡觉无枕席，坚持到三年孝满。

元德秀做的最大的官就是鲁山县的县令。有一年鲁山境内老虎作恶，经常出来伤人，牢狱中有一个判了死刑的大盗，请求县令说要捉拿这头老虎赎罪。元德秀表示同意，就把人给放了。下属知道后跑来劝元德秀：这怎么行，这人要是借机跑了，不是要连累大老爷吗？元德秀没往这方面想，也是一愣，不过随即说：我已经答应了，不能说话不算数啊。他要是真的跑了，我承担责任就是。结果第二天，那个大盗果然拖着死虎来到县衙。全县人民都为此感叹，一是为盗贼的诚信，二是为县令的勇气。

元德秀真正的大胆举动还不是这个。有一年唐玄宗要在五凤楼设宴，命令方圆三百里之内的州县都要出节目助兴，而且传言皇帝还要对各地的节目做评比，可以想象在这个时候官员们会如何表现。譬如河内郡的太守就用车拉来了数百名演员，个个打扮得花团锦簇，有的还扮成动物形象，新奇好看。到了鲁山县代表队出场，只见几十名演员，衣着寒酸，上来表演了一个大合唱《于蔿于》。这首歌是元德秀的原创，主要是劝君王要想着天下苍生，保持艰苦朴素。唐玄宗听了，觉得耳目一新，说这歌里唱的都是贤人的话啊，扭头对宰相说：河内郡的百姓估计日子好过不了，把那个太守给我撤职！元德秀从此名声大噪。

名扬天下的元德秀仍然过着他简朴的生活，他把自己的俸禄都用来救济那些孤儿。一年下来，他的财产只有一匹细绢，离任的时候赶着自己的柴车。在陆浑的山中隐居的时候，他的家没有围墙，也没有门锁，也没有仆人，更没有妻妾（元德秀一生未娶），碰上荒年，一连几天都不生火做饭。乡亲们不管谁上门，他都会陪着一起喝酒，不论贤愚贫富，一视同仁。其间，他开设私塾义务教育，十多年的时间里，培养出一大批后来在政治、军事、文学各方面都很有影响和建树的人物。学生们给他的礼物钱财，他也全部用在接济贫困乡民上。也是在这期间，他写下了著名的《蹇士赋》，在文坛上也很有名气。

唐玄宗、唐肃宗两朝宰相房琯，对于元德秀的高洁品行赞赏不已，说：只要看见紫芝的眉宇，就能让人彻底没了名利之心。

张绪，字思曼，南北朝时期南齐的人，一生做官，官职无数，唯有一点不变，即：清简寡欲，忘情荣禄。皇帝说：张绪尊重我是因为我的位子，我器重张绪是因为张绪的德行。张绪一生从不谈利，只要手里有了钱财，就散给那些更需要的人，有时候一天也不吃一顿饭。死前嘱咐弟子，自己死后只要芦席裹尸，灵堂只要一杯水，不需要任何祭奠。齐武帝曾经称赞四川的柳树说：这种柳树风流可爱，就像是张绪当年朴实无华的风姿。

毓会窃饮，谌纪成糜

钟繇是三国时期著名的政治家和书法家，早年因为协助汉献帝东归有功，封东武亭侯，和关羽的汉寿亭侯差不多，后来投靠曹操，镇守关中，功勋卓著。曹魏建立后，历任廷尉、太尉、太傅等职，封定陵侯。

钟繇的历史地位，更重要的还是他对于中国书法的杰出贡献。唐朝的纪录说，书圣王羲之就是钟繇的传人。最早是蔡文姬的父亲蔡邕，梦中得神人传授书法，之后传给女儿蔡文姬和崔瑗，蔡文姬传给钟繇，钟繇传给卫夫人，卫夫人传给王羲之，王羲之再传给王献之。钟繇研习书法刻苦用功，努力钻研，不分白天黑夜，也不论场合地点，有空就写，还经常和曹操等人讨论书法的技巧，综合各家书法之长，精通真草隶篆行各种书体，但成就最高的在楷书、隶书和行书，被称为"楷书鼻祖"，其代表作《宣示表》、《荐季直表》、《贺捷表》（又叫《戎路表》）、《调元表》、《力命表》，合称"五表"。

除了书法成就，钟繇还有两个杰出的儿子钟毓和钟会。两个孩子从小聪明，魏文帝曹丕听说了，就对钟繇说：让两个孩子来见我。见到皇帝，钟毓满脸是汗，曹丕就问：你为什么出汗呀？钟毓回答说：是因为见了您紧张害怕呀，所以汗出如浆。曹丕转身看见钟会，奇怪地问：那你为什么不出汗呢？钟会回答说：看见陛下我紧张害怕，不敢出汗呀。

钟毓为人机敏，有父亲的风范，先后担任散骑侍郎、黄门侍郎，后来因为累积军功，升职为青州刺史、后将军、都督徐州、荆州诸军事。钟会才华横溢，深受皇帝群臣赏识。他曾经为司马昭献策阻止了废帝曹髦的夺权企图，在平定诸葛诞之乱中，钟会奇谋频出，被世人比作汉朝张良张子房，官居司隶校尉，到处插手朝政，献计杀害竹林七贤之一的嵇康。

钟毓作为钟会的亲哥哥，对弟弟知根知底。他曾经私下告诫司马昭说：我弟弟这个人才智过人，喜欢玩弄权术，有野心，要小心提防。司马昭听了大笑，说：要真是这样，到时候我只会惩罚钟会一家而不会连累钟家一门。

后来钟会果然谋反，兵变被杀，照律该诛三族，但司马昭记得钟毓的话，对已经辞世的钟毓网开一面，他的两个儿子照样做官。

"毓会窃饮"的故事是说在哥俩小的时候，有一天趁着父亲钟繇午睡，两个小家伙把老爹的药酒偷着喝了。钟繇刚巧这时候醒了，继续装睡，看儿子们怎样行事。发现钟毓是先行礼再喝酒，而钟会只喝酒不行礼。钟繇纳闷儿，就问钟毓为什么要行礼，钟毓说：酒就是用来完成礼仪的啊，所以要行礼。钟繇又问钟会为什么不行礼，钟会说：酒是偷来的，本来就是不合礼的行为，用不着行礼呀。

同学们一定知道"梁上君子"这个成语，是形容小偷的。这个说法的创造者叫作陈寔，是东汉时期的名士。

陈寔出身寒微，喜欢读书，年轻时在县里做过小吏。有一年司空黄琼正找人才，陈寔补任山西闻喜县令，之后又出任太丘县令，所以又叫"陈太丘"。在任上陈寔德化教民，百姓安居乐业，官声清明。

后来两次党锢之祸（关于党锢之祸，在本篇"郭泰人师"一段有过介绍），陈寔都被牵连，两次入狱，两次释放之后，陈寔心灰意懒，回归故里。在乡里，陈寔中庸旷达，德高望重，深受乡亲爱戴，大家有什么矛盾诉讼，都去找陈寔评理。只要陈寔出面调停，双方都没有怨言，所以大家都说"宁为刑罚所加，不为陈君所短"，说明被陈寔批评比受刑罚还严重。

陈寔也有两个儿子。陈谌字季方，陈纪字元方，因其贤德，并称"三君"。有一天来了客人，求见陈寔并住在陈家。陈寔让季方、元方二人给客人做饭，自己陪着客人聊天。结果两个儿子把炉火点着以后，就偷偷跑去偷听老爹和客人说话，忘了把米放进笼屉，而是直接倒进锅里，就熬成了一锅米粥。陈寔问为啥，俩人说是因为偷听大人说话忘了放笼屉了。陈寔问，那你们还记得我们说的什么吗？两个人就你一言我一语抢着回答，居然把父亲和客人的对话毫无遗漏地说了出来。陈寔听了笑道：既然是这样，喝粥就行啦，干吗非要吃米饭？

这个故事我超喜欢，这是一个多么豁达的老爸呀！

韩康卖药，周术茹芝

韩康，字柏林，是东汉时期的人，常年在山中采药，挑到长安城里去卖，卖药三十年，从不还价。有一个女子来买药，跟韩康讨价，韩康拒不还价，女子大怒：你难道就是那个韩柏林？所以就不还价？韩康听了，长叹一声：唉——我原本是要隐姓埋名的，现在两个女孩子都知道我了，我还卖什么药！于是，收拾行囊到霸陵山里隐居去了。

朝廷听说这事儿，几次派人请韩康出山，韩康死活就是不肯。后来，汉桓帝亲自备了厚礼，派专员驾着四匹马的大车去接韩康。韩康不得已，只好假装接受。但是他不愿意坐皇帝的马车，而是自己赶着装柴火的牛车一早先走了。到了一个驿亭，正遇到亭长为朝廷命官韩征君修路架桥征召壮丁和牲口，看见韩康，就以为是哪个村里来的老农，便命令手下抢他的牛。韩康也不争辩，卸了车，缴了牛。不一会儿，皇帝的使者驾车赶到，亭长才知道这老头就是韩征君，当场吓傻。使者要把这亭长杀掉，韩康说：这牛是我自己给他的，亭长有什么罪？

使者这才放过亭长。在进京的途中，韩康找机会逃跑了，进入深山，活到很大岁数，寿终正寝。

周术，号甪里先生，是秦末汉初的著名隐士。与东园公唐秉、绮里季吴实、夏黄公崔广一起为了躲避秦末乱世，在商山结草为庐，号称"商山四皓"，就是四个白头发老头。那时候，他们都已经七八十岁了。

汉高祖刘邦知道这四个人德高望重，多次请他们出山，但是都没有实现。后来刘邦宠幸戚夫人，打算另立刘如意为太子，吕后为保儿子刘盈的太子地位，求计于张良。张良建议吕后请商山四皓出山辅佐太子，以稳固太子地位。之后太子刘盈请动四皓出山，成为座上宾。刘邦见太子有四位大贤辅佐，知道废太子于江山不利，便打消了另立太子的念头。刘盈即位为汉惠帝。

周术曾经写过一首诗，叫《紫芝歌》：

莫莫高山，深谷逶迤。
晔晔紫芝，可以疗饥。
唐虞世远，吾将何归？
驷马高盖，其忧甚大。
富贵之畏人兮，
不如贫贱之肆志。

说的是隐士的好处。

刘公殿虎，庄子涂龟

刘世安是宋朝的一个官员，身材魁梧，相貌堂堂，声若洪钟。最初朝廷任命他为谏官的时候，他没有一下子接受，而是回家跟母亲商量。他对母亲说：朝廷没有因为我刘世安不贤而嫌弃我，让我做谏官。但是谏官这个官职必须有胆识也要敢于伸张正义，甚至用自己的生命负起责任。要是冒犯了皇上，可能马上就会大祸临头。皇上以孝道治理天下，我要是跟皇上说因为母亲年老，应该可以不去坐这个位置。母亲听了说：你这样说就不对了。我听说谏官是皇上面前敢于直言相谏的重臣。你父亲一辈子想做这样的官都没有做到，而现在你有幸担任此职，就应该拿出自己的生命来报效国家，就算是获罪被流放，不管多远，我也会跟着你去的。刘世安这才心安上任，担任谏官多年，神色肃穆地立于朝廷之上，对于他认为正确的事情，据理力争，对于他认为错误的事情，当面指斥或者谏诤。有时候碰上皇上大怒，他就握着手板退一步站立，等皇上怒气稍解，继续上前谏诤。旁边的大臣们经常看得浑身冒汗，都把他称作"殿上虎"，一时间没有人不敬仰他。

又一个重量级人物要登场了，这个人就是庄子。道家学说又称老庄哲学，"老"就是老子李耳，"庄"就是庄子庄周。老子的著作叫《老子》，也叫《道德经》，庄子的著作叫《庄子》，也叫《南华经》。所以，庄子也叫南华真人。这两部书是道家最重要的纲领性著作。

庄周出生于战国中期的宋国，一生崇尚自由，无意做官。他学问非常渊博，游历过很多国家，深入研究当时各个学派的学说，进行分析批判，总结思考。楚威王曾经派人持千金请他去做相国，他笑着对使者说：千金是重利呀，相国是尊位呀。可是您见过祭祀用的牛吗？

喂上几年后身披有花纹的锦绣，被牵到太庙去做祭品，那时候它就是想当头小猪免受宰割也办不到啊。你走吧，别侮辱我。我宁愿像一个身上涂满污泥的乌龟一样在池塘里自寻快乐，也不愿意受什么国君的约束。我这辈子不当官，让我永远自由快乐吧。

一部《庄子》，成为中华文化的瑰宝。这部文献，标志着在战国时代，中国的哲学思想和文学语言，已经达到极高的水平。在这个意义上，庄子不仅仅是一个哲学家，还是一个杰出的文学家。整部《庄子》，是文学、审美学上寓言写作的典范，其思想多彩，文笔浪漫瑰丽，照鲁迅先生的话说，晚周诸子之作，都比不上《庄子》。

有关庄子的故事很多，最有名的恐怕就是"子非鱼"了。

庄子和朋友惠施在河边散步，庄子看着河里游来游去的鱼儿说：鱼儿在水里悠然自得，这是鱼的快乐啊。惠子说：你又不是鱼，怎么知道鱼的快乐？庄子说：你又不是我，怎么知道我不知道鱼的快乐？惠子说：是啊，我不是你，当然不知道你，可你不是鱼，所以可以断定你不知道鱼的快乐。庄子说：回到开头的话题吧。当你说"你怎么知道鱼快乐"，就是已经知道我知道鱼快乐才来问我的。我是在河边上知道鱼快乐的。

哲学家的思维，岂是一般人可以理解的！

唐举善相，扁鹊名医

战国时期的燕国，有一个叫蔡泽的人，曾经周游列国到处拜师学艺并向各大小诸侯谋求官职，但是一直没有得到任用。听说梁国有一个叫唐举的看相很准，就来找他。蔡泽对唐举说：我听说先生曾经对李兑说"一百天内将掌握一国的大权"，有这事儿吗？唐举笑道：嗯，有这事儿。蔡泽说：那您看看我怎么样？唐举仔细端详他半天，说：先生您是朝天鼻子端肩膀，凸额头塌鼻梁，还是罗圈腿。我听说圣人不在貌相，大概就是说先生您的。蔡泽知道唐举是在开自己的玩笑，就说：富贵那是我本来就有的，只是不知道寿命有多长，先生您给我算算吧。唐举说：您的寿命啊，从今天开始还有四十三年。蔡泽听了，含笑感谢而去，对自己的车夫说：我端着饭吃着肉，赶着马车奔驰，怀里有黄金印，腰上系紫丝绦，在人主面前行礼，享受荣华富贵，四十三年，足矣！

　　蔡泽之后又到过很多国家，受了不少冷遇之后，终于在强大的秦国实现了抱负，成为秦国的宰相。唐举也因为看相精准而名满天下，后人托唐举之名写的相书就多达数十种。

　　神医扁鹊的故事大家都耳熟能详了。扁鹊本名姓秦，名缓，是战国时期越国的人，在中国古代的医学家之中，扁鹊首屈一指。他创建了全面的中医诊断技术，精于内外妇儿五官等科，应用砭刺、针灸、按摩、汤液、热熨等法治疗疾病，被尊为医祖。著有《扁鹊内经》《扁鹊外经》，均已失传。现存的《难经》是后人托扁鹊之名所作。

　　扁鹊年轻的时候做一家旅店的主管，有个叫作长桑君的客人经常来住店。扁鹊看出长桑君不是一个普通人，就对他很是恭敬。有一天长桑君把扁鹊叫到跟前，悄悄说：我有秘藏的医方。现在我老了，我要把它传给你，你不要泄露出去啊。扁鹊接受了医方，跟着长桑君学医，学成之后，行医各国，妙手回春，名扬天下。

那一年到了齐国的都城临淄，齐桓侯田午派人来请。扁鹊看见齐桓侯的脸色，就说：君王有病在皮肤，如果不治，恐怕会越来越重。齐桓侯听了不高兴，说：寡人没病。扁鹊走后，齐桓侯对左右人说：这些个医生，到处说人有病，就是为了骗钱，显着自己高明。五天之后，扁鹊再见到齐桓侯，说：您的病已经在血脉了，再不治恐怕有麻烦。齐桓侯又说：寡人没病！又过了几天，扁鹊再看见齐桓侯时，很郑重地说：大王您的病已经在肠胃之间了，再不治会很危险。齐桓侯更不高兴，理都没理扁鹊。几天之后，扁鹊再见齐桓侯，结果一看齐桓侯的脸色，扭头就走。齐桓侯派人追问怎么回事，扁鹊说：唉！病在皮肤，容易治疗，热敷即可；病在血脉，也不难治，针灸即可；病到了肠胃，也还有办法，吃药即可。但是病入骨髓，就没什么办法了。桓侯的病已经进入骨髓啦。几天后齐桓侯的病突然加重，再派人请扁鹊的时候，扁鹊已经去了秦国。齐桓侯病入膏肓，医治无效而死。

秦武王和武士们比赛举鼎，不小心伤了腰。太医李醯用了药，但病情不见好转，反而加重。武王派人找到扁鹊，扁鹊进宫后为武王做了腰部推拿，加上药物调理，很快就好了。武王大喜，想封扁鹊为太医令。李醯知道后，百般阻挠。之后李醯派刺客刺杀扁鹊，被扁鹊弟子发现，逃过一劫。扁鹊知道在秦国待下去凶多吉少，于是决定离开秦国，走到骊山北面的小路上时，被李醯装扮成猎手截杀。一代医圣，死于非命。

韩琦焚疏，贾岛祭诗

韩琦的生平和故事在本书第一篇"一东"的"魏公切直"一段有

过介绍。

韩琦从宋英宗到宋神宗，作为宰相，执政三年，给皇帝上奏折无数。原本想把所有留存的奏折全部烧掉，仿效古人谨密之义，但又怕全烧了就没办法被后人称为美德来赞颂，于是就留下七十多份奏折，变为一个集子，起名叫作《谏垣存稿》。

贾岛同学们熟悉，就是那个为了"僧推月下门"，还是"僧敲月下门"纠结了很久，创造出"推敲"一词的大诗人。

在唐朝的诗人圈里，贾岛与孟郊并称"郊寒岛瘦"。孟郊人称"诗囚"，贾岛人称"诗奴"，一辈子不喜欢与俗人交往，交往的都是"尘外之士"，大概就是和尚道士、隐士高人一类。作诗属于喜欢苦吟、雕琢文字并且沉迷其中的，用他自己的话说，是"两句三年得，一吟双泪流"。三年吟出两句诗，还能哭出来已经不容易了。

那一天，贾岛骑着驴走在路上，一路想着是用"推"字还是用"敲"字，迷迷糊糊就闯进了一个仪仗队之中，被差人抓起来带到主人面前，那个主人就是大唐朝文学第一的韩愈。正是这一误打误撞，让贾岛结识了韩愈，也让韩愈帮着贾岛确定最后用"敲"而不用"推"。

但是贾岛的运气不总是这么好。有一年秋天，贾岛骑着驴打着伞，在长安的大街上溜达，看见被秋风吹得满地金色落叶，诗兴大发，随口吟出"落叶满长安"，再往下就想不出来了。结果他和他的驴就冲撞了京兆尹刘栖楚的轿子和仪仗，被抓起来关了一个晚上才放出来。还有一次，贾岛在定水精舍遇到了皇上，但是性格孤僻冷漠的他对皇上表现出来的态度十分轻慢，皇帝非常惊讶，事后下令把他降职为长江县尉，过了不久又改任晋州司仓，时间不长就去世了。想来当时遇见皇帝，贾岛未必是成心怠慢，或许那个时候的他，也还沉浸在自己的诗意之中吧。

据说贾岛有一个习惯，就是每到年终除夕夜，就把自己一年以来写的诗稿拿出来摆上，喝酒吃肉祭奠这些诗歌，自慰自勉。

对了，贾岛那首有关"推敲"的诗叫作《题李凝幽居》，李凝是贾岛的朋友。全诗如下：

闲居少邻并，草径入荒园。
鸟宿池边树，僧敲月下门。过桥分野色，移石动云根。
暂去还来此，幽期不复言。

还有，那一句"落叶满长安"的上一句是"秋风吹渭水"。那首诗的名字叫《忆江上吴处士》。

康侯训侄，良弼课儿

大家还记得前面有一个"寅陈七策"的故事吗？那个故事的主角叫胡寅。胡寅的老爸叫胡安国，就是这里的康侯。

胡安国，字康侯，号青山，学者称武夷先生，后世称胡文定公，北宋著名的学问家。

胡安国少年时候的老师，就是大名鼎鼎的杨时，也就是前面讲过的那位"程门立雪"的程颐的大弟子。后来入太学，胡安国又拜程颐的朋友朱长文和靳裁之为师，得到靳裁之的器重。二十三岁参加科举考试，主考官定胡安国第一名，但是宰相认为他的文章之中没有批判元朝政治的言论，就降低了他的名次，后来又被宋哲宗提到第三名，任命他为太学博士。做了十几年官之后，不到四十岁的胡安国称病退出仕途。此后宋钦宗多次给他官职，都被他以各种理由推辞了。钦宗召见他，他对朝政提出了很多重要而中肯的意见和建议。

二十年后，胡安国出任中书舍人兼侍讲，上《时政论》二十一篇，包括定计、建都、设险、制国、恤民、立政、尚志、正心、养气诸篇，就相关问题提出了自己的主张和建议。譬如《正心》篇就说：陛下当务之急是军务，务必选择正直的臣子，敢于直言，能为国分忧。安排在皇帝身边，每天与皇帝讨论国事，协助皇帝做决策。之后到湖南湘潭，也是毛泽东的老家，建立碧泉书院，著书讲学，继续年轻时候就开始写的《春秋传》，借《春秋》寓意，谈论时事，成为宋代理学家以理治《春秋》的代表作。

实际上胡安国并不是胡寅的父亲，因为胡寅是胡安国的"从子"，就是侄子，哥哥或弟弟的儿子过继到自己身边的。传说胡寅小时候是个十分顽劣的熊孩子。为了惩罚他，胡安国就把他关在一个空空的楼阁当中。胡寅也不寂寞，就把楼阁中的杂木拿来刻小人。家人无奈，就在楼阁中放了一千多本书。过了一年，胡寅走出楼阁的时候，这一千本书已经烂熟于胸了。这就是"康侯训侄"的故事。

余良弼是宋朝的一个进士，没做过什么大官，家里集书万卷，并为每本书都写上序言，用以教导子孙。他写过一首《教子诗》流传至今：

> 白发无凭吾老矣，青春不再汝知乎。
> 年将弱冠非童子，学不成名岂丈夫。

幸有明窗并净几，何劳凿壁与编蒲。

功成欲自殊头角，记取韩公训阿符。

颜狂莫及，山器难知

颜延之是孔夫子的大徒弟颜回的后代，伟大诗人、《桃花源记》的作者陶渊明的好朋友，在诗坛上，与南北朝时期杰出的诗人、文学家谢灵运并称"颜谢"。但是颜延之的文学成就显然比不上谢灵运，谢灵运的名气远比他大。在作诗上，两个人都注重雕琢，但是谢灵运更多地致力于自然形象的捕捉，使诗句显得更加生动，而颜延之则将更多功夫用在诗的凝练规整上，喜欢引用典故，所以灵动性就差了许多。颜延之最有名的作品之一是吟咏"竹林七贤"中嵇康、向秀、刘伶、阮籍、阮咸五人的《五君咏》，而另外两人山涛和王戎则因为显贵而不咏。

在散文和骈文上，颜延之也相当有成就，是南北朝刘宋前期的大家。

颜延之性格偏激，言语率直随性，无所顾忌，世人给他起了个外号叫"颜彪"。相传宋文帝听说颜延之的大名，下旨召见。颜延之接旨之后，就像什么也没有发生一样，不去皇宫见皇帝，而是在酒坊中喝酒唱歌，直到第二天酒醒才去皇宫。皇帝问他几个孩子的才能如何，颜延之回答说：大儿子得我笔法，二儿子得我文章，三儿子得我忠义，四儿子得我酒量。皇帝听了说：谁得你的狂？颜延之不假思索地回答：无人能及。

颜延之，牛人也！

前面几段故事都说到"竹林七贤"。还专门介绍过其中之一的阮籍，这里要说的是竹林七贤之一的山涛。

山涛早年孤贫，喜好老庄学说，四十岁开始做官，曾经历任侍中、吏部尚书、太子少傅、左仆射等职，最后升为司徒，以老病归家，对朝廷的主要贡献是为晋武帝司马炎选拔出了一批贤良人才。在选拔人才的过程中，每一次有职位空缺，山涛总是先选出几个备选，然后根据皇帝的意思，上奏推荐其中一人。山涛把所有推荐上奏的人物列名成册，起名为《山公启事》，前后推选出百余官员，个个又红又专。

在竹林七贤中，山涛年纪最大。七人中，山涛和阮籍与嵇康关系最好，友情深厚。山涛的妻子问为什么，山涛说：初次见面就成为朋友的也只有他俩了。妻子说，那我想偷偷看看他们可以吗？过了几天，阮籍、嵇康来访，妻子就劝山涛留他们住下，并为他们准备好酒菜。到了晚上，三个人一边喝酒一边畅谈，山涛的妻子就在墙上挖个洞偷偷地看。直到天亮阮籍、嵇康走了，山涛问妻子：你觉得这两个人怎么样？山涛妻子说：您的才能恐怕比不上他们二位，和他们交往，您要用您的见识和器量。山涛说：是啊！他们也认为我的器量超过他们啊。

其实不只是阮籍、嵇康，竹林七贤中的另一位王戎也曾说过：山涛的气节就像纯金璞玉，而没有人能形容他的器量有多大！这就是"山器难知"啊。

懒残煨芋，李泌烧梨

在本书第一篇"一东"中，有一段故事叫"邺仙秋水"，说的是唐朝的四朝元老神仙李泌。这一段故事，也是李泌的。

话说唐朝有个高僧，叫作明瓒，在湖南衡岳寺里做执役僧。每天他都是等众僧人吃完饭之后，把残羹剩饭打扫收拾了自己再吃。因为他性格懒散专吃剩饭，所以大家都叫他"懒残"。有一年李泌来到衡岳寺，见到了懒残。相处之中，李泌观察懒残的所作所为，发现这不是一个凡人，于是对他特别注意。一天晚上，李泌在半夜听到懒残诵经的声音，那声音响若洪钟，在山谷中回荡。李泌仔细地听着，从懒残的诵经声中，听出懒残从凄婉到喜悦的心境转变，便断定懒残一定是个下凡的神仙。在离开衡岳寺的前一晚，李泌半夜悄悄地去拜访懒残，看见懒残正在火堆里翻找用牛粪煨烧的芋头。懒残拣出一个芋头，自己咬了一半，把剩下的一半给了李泌，李泌捧起来吃了个干干净净。懒残笑着对李泌说：不必多说了，给你十年宰相。后来李泌进京赶考，高中进士，之后一路升官做到宰相，宰相位上，坐了十年。

唐德宗也听说了懒残的大名，就派人召他入宫。使者到了懒残的石室，宣读皇帝的诏书。使者说，天子有诏书给您，您应该起来谢恩。懒残不理他，只顾着在火堆里扒拉芋头，鼻涕都流到了下巴上。使者笑着说：您还是先把鼻涕擦擦吧。懒残说，我哪有空为了俗人擦鼻涕？

李泌被世人称为神仙，主要是因为他经常去山中求仙学道。"安史之乱"时，李泌辅佐唐肃宗收复两郡，肃宗对其很是倚重。李泌修道辟谷，肃宗就经常做两个烧梨给他吃。有一天夜里，肃宗又给李泌烧梨，正好颖王、信王、益王几个人也都在，看见肃宗烧梨，几个王爷也吵着跟皇帝哥哥要梨吃。肃宗说，要吃梨也成，每个人要吟一句诗，连起来要成为一首。颖王想了想，面对李泌说：先生年几许？颜色似童儿。信王笑着接下来：夜抱九仙骨，朝披一品衣。益王吟道：

不食千钟粟，唯餐两颗梨。肃宗最后总结：天生此间气，助我化无为。一首诗说的都是李泌。这就是著名的烧梨联句的故事。

干椹杨沛，焦饭陈遗

杨沛是三国时期曹操的部下。此人很有骨气，不畏强权，在新郑做长社令的时候，曹操的从弟曹洪的宾客不服征调，杨沛同样按法律诛杀，得到曹操的称赞。

有一年，新郑遭灾荒，百姓缺粮少米，杨沛就动员民众大量储蓄干椹和野豆，总共积蓄了千余斛，储存在一个小仓库里头。那时候曹操官任兖州刺史，西迎天子，可是手下千余人都没有粮食吃。到了新郑，杨沛求见，把仓库里的干椹、野豆献给曹操，解救了曹操千余人无粮之困，受到曹操的赏识。后来曹操为报干椹之情，赐给杨沛奴隶十人、丝绢百匹。

杨沛在多处为官，皆有政绩，因为与督军争斗，获五年髡^{kūn}刑，就是把头发给削光。当时曹操正要出征，放心不下邺下这个地方社会秩序混乱，没人治理，结果杨沛以囚徒身份被选中治邺。曹操问他怎么做，杨沛回答：秉公执法，依法治邺。曹操听了连连称赞，对身边人说这个人可怕。

陈遗是晋朝人，是个大孝子。他的母亲最喜欢吃锅底的焦饭，我们现在叫作锅巴。在陈遗当一个郡的主簿的时候，身上常备一个袋囊，每次做饭，都要把锅底的焦饭盛出来放进囊里，带回家给母亲。后来发生战乱，太守袁山松立刻出征。这时候陈遗的袋囊中已经攒了好几斗焦饭，因为来不及回家，就只好带着参军。后来战斗失败，大军溃散，军人们逃进大山之中，因为没有粮食，很多人都饿死了，只有陈遗因为那几斗焦饭活了下来，大家都说这是对孝顺之人的回报。

文舒戒子，安石求师

在本书第一篇"一东"的"浑潘争功"中，我们说过王浑，在本篇的"济叔不痴"一段中还说到过王湛，就是王浑的弟弟。这哥俩都是有出息的人，能把哥俩培养出来的，是他们的爹王昶，字文舒。

王昶出身名门，在魏文帝曹丕称帝之前就已经是太子文学，迁中庶子，司马懿也曾经担任过同样的官职。之后王昶官运亨通，到魏明帝曹叡即位之前，王昶已经是兖州刺史，一方大员。

王昶史上留名，不是因为他的政绩，而是因为他是曹魏王朝著名的将领。跟很多其他没念过书的将领不同，王昶在没有上战场之前就开始研究兵书战策，已经写出了十多篇兵书。这在当时也是凤毛麟角。所以，王昶一入军界，地位就迅速飙升，不久就担任征南将军、持节，都督荆州、豫州诸军事，是当时坐镇一方的有数的几名顶尖将领之一。

王昶的军事才能在伐吴的战争中得到了发挥。战斗中，主帅王昶正确判断敌方形势，选择正确的作战战略，战术上出奇制胜，最终大获全胜。王昶因此被升为征南大将军，仪同三司，晋封京陵侯，位极人臣。

王昶不但在政治军事上获得巨大成就，在家庭教育上也很有建树。

他的三个儿子中，嗣子（从兄弟家中过继来的儿子）王浑是西晋重要将领，官至司徒；儿子王深官至冀州刺史，儿子王湛官至汝南太守。甚至他的孙子辈也都很有出息。王昶经常对孩子们说：做善事一定要周济那些急需的人，在朝廷或是乡下一定要慰问老人，议论世事不要贬低别人，做官要尽忠尽节，交友用人要讲究诚信，处世不能骄傲贪淫。贫贱时不可自暴自弃，进退要合度，做事要三思。

王安石变法，在前面的故事中我们已经数次说到。那么，王安石到底是个什么样的人呢？

王安石，字介甫，号半山，北宋时期著名的思想家、政治家、文学家、改革家。

王安石进士出身，在官场上从七品知县开始做起，二十多年，得到朝廷赏识，宋神宗登基不久，就被提拔为参政知事，次年拜相。在宋神宗的支持下，开始他的变法大业。因为以司马光为首的保守派的反对，五年之后王安石被罢相。一年后，神宗再次起用王安石，很快王安石又被罢相，之后推举江宁。约十年后，保守派占了上风，新法彻底被废，王安石心情郁结，病逝于钟山。

关于王安石的变法，在前面的故事中多有讲解，在这里不再重复。这里我们主要说说王安石作为思想家和文学家的成就。

不论是在政治上还是思想上，王安石都是一个敢于创新、善于创新的人。在对于儒学的研究、继承和发展上，王安石同样是一个创新者。由王安石创立的学派，叫作"荆公新学"，简称为"新学"。之所以叫作"荆公新学"，是因为王安石曾经被封为"荆国公"。而所谓"新学"则是由王安石开始的"道德性命之学"，或者叫"性理之学"。其特点是否定传统对于经典一味的章句训诂，汲取佛家以及道家的思想，以"五行说"阐述宇宙的形成，提倡道德义理，追求理想人格，探究性命、情欲、义利，"始原道德之意，窥性命之端"。这一套新学体系，也是王安石变法的思想基础。

在文学上，王安石堪称一代宗师。他把文学创作和政治活动密切联系在一起，强调文学对于社会的影响，主张文道合一。他的散文颇具现代杂文风采，很少风花雪月，而是揭露时弊、反映社会矛盾。尤其是他的论说文，更是针对当下的社会问题，观点鲜明，分析鞭辟入里，结构严谨，语言精练。其短文短小精悍，"瘦硬通神"，《读孟尝君传》就是代表。除了文之外，王安石的诗和词也是有大师风范。前期的王安石的诗歌，就像他的文章一样，注重社会现实，反映人民疾苦，风格鲜明；退出政坛以后，心态逐渐趋于平淡，写景诗、咏物诗占了主要部分。

王安石的诗歌，从前期的"不平而鸣"，到后期的"穷而后工"，致力于追求诗歌艺术，重炼意和修辞，下字工、用事切、对偶精，含蓄深沉、深婉不迫，以丰神远韵的风格在当时诗坛上自成一家，世称"王荆公体"。王安石在中国文学史上名列"唐宋八大家"之一，实至名归，不是闹着玩儿的。

同学们耳熟能详的唐诗《元日》《泊船瓜洲》《登飞来峰》《梅花》等都是王安石的大作。

"安石求师"说的不是王安石自己求师学艺，而是告诉儿子，找老师的标准要"博学善思"。不知道他儿子最后找到什么样的老师，不过估计在他一代宗师的老爹眼里，这世界上能当自己儿子老师的恐怕不多。

防年未减，严武称奇

西汉汉景帝时期，有一年出了一桩杀人案，负责司法审判的廷尉不知道该如何定罪，就上报给了皇帝。

案子并不复杂。有一个叫作陈防年的小伙子，因为发现自己的继母杀了自己的父亲，就把这个继母杀了为父亲报仇。按照当时的法律规定，杀害和伤害父母都是"大逆"之罪，受最高刑罚"枭首"，也就是砍下头挂在街上示众。其妻子和子女都要被收为官奴或官婢；对父母有杀害企图，或者对祖父母，包括养父母、继父母在内，有伤害企图，或者被父母告不孝罪的，受"弃市"的刑罚，就是在街上当众被砍头。照此法条，陈防年一定是死罪无疑，但是，他杀人的动机是为父亲报仇，对此如何判断无法可依，所以就上报，一级一级直到皇帝面前。

汉景帝刘启是个有作为的皇帝，他和他爹汉文帝刘恒创下"文景之治"被世人传颂。这个故事在本书第二篇"二冬"的"汉称七制"中介绍过，同学们还记得吗？话说刘启看到了报告，心念一动，吩咐太监把儿子刘彻叫来。这时候的刘彻只有十二岁，听了案子的报告，想了想，很确定地对父亲说：虽然法律规定继母等同于亲母，所谓"继母如母"，但同时说明二者是有区别的。继母之所以有母亲的地位，那是因为有父亲。现在这个继母既然亲手杀了父亲，那么在她下手的一刻，她与继子之间的母子关系就恩断义绝了。所以依儿臣看来，这个案子只能当作一般杀人案件处理，而不能按"大逆"论处。

汉景帝听了非常满意，吩咐廷尉按照刘彻的意见办理。这个刘彻，就是后来的汉武帝。

严武是唐玄宗时期的一个将军，小时候性格豪爽，喜欢舞枪弄棒，他父亲多次禁止他习武也没有结果，长大后还是做了将军，曾经率兵西征，击败吐蕃大军七万多人，为大唐收复了不少失地，吓得吐蕃一度不敢犯唐，被封郑国公，官居检校吏部尚书。

严武的父亲严挺之是唐玄宗时期的名相。所以出身世家的官二代严武不但能带兵打仗而且写得一手好诗，是大诗人杜甫的知音好友。两个人有诗往来，唱和频繁。

但是历史上的严武，还有着斑斑劣迹，除了"奸杀少女""棒杀大臣"之外，还有就是这个"幼弑父妾"。说的是严武八岁的时候，父亲严挺之娶了一房小妾，名字叫"英"。严武的母亲心中难过，但在那种封建社会，也不敢说什么。八岁的严武看在眼里，气在心上，趁着英熟睡的时候，用一把大铁锤砸烂了她的脑袋。严挺之下朝回来，家人们怕老爷惩罚公子，就说是小公子玩闹，失手杀了英。严武却挺胸抬头，大声指责父亲：哪有大臣厚待小老婆而亏待正妻的？我就是要杀了她，不是玩闹的。严挺之看着八岁的儿子，心中暗暗称奇，夸赞说：这才是我严挺之的儿子啊！

这个故事里，所有的道理都是拧着的，写了读了都让人觉得难受。

邓云艾艾，周曰期期

熟悉《三国演义》的同学，都知道这个邓艾，邓艾口吃，说话结巴，张口总是"艾艾",晋文王司马昭曾经跟邓艾开玩笑说:你老说"艾艾",到底是几个艾呀?邓艾说:"凤兮凤兮",说的是一只凤啊。"凤兮凤兮"出自汉朝出名的琴歌《凤求凰》,其中有"凤兮凤兮归故乡,遨游四海求其凰"的句子。

说话结巴的邓艾,是曹魏末期的大人物,杰出的将领和军事家。唐朝唐肃宗曾经评选出"武庙十哲六十四将",就是武人中的十个顶级哲人和六十四个最牛的名将,邓艾就是这六十四名将之一。

《三国演义》之中,蜀国后期的皇帝阿斗刘禅手下最重要的大臣就是姜维。正是因为有了姜维,蜀国才能多坚持几年,那个时候,姜维的对手就是邓艾,也是邓艾最后灭了蜀国。

邓艾农民出身,年轻的时候一直在地方上做个小吏,直到四十三岁的时候,一个偶然的机会遇到当时的太尉司马懿,两人交谈一番后,司马懿很欣赏邓艾,就征召他进府,后升职为尚书郎。

之后邓艾在司马家很受重视,他给司马懿提出的屯田建议被司马懿采纳。司马懿死后,儿子司马师也采纳了邓艾的不少建议。在军事上,邓艾在战争中表现优秀,灭蜀战役之前,已经升职为征西将军,成为魏国的高级将领之一。

但是,灭蜀之后,邓艾居功自傲,正好让政敌钟会抓住了把柄,上书司马昭告邓艾造反,把邓艾父子抓起来关进监狱,后来真正造反的反而是钟会。平定钟会造反之后,监军卫瓘收拾残局,因为当初共谋陷害邓艾,害怕阴谋暴露,就派人把邓艾父子杀于四川绵竹。

同学们还记得本章前面有一个故事"周术茹芝"吗?那里面讲到汉高祖刘邦宠幸戚夫人,打算废掉太子而另立戚夫人的儿子刘如意为太子。这件事，在当时的大臣里面很多人站出来反对，但是都没有奏效，真正让刘邦改变主意的，是一个叫周昌的大臣。

周昌为人刚直不阿。当时在朝中，就算是相国萧何、曹参对周昌也是敬畏有加。据说有一次周昌进宫，正好遇上皇上刘邦抱着戚夫人腻歪。周昌一看，扭头就跑。刘邦看见，扔下戚夫人，撒腿就追，追上之后把周昌按在地上，骑在他的脖子上问："你觉得我这个皇帝怎么样？"周昌梗着脖子昂着脑袋说："陛下您就是像夏桀、商纣一样的暴君！"刘邦听了哈哈大笑，虽然放了周昌但心里对其越发敬畏。

张良定计，为太子请来商山四皓作为辅佐，刘邦暂时把废太子一事放下。但是大家知道刘邦并没有彻底放弃换太子的想法。周昌在朝廷中跟皇上争辩。因为周昌和邓艾一样有口吃的毛病，说话结巴。所以越着急越说不清楚，最后没法，对皇帝说：你知道我说不出来，但是我期……期……以为这样做是不对的。如果您下诏废掉太子，臣我期……期……不能接受您的诏令啊。"刘邦听了，知道他说得对，就绝了这个想法。看到这一幕的吕后事后对周昌说：要不是因为你，太子差点就被废掉了。

"期期艾艾"这个成语就是打这儿来的，并不是专门形容口吃的人，而是形容那些因为害怕说话吞吞吐吐的人。

周师猿鹄，梁相鹈鸱

《抱朴子》是一本道教的典籍，晋代道士葛洪所著。这本书在道教的学术体系中有非常重要的地位。在某种意义上说，是葛洪在哲学上真正离开了老子的道家，遵循庄子的"贵生"思想，追求长生，建立起了作为宗教的道教的理论框架。其主要内容有三：一是确立了道教的神仙及修仙体系，二是使道家炼丹术大成，三是议论世事和时事。其中也有不少荒诞不经的故事。"周师猿鹤"就是其中一个。说的是周穆王南征，行军当中，一阵大风刮来，发现全军将士都变化了，德行好的君子要么变成了猿猴，要么变成了仙鹤，而德行不好的小人要么变成了虫子，要么变成了沙粒。后人就用猿鹤沙虫比喻那些阵亡的将士或者死于战乱的平民。

惠子大名惠施，就是跟庄子讨论"你不是鱼，咋知道鱼快不快乐"的那位，是战国时期著名的政治家和哲学家，是诸子百家中名家的开山鼻祖，也是合纵抗秦的最主要的组织者和支持者。他主张魏国、齐国、楚国联合起来对抗强大的秦国，并且提议尊齐国为王。张仪担任魏国的国相时，惠施因为跟张仪不和而被逐出魏国，后来回到家乡宋国，跟庄子成了朋友。庄子说他学识渊博，家里的书（竹简）就有五车。成语"学富五车"就是从这里来的。

"梁相鹓鸰"的故事发生在惠施在梁国做国相的时候。庄子去拜见惠施，俩人见面之前，有人对惠施说：这回庄子来见您，是想顶替您做国相。惠施听了，心中惶恐，因为他知道庄子的学问在自己之上，于是就派人在梁国上下搜捕庄子，搜了三天三夜也没搜着，结果庄子自己上门了。庄子对惠施说：南方有一种鸟，名字叫作鹓鸰。鹓鸰从南海飞到北海，不见梧桐不休息，不见竹果不进食，不是甜美的山泉不喝水。一只猫头鹰抓着一只腐臭的老鼠看见鹓鸰在眼前飞过，便发出怒斥声。惠先生现在你是想像那只猫头鹰一样用你这小小梁国吓唬我吗?

看得出来这个惠施虽然知识渊博,可人品实在不咋样啊。

临洮大汉,琼崖小儿

甘肃临洮,因为临洮水而得名。历史上出过两个名人,一个有记录,叫董卓。本书中有个故事叫"允诛董卓",里面介绍过董卓。还有一个人,比董卓还有名,却是出现在文学作品里,是中国历史上的四大美人之一,也是王允杀董卓的关键,那就是美女貂蝉。

《汉书》中还记载临洮出过更稀奇的人物。在秦始皇时期,临洮冒出了十二个怪人,这十二个怪人身高五丈。大概查了一下,秦朝的一尺比现在略短,大概27.7厘米,那么一丈就有277厘米,比姚明的226厘米还要高出半米。五丈就是十四五米!这不是大汉,是巨人,超级巨人呀!他们的脚就有六尺长,都穿着外国人的衣服。那个时候秦始皇刚刚统一六国,于是就制作了十二个和超级巨人一模一样的金人。十分怀疑当时看到的巨人是不是从神农架跑过去的!

海南琼崖,长寿之乡。宋太宗赵光义期间,李守忠奉旨出使南方,路上经过海南琼州,受到当地乡民、八十一岁的杨避举的邀请到他家做客。

到了老杨家,李守忠又看到两位老人,一个是杨避举的父亲杨叔连,一百二十多岁,还有一位,是杨避举的爷爷杨宋卿,一百九十五岁。

李守忠跟宋卿老爷子聊天。聊到唐代曾经有两个官员被贬到崖州,一个是韦执谊，另一个是李德裕。这个李德裕曾经在唐朝的唐宪宗、唐穆宗、唐敬宗、唐文宗四朝为官，而且一度出任宰相，后来到唐武宗时期，李德裕再次出任宰相。在牛李党争之中，是李党的领袖。唐宣宗即位之后，李德裕因为位高权重，被一贬再贬，一直贬到崖州司户。最后死在崖州。

宋卿对李守忠说，他曾经有机会见过李德裕，李太尉"方正端重，实为名相，虽迁降南方茅茨之下，了无介怀"。

李守忠和杨宋卿聊天的时候，就看见梁上有一个鸡窝，鸡窝里面有一个小孩儿探出头来往下看着大家。宋卿解释说：这是我家九代的祖先，不说话也不吃东西，没人知道他有多大岁数，只是每逢初一、十五把他老人家请下来，子孙们排队拜拜而已。

海南人长寿，到今天仍然如此。海南省 2015 年申报长寿补偿金的百岁及百岁以上长寿老人有 1944 人，即全省平均每 10 万人就有百岁老人 21.46 人，是全国百岁老人密度最大的省份，是名副其实的"长寿岛"。

东阳巧对，汝锡奇诗

李东阳，明朝内阁首辅，文学家、书法家。

李东阳四岁时被推荐为神童，父亲带他去觐见皇帝明景帝朱祁钰。因为人小腿短，李东阳跨不过皇宫中高高的门槛。朱祁钰看着好玩儿，随口说道：神童脚短。李东阳不假思索应道：天子门高！宫女端上螃蟹，朱祁钰一边吃一边出个上联：螃蟹浑身甲胄。李东阳从容应对：蜘蛛满腹经纶。朱祁钰笑道：这小子将来能当宰相。

果然，李东阳以神童入顺天府学，之后中举人，中进士，从庶吉士做起，为皇上起草诏书，一路升官，最后做到大明朝内阁首辅大臣，就是宰相。政治上李东阳没有什么特别建树，但是在文学上颇有成就，是茶陵诗派的核心人物。他有三点文学主张：主张学古，反对模仿；言由心生，诗文真情；知言养气，文主于气。书法上，李东阳擅长行草隶篆楷各种书体，尤其于隶书和篆书造诣最高。

陈汝锡是宋朝人。金兵南下，临安城陷落，陈汝锡身为浙东安抚使，临危不惧，领兵护送宋高宗从明州到会稽。后来因为遭到奸相秦桧的嫉恨，被贬为单州团练副使。其作品收录在《鹤溪集》当中。

所谓"奇诗"，是这样两句：闲愁莫浪遣，留为痛饮资。据说很受大诗人书法家黄庭坚欣赏。

启期三乐，藏用五知

荣启期是春秋时期的隐士。孔夫子游泰山的时候，在路上遇见他，发现这位老先生衣衫褴褛，坐在路边拿着把琴，边弹边唱，怡然自得。

孔子纳闷儿，就上前问他：先生您为啥这么快乐呢？

荣启期回答说：我的快乐可多了。你看，天生万物，只有人是最尊贵的，而我能生为人，这就是一乐呀。其次，男女有别而男尊女卑，所以男子尊贵，而我身为男子，这是第二乐呀。再有，人活在世上，很多人没看见日月星辰，没离开襁褓就死掉了，而我已经活了九十多岁，这是第三乐呀！

孔子连忙点头称是，又觉得很惋惜，说：以先生您这么高的才学，如果遇到盛世，一定飞黄腾达，可是如今您身怀锦绣，却得不到施展，还是不免令人遗憾呀。

荣启期听了，不以为然：这古往今来，读书人多如过江之鲫。可真正能飞黄腾达的能有几个？贫穷是读书人的常态，死亡是所有人的归宿，我既能处于读书人的常态，又可以安心等待人最终归宿的到来，有什么可遗憾的呢？

孔夫子听了叹道：善哉善哉，这才是能够自己宽慰自己的人啊。

这就是"知足者常乐"的由来。东晋大诗人陶渊明曾经写诗：

九十行带索，饥寒况当年。

不赖固穷节，百世当谁传？

说的就是这段故事。

李若拙，字藏用，宋朝宋太祖时期的进士，到宋真宗时，官至兵部郎中。李若拙做了一辈子官，对于宦海沉浮颇有感慨，于是作《五知先生传》，其中说道：

做人当知时，知难，知命，知退，知足。

人有五知，是为智见，逆道而行，适得其反。

知时：知时识务，时异事殊，识时通变。

知难：知难行易，非知之艰，行之惟艰。

知命：澹然自逸，乐天知命，是故不忧。

知退：力能则进，否则退之，量力而行。

知足：知足不辱，知止不殆，可以长久。

可为座右铭。

堕甑叔达，发瓮钟离

孟敏，字叔达，东汉时期人氏。

有一天孟敏上街买甑，甑是古代盛饭用的一种瓦器。买完了孟敏就挑着担子回家，结果半路上甑掉在地上摔碎了，孟敏连看也没看一眼，就直接走了。这时候恰好郭泰郭林宗看见，就问孟敏：甑掉在地上摔了，你怎么看都不看一眼就走了呢？孟敏回答说：甑摔破了就没有用了，看它又有什么用呢？郭林宗听了觉得这个人很有思想，就跟他聊，发现这个人很有德行，素质很高，将来必有成就，于是就劝他去游学。十年之后孟敏果然名扬天下，据说三公一起召他，他都不去。

同学们还记得"郭泰人师"那一段故事中的郭泰吗？那是一个善于教人发现人才的高人。孟敏就是他发现的诸多人才中的一个吧。

钟离意，东汉时期的人，年轻时在郡里当督邮（同学们还记得《三国演义》里张飞鞭打督邮的故事吗），后来被征召入大司徒侯霸府中。有一次奉命负责押送囚犯，时逢寒冬腊月，犯人多数染病，路过弘农时，钟离意就让当地的属县为犯人做衣服，属县人做了，马上上报朝廷。汉光武帝知道了，对侯霸说：你的这个手下有仁慈之心，是个良吏呀！

汉章帝即位后，钟离意被征拜为尚书。当时有一个太守因为贪腐被处死，皇帝下令把这个贪官贪墨的钱财赐予群臣。钟离意分得珠宝若干，却全部放在地上，不接受也不拜谢。皇帝奇怪地问他为何，钟离意回答说：我听说孔夫子忍着渴也不喝盗泉的水，是因为厌恶它的坏名声。这些都是赃物，不干不净，我不能接受！皇帝听了叹道：是啊，尚书说得对呀。于是从府库里另提三十万钱赏赐了钟离意。

有一年，钟离意被任命为鲁王的丞相。上任之后，自己掏腰包出了一万三千文钱，让户曹孔诉把孔子庙里的孔子车整修一下，自己则亲自擦拭孔子像和庙里的桌几。还有一个叫张伯的人负责在堂前除草，除着除着，忽然发现土里有七枚玉璧，当时就起了贪心，自己偷偷揣起了一枚，把另外六枚交给了钟离意。钟离意便让主簿把六枚玉璧放在桌几上。

孔子讲学的学堂里有一张床，床边有一口挂着的瓮。钟离意把孔诉叫来，问他这瓮是怎么回事。孔诉说：这是夫子瓮。里面有孔夫子留下的文字，没有人敢打开看。钟离意说：夫子是圣人，他留下这口瓮，就是给后来的贤人打开看的。于是钟离意就把瓮打开，发现瓮里有一卷绢书，上写着：后世学习整理我的著作的是董仲舒。保护我的车、擦拭我的像、打开我的绢书的人是钟离意。玉璧共有七枚，张伯偷偷藏起来一枚。于是钟离意大声喝道：张伯！玉璧原有七枚，你为什么要藏起一枚？张伯一听，吓得马上跪下认罪，把所藏的一枚玉璧交了出来。

绢书是假，钟离意发现张伯把玉璧藏起来是真。借孔子之口让张伯主动交出来，也是钟离意的聪明机智。

一钱诛吏, 半臂怜姬

张咏, 字复之, 号乖崖, 北宋时期宋太宗、宋真宗两朝的名臣, 官至礼部尚书, 以治蜀著称, 是纸币的发明者。大家所熟悉的成语"水滴石穿""不学无术"都是出自张咏的故事。

张咏出身贫寒, 但是爱好广泛, 除了读书, 还喜欢射箭击剑、喝酒下棋。他为人慷慨, 做事不拘小节, 中进士之后, 先做崇阳县令, 把崇阳县治理得安定富足, 之后一路升迁, 当到枢密直学士。

在外放益州知州期间, 发生中国历史上著名的王小波、李顺农民起义。在镇压起义中, 张咏屡立大功, 官升御史中丞。后来在做杭州知州期间, 遇上饥荒, 很多老百姓被逼去贩卖私盐, 官兵逮捕了好几百人, 张咏把这些人教训了几句就都给放了。下属们担心对这些人不加重罚, 会有更多人做私盐贩子, 张咏说: 饥荒之年, 钱塘十万家, 十有八九吃不上饭, 如果不去卖私盐, 就可能去偷去抢, 那麻烦可就真的大了。不妨等到秋后, 老百姓有了粮食, 再按旧法惩治私盐贩子不迟。这种宽厚爱民、通情达理的做法, 在史书中得到了赞扬。

张咏六十岁的时候, 发明了世界上最早的纸币——交子, 被誉为"纸币之父"。据说伦敦英格兰银行总部的一个天井中, 种着一棵在英国少见的桑树, 就是因为张咏发明的"交子"是用桑叶做成的。

"一钱诛吏"的故事说的是张咏在做崇阳县令期间, 有一天看见一个小吏从库房走出, 鬓角的头巾上挂着一枚钱币。张咏就拉住他问, 小吏说: 这是库房里的钱。张咏听了大怒, 命令属下把这小吏打了一顿。小吏很恼火, 说: 不就是一枚钱币吗? 你为这个就打我? 你也就是敢打我，但不敢杀我。张咏闷哼一声：是吗？拿起笔来，在纸上唰唰写道：一日一钱，千日一千，绳锯木断，水滴石穿，随后提起宝剑，一剑把小吏斩首，然后向御史台上书自我弹劾。

张咏的道理说得不错，但是没有证据。这样杀人，还是有草菅人命之嫌。在没有法制的封建社会，找谁说理去？

在本书第二篇"二冬"中有一篇"郊祁并第"，说的是宋朝的时候，有两个兄弟宋郊、宋祁（宋郊后来改名宋庠）同举进士，本来礼部拟定宋祁第一，宋郊第三，结果到了章献太后那里，太后说哪有哥哥在弟弟后面的道理，就把宋郊定为头名，宋祁第十。

宋祁的官当到工部尚书。政绩上没什么突出表现，但是史上留下两件事。一个是宋祁给朝廷写的建议书。那是在西北边境战事非常紧张的情况下，宋祁写了关于减少"三冗三费"（"三冗三费"，三冗即冗官、冗兵、冗僧；三费是道场斋醮、多建寺观、靡费公用）的奏折，建议朝廷精兵简政。第二件事是和欧阳修等人一起合修《新唐书》，对后世的唐代文化研究做出了贡献。

宋祁还是个诗人，和哥哥宋郊（宋庠）并称"二宋"，那一句"红杏枝头春意闹"就是出自宋祁的作品，所以宋祁外号"红杏尚书"。

和哥哥宋庠相比，宋祁不但诗文写得好，长得也英俊，风流倜傥，家中生活奢侈，妻妾成群。有一年宋祁带着众妻妾在锦江上设宴畅饮，江风吹来，微有寒意，宋祁让妻妾们送一件半臂来。半臂是古代的一种衣服，就是宽口短袖的上衣。唐代分男半臂，长及膝盖，女半臂就是一件短袖对襟上衣，一般穿在罗裙外面。结果妻妾们每人送上一件，等十几件半臂送到宋祁手里，宋祁看着傻眼了，穿谁的不穿谁的，这是个问题。搞不好会让大家觉得有薄有厚，想来想去没有办法，他只好谁的也不穿，自己冻着回家。这"妻妾成群"看起来未必是件好事啊！

王胡索食，罗友乞祠

王胡，晋朝人，字修龄。据说王修龄年轻的时候就以文才学识著名，后来做地方官，在治理属地上颇有作为。那一年王修龄住在东山，生活贫困。当时的乌程县令叫陶胡奴，听说王修龄的状况，就派人运了一船大米给他。王修龄坚持不受，对派来的人说：我要是饥饿，会去找谢仁祖直接要粮食，不需要陶胡奴的大米。

这个谢仁祖又是谁呢？谢仁祖名谢尚，是东晋时期太傅谢安的堂兄。此人也是个神童，小时候就颇有名气，有"小安丰"（安丰是竹林七贤之一的王戎的字）之称。他精通音律、善舞蹈、工书法、尚清谈。入仕之后，开始做黄门侍郎，最后做到进都督豫、冀、幽、并四州军事，晋封卫将军，加散骑常侍，属封疆大吏。王胡把谢尚抬出来，无非想说你一个小小县令来巴结个啥？我要是需要粮食，直接找谢尚要就是了，借此显示自己身份够高而已。由此可以看出，这个人的人品不怎么样。

罗友也是晋朝的人，应该跟王胡生活在同一时代。这是个很有趣的人，重要的是个有趣的吃货，而且还是个记忆超人。

罗友年轻的时候，常做出一些出人意料的事，所以很多人都觉得他傻。那一年他打听到有人要祭神，天不亮就到人家门口等着。直到主人开门看见，问他这么早来干吗，罗友说：听说您要祭神，我就是想讨一顿酒饭而已。等到天亮，吃喝完毕，罗友拍拍屁股扬长而去。

还有一回，罗友担任荆州刺史桓温的部下，桓温设宴为车骑将军王洽送行，罗友在宴席上待了很久才告辞退出。桓温纳闷儿，问他：你待了这么长时间，是想跟我商量什么事吗？为什么现在又要走？罗友嘻嘻一笑说：我只是听说羊肉的味道鲜美，可是我从前没吃过，所以冒昧地请求来参加宴会，就是要好好吃一顿羊肉，没啥事儿要跟您商量。我吃饱了，也就不用再留下了。说完，他施施然离去，脸都不带红一红的。

那一年，罗友跟随桓温平定蜀地，占领成都后，罗友就把整个成都城走了一遍。之后桓温在溧州和简文帝开会，会上讨论蜀地及成都的情况。桓温经常答不上来，这时候旁边的罗友就把成都的里里外外、殿堂楼阁、道路广场、果木树林一一道来，大家目瞪口呆！桓温表示不信，就命人把成都都城的各种文件拿来一一验证，罗友所说果然一点不差！连谢安都对罗友竖大拇指。

"罗友乞祠"的故事是说，罗友在给桓温做属下的时候，没有得到桓温的重用。有一天，桓温的一个手下被任命为郡守，桓温设宴为此人饯行。大家都到了，唯独罗友姗姗来迟。桓温问他为何迟到，罗友回答说：别提了，路上遇到鬼笑话我，说光看见你送别人去做郡守了，没见过别人为你做郡守设宴饯行啊。我一开始害怕，后来觉得惭愧，一惭愧就伤心，所以在路上哭了一会儿，就来迟了。桓温听了，知道罗友是被自己怠慢了，心中不安。没多久，罗友就被任命为襄阳太守，后来还做了广州、益州的刺史，官声很好。

召父杜母，雍友杨师

这一段有意思，说的是四个人。

同学们都知道老百姓经常把地方官员称作"父母官"对吧？那么，"父母官"是从谁开始叫起来的呢？就是这个"召父杜母"。两个人在不同时期做了同一个官：南阳太守。

召父，大名召信臣，西汉汉元帝时期的南阳太守。作为一方大员，召信臣常常深入到乡村中考察，和农民们坐在地头上谈论农事。他知道水利对农业的作用，所以在任期间，巡视南阳境内各种水泉，组织开挖水道，兴建了几十处水门堤堰，使灌溉面积达到三万顷，百姓户户有存粮，生活富足。与此同时，召信臣大力提倡节俭之风，严加管束那些游手好闲不务正业的官二代和富二代，使得南阳郡形成极好的社会风气，以前流亡的百姓纷纷回归，人口倍增。老百姓对召信臣十分爱戴，称之为"召父"。之后，召信臣在河南太守任上一如既往为老百姓谋福利，考核年年一等，多次升级守将，最后名列九卿。

杜母，大名杜诗，年轻时就很有才能，在汉光武帝刘秀的手下屡立功勋，在成皋县令、沛郡都尉任上有上佳表现，之后迁升南阳太守。

和召信臣一样，杜诗生性节俭，为政清平。到了南阳，他首先通过惩治地方的恶霸和铲除恶势力在老百姓心中树立了威望，想尽各种办法节省爱护民众劳役。除此之外，他还发挥科技的作用，用水力推动农机具，用炼铁帮农户打造农业机械，用力少，成效大，老百姓感到很是便利。同时他还修治坡地池塘，扩大耕地面积，使得南阳郡家家丰衣足食。老百姓就把杜诗和召信臣相提并论，说"前有召父，后有杜母"。

这就是"父母官"的由来。

张浚是南宋名相，抗金名将，但不是名列"中兴四将"中的那个张俊。

那个张俊的铜像至今还跪在杭州岳飞墓前，因为是他帮助秦桧害死了岳飞。

张浚是汉代张良之后，进士出身，任枢密院编修官、侍御史等职。苗刘之变（参考本书"梁姬值虎"一段）中，和韩世忠等一起勤王有功，除知枢密院事，后任同平章事兼知枢密院，都督诸路军马，就是宰相兼国防部长，后来因为反对和金兵议和，遭秦桧排挤出朝。秦桧死后，张浚被重新起用，又因为主张抗金，遭秦桧死党万俟卨、汤思退不满，再次被贬。金兵南下，宋高宗命张浚负责江淮防务。宋高宗退位之后，宋孝宗即位。命张浚为枢密使，封魏国公，后升任右相兼枢密使，之后继续积极主张抗金。但是，太上皇宋高宗和左相汤思退坚决投降，张浚感到抗金无望，就提出辞职。同年八月病死。

张浚的一生基本上是在抗金和主张抗金，与投降派的斗争，在官场上起起伏伏中度过的。

"雍友杨师"的故事是说某一年张浚在兴元府任职，问杨用中官场中谁可相交，杨用中回答说：雍退翁可以做朋友，杨冲元可以当老师。没找到这俩人的材料，不知道是何方大贤，尤其是那个可以给张浚当老师的杨冲元。要知道，张浚两次为相，学问可不是一般人可比的。

直言解发，京兆画眉

贾直言是唐朝的名臣，曾经在唐穆宗李恒时期任谏议大夫、御史大夫、太子宾客，死后官赠工部尚书。

　　贾直言的父亲贾道冲是唐代宗的御用伎者，不知为何得罪了皇上，皇帝就把他发配，半路上派使者赐毒药给他。贾直言见了，就假装让父亲向四方下拜，辞别上下的神祇，趁着使者看老父亲折腾的机会，自己把毒药拿来喝了，立马倒地而死。结果到了第二天早上，贾直言的尸体出现奇迹，昨晚喝下去的毒药居然都从溃烂的脚底下流出来，贾直言又活了过来。使者惊奇，立即报告朝廷。唐代宗听了也是大为惊奇，免了贾道冲和贾直言的死罪，流放岭南。

　　临行之际，贾直言与妻子董氏洒泪告别。看着年轻的妻子，想着自己不知道哪年哪月才能回来，贾直言不忍心让妻子独守空房，就有意劝妻子改嫁，对她说：我这一去，生死不知啊。你可以改嫁，不用等我。

　　董氏看着丈夫，她理解丈夫话中的意思，什么也没说，而是用一根绳子把自己的头发拢起来，拿一块布把头发包住，让贾直言在布上写下自己的名字，然后对贾直言说：这块布，除了夫君，谁都不能解开。

　　到了岭南之后，妻子对他的爱和忠贞一直激励着贾直言。他勤奋工作，屡获嘉奖，终于得到了回乡的机会，这个时候，已经是二十年过去了。

　　回到家中，贾直言看到了一个人老珠黄的妇人，虽然没有年轻时好看的眉毛，但是董氏的目光依然是那么坚定，头上写着贾直言名字的那块布仍然是二十年前的样子。贾直言看着妻子，含着满眼的泪水为妻子打开包头的布帛，解开系着头发的绳子，烧了一锅温水为妻子洗头。结果，洗完头之后，妻子满头的头发掉得一根不剩。

　　自此，一直到贾直言做官做到太子宾客，都是与董氏朝夕相伴，白头偕老。

　　在中国历史上，有所谓"四大风流韵事"：韩寿偷香、相如窃玉、沈约瘦腰，还有一个，就是张敞画眉。

张敞是西汉汉宣帝时期的人。都说京官最难当，这位张敞据说是大汉朝担任首都市长时间最长的一个。这还不是最牛的，最牛的是他敢骂皇上。汉朝有一个当了二十七天皇帝却干了一千多件坏事的家伙叫作昌邑王刘贺。估计这一千多件坏事也是后人添油加醋安上去的，但这个刘贺不是好东西恐怕是真的。别人骂，是在刘贺被废之后，张敞骂，是在刘贺在位的二十七天里头直接上书开骂的。结果张敞上书十来天以后，刘贺就被废了。之后的汉宣帝欣赏张敞就升他的官，让他做了太中大夫。结果，因为张敞说话太直，又不会阿谀奉承，得罪了大将军霍光，被贬出京。汉宣帝让他做山阳太守，监视被废的刘贺。

胶东地区闹贼，没有能干的官员能治。张敞不愿意干那个闲差，毛遂自荐，一不要官，二不要钱，只要了皇帝一个承诺：剿匪中立功的人员要比照京城的官吏提拔。汉宣帝同意了。张敞很快就平定了匪患。

京城长安的治安不好，到处有盗贼。几任京兆尹都搞不定，汉宣帝就把张敞调来当京兆尹。张敞一上任，就深入民间查访，发现盗贼的头头居然是长安几个有钱的富户。张敞知道后，也不声张，派人把这几个人请到府中，当面列举他们的罪案，要求他们把所有盗贼拿获，将功赎罪。为了掩人耳目，张敞给这几个盗贼头子安排了官职。这些人回家之后，邀请同伙一起设宴欢庆。那些盗贼不知是计，兴高采烈而来，一个个喝得酩酊大醉，盗匪头子们就在这些人背后涂上红色记号。喝完了酒，这些人一出门就全部被拿获，从此长安城治安状况大为好转。

张敞的朋友，光禄勋杨恽被人陷害，让朝廷杀了。张敞受到牵连，也在罢官的行列。但是汉宣帝舍不得这个能干的京兆尹，就把他的案子压了下来。张敞有个下属叫絮舜，是个类似捕快的小吏。他听说张敞快被免职了，就不听张敞的派遣去查案，而是回家歇着。别人说他，他说：张敞不过还有五天的时间，我干吗听他的？张敞知道了，心中大怒，立马派人把絮舜抓起来给杀了，在絮舜临死前还派人对他说：五天又怎样？照样杀你！絮舜家人不服，告状到汉宣帝那里，汉宣帝正发愁怎么处理张敞跟杨恽株连的事儿，就干脆把他削职为民。

结果没过多少日子，长安的治安又乱起来，冀州也出现了盗贼。汉宣帝想到了张敞，又起用他担任冀州刺史。还是用老办法，张敞亲自当了回侦察兵，搞清楚盗贼的老窝，杀了贼头。后来查出广川王的小舅子和同族宗室的刘调在王宫中窝藏盗贼，就亲自带着冀州的官吏，出动数百辆车，包围了广川王宫，把刘调等人搜出来，当场斩首。一年多的时间，冀州盗贼灭迹。

"张敞画眉"的故事是说张敞在担任京兆尹的时候，经常在家给小时候眉角受伤的妻子描眉。有人就把这事儿报告了汉宣帝，汉宣帝有一天就当着朝中大臣的面问张敞，张敞回答说：画个眉算什么呀，闺房之中，比这好玩的事多着呢。汉宣帝听了，虽然没说啥，也觉得这小子德行有缺，所以就没再提拔他。

后来汉宣帝死了，汉元帝即位，想给太子找一个师傅。有人就推荐了张敞，虽然有人反对张敞当太子的师傅，但是汉元帝还是想起用他。可惜，任命还没到，张敞就去世了。

美姬工笛，老婢吹篪

在本书第一篇"一东"中有一段故事叫"恺崇斗富"，里面提到大富豪石崇和他的小妾绿珠。绿珠长得非常美丽而且笛子也吹得特别好，很受石崇的宠爱。为了化解绿珠的思乡之情，石崇为她建了一座金谷园，十分奢华。司马伦的亲信孙秀看上了绿珠，向石崇索要。石崇不给，孙秀就诬陷石崇造反，派兵包围了石崇的宅院。石崇对绿珠说：我是因为你而获罪呀，如今怎么办？绿珠流泪说道：妾当效死君前，不让贼人得逞。说罢绿珠纵身跳楼而亡。孙秀大怒，杀了石崇及其全家。

南北朝时期，北朝的第一个王朝叫作北魏，后来分裂成东魏和西魏，首任皇帝是道武帝拓跋珪。

王琛是河间人，家财万贯，曾经是北魏数一数二的富豪，常常和宰相王雍争谁是首富。他家里养着三百多名歌姬舞姬，其中有一个叫作朝云，最擅长吹篪，就是一种用芦竹制成的乐器，还特别擅长吹奏陇上民歌。在王琛担任秦州刺史的时候，羌族的各部落经常叛乱，王琛多次带兵征讨，也不能让羌人降服。有一次，王琛让朝云打扮成一个老妇，深入到羌人叛乱的地方，用篪吹起羌人熟悉的家乡曲调。羌人听了纷纷落泪，想着自己为什么要背井离乡地做叛乱的贼寇呢，于是纷纷放下武器，向王琛投降。秦州的人说：快马健儿，不如老妇吹篪。

第五篇 五微

原文

敬叔受饷，吴祐遗衣。淳于窃笑，司马微讥。
子房辟谷，公信采薇。卜商闻过，伯玉知非。
仕治远志，伯约当归。商安鹑服，章泣牛衣。
蔡陈善谑，王葛交讥。陶公运甓，孟母断机。

敬叔受饷，吴祐遗衣

何敬叔是南北朝时期南齐的人。据说此人为官清廉，从来不收礼不受贿。有一年，不知什么原因何敬叔忽然心血来潮，在大街上贴出告示，公开收礼，没几天，就收米两千余斛。唐朝之前，1斛=1石

=10 斗 =100 升。宋朝的时候改成 1 石 =2 斛，1 斛 =5 斗。南北朝在唐朝之前，所以 1 斛 =10 斗。两千斛就是两万斗，就是 20 万升。按照 1 升米 1.25 斤计算，20 万升就是 25 万斤！也就是 12.5 万公斤，也就是 125 吨！农村里通常用来存米的袋子每一袋可装米 100 斤左右。125 吨米至少装 1000 袋！不知道清廉的何敬叔先生把这一千多袋米放在哪里。

言归正传。何敬叔并不是要贪污这两千斛米，而是把米分给了那些贫穷的农民，让他们用这些米来交租子和赋税。

这个故事怎么想也想不明白，感觉何敬叔虽然是个清官，但是智商有点问题。你要照顾那些贫困的农民，把他们的赋税免了不就成了？地租？让地主免了租子不就好了？您会说，不对呀，收租子是地主的权利呀，你要是免了，政府就给补贴呀。道理没错。但是这两千斛米又是从哪里来的呢？不会是从贫穷的农民手里来的吧？一定是有粮的地主送的。他送给你，你再还给他，不是六根指头抓痒——多一道吗？

吴祐，字季英，是东汉时期的人。父亲吴恢任南海太守时，吴祐跟随父亲在南海生活。十二岁那年，父亲吴恢打算搞一些竹简刻印经书，因为那时候还没有纸张。吴祐对老爹说：南海这地方远在海边，风俗简陋，但传说从前有很多珍宝。现在上边有国家猜疑，下边有诸侯觊觎，您如果把经书刻印成了，恐怕需要两辆车运送。您可记得当年马援就因为运回薏米而招致诽谤，被人猜疑的事情，所以贤人对这种事是很慎重的。吴恢听了，觉得有理，就放弃了印书的念头。二十岁时，吴恢去世，吴祐生活变得十分贫困。但是他不接受别人的馈赠，常常在河边放猪，一边放猪一边吟诵经书。有一天遇到一个父亲的生前老友，对吴祐说：你父亲可是俸禄两千石的官员，你作为他的儿子，却干这种下贱的事，就算你不觉得羞耻，又怎么对得起你去世的父亲？吴祐听了连忙称谢，却依然故我。后来被举为孝廉，离开的时候，郡里为他饯行，吴祐和小吏雍丘人黄真畅谈很久，结成朋友后告别。功曹觉得此人太过傲慢，建议太守把他罢免。太守说：这个吴季英有知人之明，你不要多言。后来黄真也举孝廉，担任新蔡县令，世人都称赞他清廉有节。后来吴祐升任胶东侯相，为政力求人次清简，以身作则。百姓来打官司，他先是关起门来自责，然后再审判诉讼，用道理开导他们，或者直接到百姓居住的地方进行调解。他手下有一个小官儿叫孙性，私底下征收老百姓的钱物，买了一件衣服给自己的父亲。父亲得到衣服非常生气，说：我们有这样的老爷，你怎么忍心欺骗他！于是逼着儿子去见吴祐认罪。孙性又是惭愧又是害怕，就拿着衣服到衙门自首。吴祐让左右退下，询问缘由。孙性就把事情的来龙去脉和老父亲的话都说了。吴祐让他回去感谢父亲，并把那件衣服赠送给他父亲。

吴祐升为齐相时，大将军梁冀推荐他担任长史。后来梁冀诬陷太尉李固，吴祐听说后就找梁冀理论，梁冀不听，愤怒地起身进屋。吴祐也拂袖而去。梁冀心中不满，就把吴祐调出京城任河间相。吴祐当即辞官回家，浇园种菜，教授经书，活到九十八岁。

淳于窃笑，司马微讥

淳于髡是战国时期齐国的政治家和思想家。此人博学多才，滑稽善辩，多次作为齐国的特使出使各诸侯，从来没有遭受过他国的羞辱。

淳于髡长得很矮小，但是说话风趣幽默，司马迁在他的《史记·滑稽列传》中，把淳于髡列为首位，可见这位老兄在滑稽幽默界的地位非同一般。另外，司马迁的记录中，说淳于髡是"齐之赘婿"，就是齐国的"上门女婿"，也说明淳于髡家里不富裕，不然不会入赘人家当倒插门女婿。虽然出身卑微，淳于髡却得到了齐国几代君王的器重。齐桓公创建"稷下学宫"，学宫中的好学生叫作"稷下先生"，淳于髡就是稷下先生的代表人物。他曾经与大名鼎鼎的孟轲孟夫子有过多次精彩的辩论，更是多次指导另一个儒家的代表人物荀子。荀子"隆礼重法"的思想就是受到了淳于髡的影响。

齐威王刚开始当政的时候，喜欢晚上召一帮子人喝酒淫乱，根本不理朝政，大臣们都不敢说话。淳于髡知道齐威王有个爱好，就是喜欢打哑谜，于是对齐威王说：国中有一种鸟，就住在大王的宫廷之中，一住三年，不飞也不鸣，知道这是什么鸟吗？齐威王虽然荒淫，但是不傻，听了淳于髡的话，思索半天，回答道：这种鸟不飞则已，一飞冲天，不鸣则已，一鸣惊人。从此齐威王改了性子，专心朝政，收复失地，使齐国再次强大起来。这就是"一鸣惊人"这个成语的由来。

齐宣王向天下求贤，淳于髡一天之内就推荐了七位贤士给齐宣王。齐宣王就把淳于髡叫到跟前，问他：先生，我听说如果方圆千里能找到一个贤人，那么天下的贤人就会排成队在你面前，如果历史上每百代出一个圣人，那么圣人就多得后脚跟前脚地向你走来。您这一天就推荐七个贤人，是不是也太多了点？淳于髡笑笑回答说：所谓物以类聚，人以群分，同类的鸟会栖息在一起，同类的兽会行走在一起。你要是到潮湿低洼的地方寻找柴胡桔梗，一辈子也找不到，如果到山上去找，就可以用车装了。我淳于髡一向与贤士为伍，我的朋友个个道德高尚、才识非凡，找贤士这种事对我来说太简单了。七个算什么，我还要继续向大王推荐呢。齐宣王听了茅塞顿开。这就是"物以类聚"这个成语的由来。

"淳于窃笑"的故事是这样的。说在齐威王八年，楚国发兵侵犯齐国，齐威王派淳于髡去赵国求救兵，走的时候，让他带上百斤黄金、十辆驷马车。淳于髡听了大笑，把系帽子的带子都笑断了。齐威王问：先生是嫌礼物太少吗？淳于髡说：怎么敢嫌少！威王说：那你为什么笑？淳于髡说：今天我从东边过来，看见路边有一个人在祈祷田神，他拿着一个猪蹄一杯酒，祈祷说"高地上收获的谷物盛满篝笼，洼地里收获的庄稼装满车辆；五谷丰登，米粮满仓"。我看见他那的祭品很少，而祈求的东西很多，所以想起来就笑。齐威王恍然大悟，把礼物增加到千镒黄金、百辆驷马车。淳于髡这才告辞来到赵国。赵王得到礼品，立刻拨给他十万精兵、一千辆有皮革的战车。楚国听到这个消息，连夜就退兵了。

淳于髡的精彩故事还有很多。有兴趣的同学，就去读一读史书吧。

司马承祯，字子薇，法号道隐，自号白云子，人称白云先生。为道教上清派茅山宗第十二代宗师。如今北京有著名道观名"白云观"，也是中国道教协会所在地，不知观名是否与此人有关。上海也有一座白云观，也叫"海上白云观"。另外，重庆、甘肃、陕西、湖北、山东、河南都有白云观。

司马承祯对道教很有贡献。他一生著述甚丰，创造出一套道家的修真理论。不过司马承祯有名，不仅仅因为他是道教的一代宗师，还因为他极深的文学修养，在他所处的唐朝，他与李白、孟浩然、王维、贺知章、陈子昂、宋之问、卢藏用、王适、毕构一起并称为"仙宗十友"，都是神仙中人也。

"司马微讥"说的是这样一段故事。"仙宗十友"中有一位叫作卢藏用。此人少年时就以文辞才学著称，进士出身，但不得重用，于是就和哥哥卢征明一起在长安城附近的终南山隐居，为的是借此使自己的名气能够天下皆知，之后再入红尘。果然，在他三十五六岁的时候，被武则天召去做了左拾遗。有一天偶然遇到司马承祯，就指着终南山问：这个地方挺好的呀，你为什么住在天台山呢？司马承祯回答：嗯，在我看来，这终南山的确是通往官场的捷径啊！卢藏用听了满脸羞愧。成语"终南捷径"就是由此而来。

子房辟谷，公信采薇

又来大咖了。

张良张子房，汉初三杰之一。同学们还记得另外两杰吗？对，一个是韩信，一个是萧何。张良就是那个被刘邦誉为"运筹帷幄之中，决胜千里之外"的高人。

张良的故事，在中国历史上非常有名，有些还被收入教科书中。我们挑几段精彩的。

第一个是张良刺秦。张良出身战国末期的韩国，他的爷爷和父亲都做过韩国的宰相，到了张良这一代，韩国就被秦国给灭了，所以张良恨透了秦始皇。有一年秦始皇东巡，张良得知消息，便侦察到了秦始皇的行动路线，指挥一个大力士，带着一百二十斤重的大铁锤埋伏在博浪沙秦始皇出巡的必经之路上。结果，大力士砸错了车，秦始皇幸免于难，张良逃脱。

第二个是张良拜师。说有一天张良在沂水圯桥上溜达，遇到一个穿着粗布衣服的老翁。看见张良走过来，老翁就故意把鞋甩到桥下，对张良说：小子，把鞋给我拿上来。张良虽不满，但还是把鞋从桥下取来。老翁坐在桥栏上，伸着一只脚让张良帮他把鞋穿上。张良看他年龄大了，就忍着气帮他穿上了鞋。老翁不但不谢，起身仰面长笑而去。张良一时呆了，老翁走出一里地又返回来，对张良说了句：孺子可教（这个成语就从这里来的），然后约张良五天后一大早到这里等他。五天后，张良如约而至，见老翁已经等在桥头。老翁见张良到了，喝道：和老人相约，还不早点到。五天后再来吧！五天之后，张良还是比老人到得晚，又被老人骂走。第三次，张良索性头天晚上就到了，等在那里。老翁这才觉得张良通过了考验，送给他一本书。这本书叫作《太公兵法》，这个老翁，就是隐士高人黄石公。凭着这本《太公兵法》，张良之后辅佐刘邦兴邦立国，立下天大功劳，被刘邦倚为左膀右臂。

第三个就是鸿门宴斗智了。要知道刘邦受项羽之约，到鸿门赴宴，身边只带了一文一武两个人。武的是樊哙，文的就是张良。项庄舞剑的时候，刘邦身边只有张良。张良看出"项庄舞剑意在沛公"，就赶紧出帐把樊哙叫了进来。之后刘邦借口上厕所，带着樊哙逃跑，留下应付的就是张良。可以想象，张良随时有被项羽砍下脑袋的危险。

第四个就是"明烧栈道暗度陈仓"。项羽自立为西楚霸王，分封十八诸侯。刘邦被封"汉王"，封地是荒凉偏僻的巴蜀。刘邦心中不忿，要和项羽决战，张良、萧何认为刘邦势力不够，需要韬光养晦。在刘邦大军走过了崇山峻岭之间凌空建立在悬崖峭壁上的栈道之后，张良命令军士把这唯一的一条路烧掉，向项羽表示我们再不会回来。项羽中计，对刘邦这一方毫无防范。结果刘邦的军队得到时间休整，养精蓄锐。时机成熟，刘邦接受大将韩信的建议，从另一条道"暗度陈仓"，出其不意，一举灭掉了雍王章邯、塞王司马欣和翟王董翳，平定了三秦，为后来与项羽争天下打下了坚实的基础。

刘邦建立汉朝，登基做了皇帝之后，张良被封为"留侯"，但以生病为由，基本上不参加朝政，在家专修黄老之学，后来想寻找老师黄石公隐居的张师山，最后在张师山附近的一座黄袍山落脚隐居，在那里辟谷隐修，据说后来成了神仙。具体地点，也有不同说法，不必认真。

所谓辟谷，是道家修炼的一种方式，也是现代人保健身体的一种方式。简单说，就是在一段时间，对一般人来说是几天，或者十几天，有人可以几十天，不食五谷，不吃鱼肉，每天以水和极少量的干果（如葡萄干、枣、枸杞等）或水果为食，辅以每天几次的打坐（静功）和运动（动功），达到清理肠胃、祛除体内污秽、增强血液循环、强身健体的目的。笔者曾经辟谷六天，感觉神清气爽。

其实，辟谷不止道家，还有佛家辟谷、中医辟谷、西方辟谷各种流派。唯一一点要提醒的是，辟谷不同于绝食，一定要在专家的指导下进行，不然可能会适得其反，让身体受害。

同学们应该听说过"伯夷叔齐"的故事。对，伯夷的字就叫公信。"公信采薇"说的就是伯夷、叔齐不食周粟，在山中采薇而食，最后饿死的故事。这个故事其实很无聊，但是它在中国历史上真的很有名，所以还是要说一说。

简单说，伯夷和叔齐哥俩是商末孤竹君的俩儿子，他爹死了后，哥俩谁都不想当继承人，逃到西伯侯姬昌那打算养老。姬昌死后，他儿子周武王姬发兴兵伐纣，俩人劝了没劝住。武王灭了纣王，建立周朝后，哥俩以吃周朝的饭为耻，逃去首阳山挖野菜吃，结果最后饿死了。

有意思的是这两个人的行为得到了以儒家为首的众多圣人的褒扬歌颂。孔夫子说他俩是"古之贤人也"，孟子说他俩是"圣之清者"，韩非子说"圣人德若尧舜，行若伯夷"，直接把两个人归到圣人行列里。司马迁更是在《史记》中把"伯夷列传"放在头条。屈原、李白、白居易等名人也曾有过对两个人的歌颂的诗篇。

我说这故事无聊是因为我没想明白。对于伯夷、叔齐来说，首阳山上的野菜也属于周朝的啊，你厌恶周朝，要抱节守志，就应该连野菜都不吃才对。说到底，不管人怎么样，食物就是食物，食物是没有政治属性、也没有好坏的。如果不是以死明志（像当年的共产党员一样），吃什么都是一样的。因为这个饿死，还不如到周武王的王宫前绝食。

卜商闻过，伯玉知非

孔子门徒中，有所谓"十哲七十二贤"，是孔门中学习成绩最好、最能领会孔夫子思想的学生。子夏就是十哲之一。子夏的名字叫卜商，子夏是字。

"孔门十哲"实际上是孔夫子本人点名的。《论语》中记载着，孔子说：跟我到过陈、蔡两国的弟子，如今都不在身边了。他们当中，德行最好的，是颜渊、闵子骞、冉伯牛、仲弓；言语最优的，是宰我和子贡；政事最强的，是冉有和子路；文学最棒的，是子游和子夏。这里的"德行、言语、政事、文学"说的是孔家学问中的不同学科，不是说子夏的德行就比不上颜回，只是说子夏的文学水平比其他人高罢了。

子夏超高的文学水平和他过人的才气，在《论语》中有出色表现。顺便说一句，后世传下来的《论语》，有一半是子夏编写的。下面这些大家耳熟能详的名句、格言均出自子夏：

> 仕而优则学，学而优则仕。
> 博学而笃志，切问而近思，仁在其中矣。
> 百工居肆以成其事，君子学以致其道。
> 虽小道，必有可观者焉。

子夏也是儒学传承的重要人物。孔子去世以后，子夏到处讲学，其中，当世的一些著名人物如田子方、段干木、吴起、禽滑厘等，都曾听过子夏的讲课，崇尚儒学的魏文侯也曾拜子夏为师。子夏在西河教书的时候，弟子有三百人之多。

子夏的晚年很孤独，因为晚年丧子哭瞎了眼睛，过着离群索居的生活，后来被曾子请来一起编写《论语》。曾子曾经斥责子夏的三宗罪：其一是告老还乡，使乡人拜其为师；其二是一生没有做出什么可称道的事情；其三就是因为丧子而把眼睛哭瞎。子夏听了曾子的指责，扔掉拐杖，翻身对曾子下拜，哭着说：我错了！我错了！

子夏活了一百多岁。

蘧瑗，字伯玉，春秋时期卫国的大夫，是孔夫子的好朋友。在孔庙大成殿东侧的房子，叫作孔庙东庑，是奉祀孔夫子的杰出弟子和历代圣贤大儒的地方，譬如董仲舒、王阳明、程颐、韩愈等人。其中排名第一位的，就是这位蘧瑗蘧伯玉。

蘧伯玉和孔夫子是一生的挚友。两个人分别在魏国和鲁国当官的时候就经常派人联络问候。后来孔子周游列国，十四年里有十年待在魏国，两次住在蘧伯玉家里，总共住了九年。两个人不但无话不谈，交流思想，孔夫子还在人家家里设帐授徒。蘧伯玉的思想给了孔子很多的启发，对儒家学说的形成产生了很大影响，孔子的思想学问，也为蘧伯玉所折服。

虽然是孔子的朋友，蘧瑗却也是道家"无为而治"的创始人。可见在那个时候，各家的学问是相通的。

这段"伯玉知非"的故事是这样的。

周朝卫国有个贤人，姓蘧名瑗，字伯玉，五十岁的时候，就知道之前四十九年的过失。有一天晚上，卫灵公和妇人南子一起在宫中，忽然听到马车的声音，到了门口，就没声了。南子说：来的一定是蘧伯玉。卫灵公奇怪：你怎么就知道是他？南子说：从礼节上说，做臣子的，路过君上的门口，一定要下车，路上看见君上驾车的马，一定要行礼。这是对君王的尊敬，君子不会因为没人看到就失了礼数。蘧伯玉是个贤大夫，平时就尊敬君王，这样的人绝不会在无人看见的地方失礼。卫灵公差人出门去看，果然是蘧伯玉。

佐治远志，伯约当归

郝隆，字佐治，东晋名士。他无书不读，博学广识，生性诙谐。有一年七月初七，富贵人家都把家里的绫罗绸缎拿出来晾晒，郝隆自己就找了一块石头，解开衣服躺在上面，在太阳底下晒他的肚子。别人问他这是在干吗，他说，我要把我肚子里的诗书亮出来晒晒，不然时间长了就发霉了。如今在郝隆的家乡山西省原平市东社镇上社村，还有一块清朝立的石碑，记载着这段"郝隆晒书"的故事。

郝隆在桓温手下，当了一个叫"南蛮参军"的官儿。有一年的三月初三，桓温设宴，要大家赋诗饮酒，不能作诗的，就罚酒三杯。到了郝隆这里，郝隆没准备，被罚三杯。喝完酒，郝隆提笔写了一句：娵隅濯清池。桓温看了纳闷儿：娵隅是啥玩意儿？郝隆说：娵隅是南蛮话，就是鱼。桓温还是不明白：蛮语也可以拿来写诗的吗？郝隆说：我从几千里外来投奔您，您就给了我一个"南蛮参军"的官儿，我可不就得说蛮话嘛。桓温听了恍然大悟，对这种以幽默表达不满的方式很是赞赏，大笑不止。职场上的同学可以考虑学习一下。

名士谢安不愿意当官，跑去山里隐居。朝廷几次下令让他出山，谢安好像勉为其难地出山当了桓温的司马。有一天有人送了桓温一些草药，其中一味药叫作"远志"，也叫小草、小鸡眼，可以安神祛毒。桓温拿起远志问谢安：据我所知，这味药也叫小草。为什么一样东西有两个名字呢？谢安还没来得及说话，旁边的郝隆笑着回答：这很容易嘛。在山里就叫远志，出了山就是小草。谢安听了，面红耳赤。桓温说：郝参军这话虽然有点过头，却没有恶意，想想还是很有意味的。

看过《三国演义》的同学，对姜维一定不陌生。诸葛亮死后，蜀国的大戏基本上就是姜维做主角。他继承诸葛亮的遗志，独掌蜀国军事大权，继续率领蜀国的军队北伐曹魏，和邓艾、陈泰、郭淮等曹将多次交手，胜多负少。

但是当时的蜀国，已经国力羸弱，姜维年年北伐，逐渐耗尽了蜀国的国力，以至于朝中大臣都反对姜维北伐。朝中宦官黄皓弄权，姜维想杀他没有杀成，自己也不敢回朝，只好在沓中屯田避祸。而这个时候，曹魏在经过了一番龙争虎斗之后，司马家的政治地位逐渐巩固，司马昭五道伐蜀，姜维据守剑阁，阻挡住钟会的大军，却没料到，邓艾领兵从阴平直接杀到蜀国首都成都，无能的后主阿斗刘禅投降。无奈之下，姜维假意投降钟会，打算利用钟会，反叛曹魏，打败司马，恢复汉室。结果人算不如天算，钟会的确起兵造反，却被司马昭镇压，反叛失败。姜维与钟会一起被魏军杀死。

伯约是姜维的字。"伯约当归"的故事是说姜维跟随诸葛亮东征西讨，多年不见母亲，有一天忽然接到母亲的书信，让他找一些当归。当归是一味中药，姜母的意思自然不是为了一味药材，而是借此告诉儿子自己的想念，让儿子回来看看。姜维看了回信说：良田百顷，不在一亩；但有远志，不在当归也。意思说，在百顷良田中，一亩地算不得什么。人要有远大志向，现在是不是回家看母亲也不重要。前面说了，远志也是一味药材。

会不会很多春节不回家的学子给老娘的信也是这么写的？说起来，这也是一种无奈吧。

商安鹑服，章泣牛衣

前面"卜商闻过"一段我们介绍过卜商，就是孔子的大弟子之一子夏。"商安鹑服"说的是子夏家贫，穿的衣服总是破破烂烂的，但是子夏完全不在意。"鹑服"也叫鹑衣，是指补丁摞补丁的衣服，多用来形容乞丐的衣衫。

王章，字仲卿，汉代的官员，以敢直言著称。汉成帝时，王章被帝舅大将军王凤举荐担任京兆尹之职。虽然是王凤举荐，王章仍然批评王凤的专权，在皇帝面前直言王凤不可用。皇帝虽然认为王章说得对，但是不忍心罢免王凤，于是王章受到王凤的诬陷被杀。王章被杀后，再也没有人对王家的专权有任何弹劾，整个朝廷的官都变成姓王的了。

早年王章在长安上学的时候，和妻子二人生活，家中贫寒。有一年王章生病，因为没有被子盖，就躺在用乱麻草绳编织成的为牛防寒的牛衣中哭泣，对妻子说：我的病很重，就要死了，我们就此诀别吧。他妻子听了，大声呵斥道：仲卿啊，长安城满城尊贵，有谁的学问超过你？你现在贫病交迫，不说从中再发愤图强，而是在这哭哭啼啼，真叫人看不起你！王章听了十分惭愧，病愈后发奋读书，终于成才。

后来王章当了京兆尹，要上表弹劾大将军王凤的专权，他妻子说：人生要懂得知足啊！你忘了你当初躺在牛衣中哭泣的时候了？王章说：这事儿不是你女流之辈能够明白的。于是就上了表，受到陷害，妻子和女儿一起被投入监狱。一个晚上，王章十二岁的女儿忽然半夜起来大哭，说：平常听到囚犯点名，都是数到九，今晚到八就停了。我父亲生性刚烈，那个先死的一定是我的父亲。第二天早上妻子和女儿一问，王章果然在那个晚上被处死。

蔡陈善谑，王葛交讥

蔡襄，字君谟，北宋著名的书法家、文学家、政治家和茶学家。不过要说其历史地位，还是在书法上。宋朝书法四大家，分别是苏（苏轼)、黄(黄庭坚)、米(米芾),再一个就是蔡襄了。蔡襄擅长楷书、行书和草书。留下很多墨迹如《自书诗帖》《谢赐御书诗》《陶生帖》《郊燔帖》等成为后人的字帖。

另一点与众不同的,是蔡襄对茶文化有深刻的研究。他写的《茶录》总结了古代制茶、品茶的经验。另外,他写的《荔枝谱》被称为"世界上第一部果树分类学著作"。

蔡襄为官正直,在重要的官任上都有不错的政绩,也留下很多有趣的故事。

蔡襄有一把漂亮的大胡子。有一天,宋仁宗忽然对蔡襄说:你的胡子是真好看。晚上睡觉的时候你是把它盖在被子里面呢,还是把它放在被子外面呢? 蔡襄从来没想过这个问题,一时竟然答不上来,当天晚上躺下睡觉,就一直在想皇上的问题,觉得胡子放在里面外面都不合适,折腾一个晚上也没睡着。真是个闲得没事儿的皇帝!

蔡襄担任泉州刺史的时候,受母亲之命准备在泉州湾附近修一座万安桥,但是发现那个地方海水很深,很难打下桥桩。蔡襄思考再三,无计可施,就让部下给海神写信,请求帮忙。送信的人以为自己必死无疑,毕竟没人知道海神在哪,于是就到酒店痛饮一场,然后醉卧沙滩,打算让海潮把自己卷到海里好去送信。没想到,送信的人一觉醒来,还在沙滩上,手里的信封却已经变了。送信的人赶紧爬起来跑去官衙呈给蔡襄。蔡襄打开一看,里面的信上只写了一个"醋"字。蔡襄琢磨了很久,才恍然大悟,这是个字谜,醋字拆开就是"二十一日酉"。于是蔡襄就命令下属,二十一日酉时开始动工建桥。到了时辰,海水果然退去,人们顺利打下桥桩,万安桥就这样建成了。真是个奇葩的海神!

　　陈亚是蔡襄同时期的一个诗人，喜欢用中草药的药名作诗填词。有佳句：风月前湖夜，轩窗半夏凉。又有药名词如"生查子"，为人称道。

　　蔡襄和陈亚两个人都喜欢开玩笑。有一年两人在金山僧舍相会。酒过三巡，蔡襄题诗道：陈亚有心终是恶。陈亚一看，马上抓起笔，写道：蔡襄无口便是衰。一起喝酒的人听了都是大赞。同学们看出这两句诗都是字谜吗？两个人在拿对方的名字开玩笑。

　　王导和诸葛恢都是晋朝的人。

　　王导是东晋时期著名的政治家和书法家。在政治上，王导是拥戴晋元帝建立大晋朝的功勋之一，之后作为晋元帝的托孤之臣辅佐晋明帝。明帝驾崩后，继续辅佐晋成帝，在东晋中兴之臣中名列首位。

　　王导十分喜爱书法，他曾经把钟繇的《宣示表》缝在衣袖当中，誓言"帖在人在，帖亡人亡"，可见其热爱程度。同时，他也教育家人要尊重书法，喜欢书法，于是他家就培养出了王羲之（王导的堂侄）、王献之（王导的堂侄孙），以及王导的孙子王珣、王珉，都是一代书法宗师。

　　诸葛恢是东晋时期的重臣，名士。晋成帝驾崩时，遗诏诸葛恢为三大顾命大臣之一，晋康帝即位后，加任侍中、金紫光禄大夫，与荀闿、蔡谟号称"中兴三明"，当时的人说："京都三明各有名，蔡氏儒雅荀葛清。"巧的是，这三个人的字都叫"道明"。

　　王导和诸葛恢都是当时的重臣和名士，所以大家常常把两个人放在一起说，于是就有把谁放在前面把谁放在后面的问题。王导对诸葛恢说：为什么大家说王葛，而不说葛王呢？那意思是说，你看，大家都说王葛，所以王比葛强。谁知诸葛恢说：大家都说驴马，驴就一定比马强吗？

大名士，也会有这么无聊的争论。

陶公运甓，孟母断机

陶侃是东晋时期的名将。后世唐德宗选出"武庙十哲六十四将"，陶侃即为六十四将之一。我们前面说过另一个，三国时期的邓艾。

陶侃出身贫寒，年轻的时候做过一些小官，后来因为"八王之乱"，才给了陶侃施展才干的机会。他先是平定了陈敏、杜弢、张昌起义，又作为联军的主帅平定了苏峻之乱，立下赫赫战功，官至侍中、太尉、荆州二州刺史，封长沙郡公，死后获赠大司马。

陶侃一生勤勉。在任广州刺史的时候，每天早上都要把一百块砖搬到书房的外边，晚上又把它们搬回书房。属下看了奇怪，问他这是为啥？陶侃回答说：我志在中原。要是过分安逸了，恐怕到时候难当大任啊！这就是"陶公运甓"的故事，甓就是砖头。看起来陶侃是把孟子的"天将降大任于斯人也，必先苦其心志，劳其筋骨……"真正运用在实践当中了。

《三字经》中有"子不学，断机杼"，说的就是这个"孟母断机"的故事。

孟母就是孟子的母亲。丈夫去世后，孟母和儿子孟轲生活在一起。为了能够给儿子创造一个好的学习环境，曾经三次搬家，这就是"昔孟母，择邻处"的故事"孟母三迁"。孟轲长大一些之后，变得非常淘气，经常逃学，母亲很伤心。有一天，他很早就回了家，看见母亲正在织布。孟母看见儿子回来，就问他：你读书学习为了什么呀？孟轲回答说：为自己呀！孟母听了非常气愤，就抄起剪子把织布机上的布拦腰剪断，对儿子说：你荒废学业，就像这被剪断的织布机上的布一样！半途而废，什么也学不成！孟轲听了感到害怕，从此勤学苦读，最后终于变成孟子，是仅次于孔子的圣人。

第六篇 六鱼

原文

少帝坐膝，太子牵裾。卫懿好鹤，鲁隐观鱼。
蔡伦造纸，刘向校书。朱云折槛，禽息击车。
耿恭拜井，郑国穿渠。国华取印，添丁抹书。
细侯竹马，宗孟银鱼。管宁割席，和峤专车。
渭阳袁湛，宅相魏舒。永和拥卷，次道藏书。
镇周赠帛，虙子驱车。廷尉罗雀，学士焚鱼。
冥鉴季达，预识卢储。宋均渡虎，李白乘驴。
仓颉造字，虞卿著书。班姬辞辇，冯诞同舆。

少帝坐膝，太子牵裾

晋明帝司马绍，是晋元帝司马睿的长子，小时候聪明又孝顺，还长了一头金色的头发，司马睿很喜欢他，经常让他坐在自己的膝盖上。

长大之后，司马绍文才武略均有见识，钦贤爱客，雅好文辞。当时以王导（见上一篇中"王葛交讥"的故事）为首的各位名臣都看好这个皇太子。他很有主见，和大臣们讨论圣人思想真假问题时，就算是王导也不能让司马绍屈服。同时，司马绍还好武艺，得到了将士们的爱戴。

权臣王敦叛乱，要以不孝之名废掉司马绍这个皇太子，于是大会百官，当众质问中庶子温峤：这个皇太子有什么功德值得称道的？意思是让温峤说出废太子的话。温峤答道：太子做事深谋远虑，使国家长治久安，这不是见识浅的人可以做到的。从礼的角度看，这就是大孝。大臣们都支持温峤，王敦只好作罢。

晋元帝司马睿归天，司马绍即位。远在武昌遥控朝廷的王敦知道新皇帝的厉害，就起兵造反。司马绍打败了王敦的军队，平定了王敦之乱，之后调整四州将领，拨乱反正，虽然二十七岁就去世了，在位时间很短，但对于安定国家大局还是做出了很大贡献的。

"少帝坐膝"说的是这样一个故事。小时候司马绍喜欢坐在父亲的膝上。有一天长安使者来到，拜见皇帝，晋元帝司马睿就问儿子：太阳和长安哪个远呀？司马绍回答说：长安近，太阳远。因为没听说谁从太阳那儿来，所以太阳远。司马睿听了觉得很是诧异。第二天，皇帝大宴群臣，想向大臣们显摆一下儿子的聪慧，就又问他同样的问题。没想到这一次司马绍回答说：太阳近。司马睿听了脸色一变，问他：你昨天不是说太阳远吗？怎么今天说的不一样呢？司马绍一笑，回答说：抬头就能看见太阳，却看不见长安啊。由此晋元帝更觉得这孩子是个奇才。

晋朝愍怀太子司马遹是晋惠帝司马衷的长子，小的时候很聪明。据说在他五岁的时候，有一次宫中失火，他的爷爷晋武帝登上高楼眺望，司马遹牵住爷爷的衣袖，使劲拉他让他到密室中躲避。晋武帝问他为什么要这样做，他说：现在天这么黑，宫里突然出现变故，陛下您应该防备不测，不应该亲近火光，因为火光能照见您的身影。晋武帝听了感动又惊叹。但是因为愍怀太子的母亲是屠户之女谢玖，出身低贱，所以晋惠帝即位后，贾皇后就设计陷害他，愍怀太子最终被害。

卫懿好鹤，鲁隐观鱼

卫懿公，姓姬，和周天子是同宗，春秋时期魏国的第十八任国君，中国历史上唯一一个被人吃掉的君主。

卫懿公是一个纨绔公子。在继承了他父亲卫惠公的国君之位后，整天吃喝玩乐，不理朝政。他有一个非常奇葩的爱好就是养鹤。他养的鹤，不但吃得好，待遇好，而且都有品级俸禄，上等的享受大夫的俸禄，次等的享受贤士的俸禄。他外出游山玩水一定要带着自己的鹤群，让它们走在车队的前面，称为鹤将军，完全不理自己的臣子和百姓的死活。后来北方的狄人部落发兵侵犯卫国，卫懿公的臣子们拒绝上前线抗敌，他们都说：既然君王您爱鹤，就让您的鹤将军们去跟狄人打仗吧。卫懿公没有办法，只好自己带了一些还忠于他的士兵去和狄人开战，结果不用说，当然是兵败被杀。被杀之后，狄人就把卫懿公的尸体吃掉了。

鲁隐公是春秋时期鲁国的第十四代国君。孔夫子作《春秋》，记载春秋历史，就是从鲁隐公元年开始的，之后记录的各国大事，也是以鲁国的纪年为时间轴的。《春秋》作为五经之一，被世人传诵，鲁隐公蹭了《春秋》的热度，也在历史上混了个脸熟。

鲁隐公名息姑，是父亲鲁惠公的继室生的儿子。鲁隐公长大之后，鲁惠公就为儿子安排了婚姻，未婚妻是宋国的一个美女。结果这个美女到了鲁国之后，鲁惠公被她的美貌折服，就不给儿子，自己娶了做老婆，生了个儿子叫公子允。公子允的地位比鲁隐公高出很多，但是惠公死的时候，因为允还太小，大夫们就推举鲁隐公做了国君。

在任上的时候，鲁隐公曾经联合齐国和郑国打宋国和许国。有个叫公子挥的家伙，在战争中立下赫赫战功，在朝内权势熏天。

公子允长大之后，公子挥为了自己能做上太宰，就建议鲁隐公把公子允干掉，说否则对鲁隐公的王位有威胁，但遭到了鲁隐公的拒绝。鲁隐公态度很明确：这个王位本来就是公子允的，我已经打算把王位还给他。公子挥害怕公子允听说这事儿把自己杀掉，就跑到公子允那说鲁隐公要杀掉他。公子允信了公子挥，就趁着鲁隐公祭拜的时候领兵把鲁隐公杀了，自己上台，就是鲁桓公。

这个故事很让人唏嘘，在朝廷这种畸形的政治环境中，做好人会被杀头，做坏人反而会得意。

"鲁隐观鱼"的故事是这样的。

在鲁隐公即位的第五年，京城就有很多人传说在棠地这个地方有人用弓箭射鱼，射到的鱼又大又多。鲁隐公好奇，就想去看看。老臣公子区（臧僖伯）听说了，就觐见鲁隐公，对他说：我听说不管什么事儿，只要跟祭祀和战争无关，国君就不该去管。国君的职责是让人民在自然环境中生活，如果不遵从自然规律，就是乱政。君王做乱政的事儿多了，国家就会衰败。春天里砍掉不结果的树权，夏天为庄稼剪草除害，秋天收获后打鸟捕兽，冬天在旷野中结伴狩猎，这些都是在不忙的时候干的。飞禽走兽的肉不能放在宗庙的祭器里，这是上古传下来的规矩。至于如何采集山川林泽中的果实，准备相应的器具，那是小臣们的责任，不是国君要干的事儿啊。

这老哥弯弯绕绕，意思很明白，就是说鲁隐公不应该去。鲁隐公听了也没话说，最后还是压抑不住好奇，找了个视察地方防务的借口去棠地看人家射鱼。至今那里还留有鲁隐公观鱼的遗迹。

蔡伦造纸，刘向校书

造纸是中国历史上的"四大发明"之一。另外三个同学们都知道：指南针、火药和印刷术。想起当年在微软中国工作的时候，微软中国研究院把自己的会议室用四大发明命名，笔者经常会接到通知说：下午两点到"火药库"开会。现在想起来还觉得很有意思。

蔡伦是东汉时期的人，出身普通农民家庭，小时候聪明伶俐。汉章帝刘炟即位后，到地方上选小童入宫，蔡伦十五岁时被选中进宫做了太监。所以中国历史上伟大的太监不只是三宝太监，就是那个七次下西洋的郑和，还有这位发明了造纸术的蔡伦。

从宦官的最低官员小黄门做起，蔡伦凭着他的才学和聪明，逐渐进入到了权力中心，成为十岁登基的小皇帝汉和帝刘肇身边的重臣中常侍，地位等同九卿，参与国家大事。中国历史上的宦官干政也正是从这位蔡伦先生开始。汉和帝长大之后，开始亲政，立邓绥为皇后。这位邓皇后喜欢舞文弄墨，蔡伦看准时机，投其所好，甘心纡尊兼任尚方令，主管皇宫中的御用器物和手工作坊。在这段时间里，蔡伦和宫里的工人们一起，总结前人的造纸经验，改进工艺，利用树皮、碎布、麻头、渔网等原料制造出精致的纸张，奏报朝廷，得到汉和帝的称赞，造纸术也由此诞生并得到推广。后来汉和帝驾崩，汉安帝刘祜即位，蔡伦继续受到重用，被封"龙亭侯"，由他监制的纸张，也被称作"蔡侯纸"。

蔡伦作为一个太监，一辈子在宫廷之中，先后伺候过四个幼年的皇帝，投靠过两个皇后，一路官运亨通，名列九卿。但是到最后，因为早年曾经参与迫害汉安帝的皇祖母宋贵人致死，剥夺汉安帝的老爹刘庆的皇位继承权，被汉安帝查办。蔡伦自知死罪难免，自杀身亡。

刘向，字子政，西汉官员，目录学家、文学家。汉宣帝时担任散骑谏大夫给事中，汉元帝时担任散骑宗正给事中，都是言官。因为上书弹劾宦官弘恭、石显，两次下狱，被贬为庶人，闲居十余年。汉成帝即位后，官至中垒校尉。官场上，刘向没有什么建树。他的历史功绩，在于首创书籍目录学。《别录》一书，被认为是中国最早的目录学著作。刘向和他的团队整理保存了汉之前的大量古籍文献。后世流传乃至我们今日看到的西汉及其以前的古书，其篇章、文字甚至某些书名都是刘向他们校定的，譬如《战国策》就是刘向整理编辑的一部重要历史著作。当时几乎所有的图书都经过了他们的理解、认定乃至改造。可以说，我们现在能够研究春秋战国时期的诸子百家，和刘向做出的贡献是分不开的。

作为文学家，刘向的著作也广为后世流传。包括历史故事集《新序》、记载春秋战国逸闻轶事的《说苑》、历史上很少见的关于妇女的《列女传》等。

朱云折槛，禽息击车

朱云，汉朝人，身高八尺，相貌堂堂，年轻时喜欢结交游侠，到了四十岁才开始读书。因为他书读得好，性格又洒脱，世人都很尊重他。后来华阴县令向皇帝秘密举荐朱云，遭到朝中权臣反对，朱云官没做成，华阴县令却因此获罪。

汉宣帝时，九卿之一的少府五鹿充宗对梁丘氏的易经解说《梁丘易》颇有研究，汉宣帝让五鹿充宗与各家辩论，结果各方大儒都辩不过五鹿充宗，只好装病不出。这时候，有人推荐朱云，汉宣帝就宣朱云入朝，与五鹿充宗辩论，结果完胜，被皇帝任命为博士，后来又做县令。最后遭人诬陷，被汉元帝关进监狱。

汉元帝死后，汉成帝即位。汉成帝的老师叫作张禹，深得汉成帝尊重和信任，汉成帝就封他为安昌侯，任命他为丞相。张禹权势显赫，在朝中常常以权谋私。

朱云上书请求朝见，汉成帝批准。朱云在朝堂上当着文武百官的面痛陈朝政的积弊：如今的朝廷大臣，对上不能辅佐皇上，对下不能有利百姓，都是占着官位不干事，吃干饭的家伙。臣朱云请求陛下赐臣一柄尚方宝剑，斩一个佞臣，以此劝勉其他人。成帝问：你要斩谁？朱云答道：安昌侯张禹。成帝一听大怒：你官居下位而毁谤上级，在朝廷上侮辱帝师。这是无法赦免的死罪！来人哪！拉下去斩了！侍卫们上前捉拿朱云，朱云不肯就范，死死抓住殿上的门槛，奋力挣扎，侍卫们用力拖拽，朱云就是不松手，只听咔嚓一声，门槛竟然折断！朱云大呼：微臣我得以和龙逢、比干在九泉下相见，我知足了！只是不知道圣朝会怎样！侍卫把朱云拉下殿去。朱云说的龙逢是暴君夏桀的忠臣，因谏被杀，比干是另一个暴君商纣的忠臣，也是因谏被杀。

这时候左将军辛庆忌站了出来，摘掉了自己的官帽，解下官印和绶带，朝着成帝叩头，大声说：朱云一向以狂傲直率闻名于世，如果他说得有道理，您就不能杀他；如果他说得不对，您也应该宽恕他。臣斗胆以死相求！说罢在殿前的石阶上叩头流血。成帝的怒气逐渐消退，他也深感朱云的忠诚，就放了朱云。

事后，宫里要把朱云折断的门槛换掉，汉成帝见了说：不要换新的了，就保留着这坏掉的吧，用来表彰那些敢于直言相谏的臣子。

春秋时期秦国有个大臣叫作禽息，也是以直谏闻名。相传那个"五羖大夫"百里奚就是禽息推荐给秦穆公的。百里奚的故事在本书第四篇"四支"中的"井伯烹雌"一段中有过讲解。

谁知秦穆公对于禽息的推荐并没有采纳，禽息便决定以死相谏。有一天秦穆公出行，禽息就站在前面挡住马车，大声呼道：臣活着对国家没用，不如死了算了！说完禽息以头撞车，脑浆迸裂而亡。秦穆公因此感悟，召百里奚为上卿。秦穆公得到百里奚的辅佐，成为战国时期的霸主。

耿恭拜井，郑国穿渠

耿恭，字伯宗，东汉将领。

作为军官，耿恭在十年之内参加过三场战争，都是和外族打的。第一场是在担任司马的时候，跟随骑都尉刘张、奉车都尉窦固、驸马都尉耿秉等打败车师，并将车师纳入东汉版图。朝廷看耿恭作战有功，就任命他为戊己校尉，屯兵金蒲城。第三场是耿恭升任长水校尉，率兵攻打各处不投降的羌人部落，斩杀、俘虏一千多人，致使十三个羌人部落数万人全部投降。

最惨烈的是第二场，第二场就是跟匈奴打。收服车师之后，北匈奴单于亲率两万铁骑攻打车师。耿恭派三百兵前去救援，途中遭遇北匈奴大军，全军覆没。北匈奴打败车师，杀死车师头领安得，继续攻打耿恭驻守的金蒲城。金蒲城城小兵少，形势危急。耿恭命人把毒药涂在箭头上，传话给北匈奴人说：这可是大汉朝的神箭，中箭者必有怪相发生。当北匈奴人看到中箭的人伤口流出黑色的血，果然大为惊慌。耿恭趁着狂风暴雨的天气攻打北匈奴，北匈奴死伤无数，十分惊恐，以为汉军真的有神力，只好撤退。

两个月之后，耿恭发现疏勒城（就是现在新疆的喀什）城边有溪流可以固守，便率军占领此城。北匈奴人得知后，再次发兵来攻。耿恭招募几千人作为先锋迎击北匈奴，北匈奴骑兵逃散。之后北匈奴发现了疏勒城边的溪流，就在城外挖土阻断水源，企图把城里的汉军渴死困死。城里断水，军心动摇，耿恭便命人在城中打井，打了十五丈深仍然不见有水。这时候兵士们已经口渴难耐，甚至挤榨马粪的汁水来喝。耿恭亲自带领士兵挖井运土，并且设香案祭拜水神，不久井里涌出清冽的井水，众兵士山呼万岁。耿恭就命人把水挑上城墙，向下泼洒。北匈奴人看了，以为又是神明在帮助汉军，再次领兵撤退。

后来车师再度反叛，和北匈奴一起进攻耿恭，耿恭再次陷入兵尽粮绝的局面。北匈奴的单于派使者招降，耿恭亲手把使者杀死，将尸体挂在城墙上烧烤。北匈奴单于大怒，但不管怎样还是攻不破只剩下几十人的城池，直到援兵到来耿恭获救。

收复羌人后，耿恭受人诬陷被捕入狱，最后被罢官遣返原籍，在家中去世。

郑国不是一个国名，而是一个人名，是中国历史上罕见留名的一个水利工程师。

话说这是在战国末期，战国七雄秦、齐、楚、燕、赵、魏、韩，只有秦国国力日益增强。强大的秦国对其他几个国家虎视眈眈。他的东邻居韩国国力赢弱，不堪一击，眼看着随时有可能被秦国吃掉。当时的韩国君主韩桓王走投无路，想出一个办法想把秦国"拖住"。这个办法就是派韩国最著名的水利工程师郑国进入秦国，游说秦国在泾水和洛水之间凿一条大型引水渠。表面上这样做对秦国的农业发展大大有利，实际上韩桓王的目的是消耗秦国的实力，让他没有精力侵犯韩国。

这个建议显然很有诱惑力，秦国很快采纳并开始全国动员征调人力物力启动修渠工程，并任命郑国为工程总指挥。工程开始之后，韩国的"阴谋"暴露，刚刚当上秦国国王的秦王嬴政，就是后来的秦始皇听了大怒，就要把郑国抓起来杀掉。郑国对嬴政说：就算我开始是为了消耗秦国实力，但是这个渠修成后的确对秦有利呀！我虽然因此为韩国延续若干年的生命，更重要的这对于秦国来说是万世之功啊！嬴政是一位有远见卓识而且胸怀大志的君王，听郑国说得有道理，就放了他，并且一如既往地重用郑国。十年之后，水渠完工，人称"郑国渠"。

郑国渠修成以后，大大改变了关中地区的农业生产面貌，当地的农业迅速发展，本来雨量稀少、土地贫瘠的关中，变得富甲天下。

新中国成立以后，还在郑国渠原来的基础之上做了大规模改善调整和挖潜扩灌。如今，郑国渠申报世界灌溉工程遗产成功，成为陕西省第一处世界灌溉工程遗产。

国华取印，添丁抹书

大将曹彬，字国华，北宋开国名将。

说起出身，曹彬还有点背景，他是后周太祖郭威的妃子张氏的外甥，他的父亲也是一个军官。曹彬满周岁的时候，照老规矩抓周，父母将各种玩具摆放在桌子上，看孩子抓什么，预示着这孩子将来在哪方面发展。曹彬左手抓了兵器，右手抓了俎豆（是两种古代祭祀用的器皿），最后抓起一方印章，对其他的东西不屑一顾。大家感到惊异，觉得这孩子长大一定是个领军的将帅。

果然如此，成人后的曹彬秉性淳厚，做事端重谨慎。虽然身份特殊，但在军中行事谦逊，作风朴素。宋太祖赵匡胤在担任殿前都点检的时候，就因为曹彬从不徇私而对他十分器重。赵匡胤有一次问他：我往常想亲近你，你怎么总是对我敬而远之呢。曹彬说：我是周室近亲，又在宫内任职，端端正正做官都害怕有闪失，怎么敢妄自结交呢？赵匡胤听了，很是敬佩。

后来赵匡胤当了皇帝，建立了大宋朝。在赵匡胤登基的第二年，担任左神武将军的曹彬与昭义军节度使李继勋等人率领六万大军，与借了六万辽军骑兵企图收复辽州的北汉在辽州城下大战，最后大破汉辽联军。同年，赵匡胤下令讨伐后蜀，曹彬任都监。在峡中各郡县都被攻下，将领们都在跃跃欲试想通过屠城逞威风的时候，只有曹彬下令手下收敛，他的部队所到之地都得到本地人的顺服。赵匡胤听说后，特地下诏表彰。后来，后蜀旧将全师雄等人起兵十万叛乱，曹彬又和刘光义一起打败了叛军，最终平定蜀地。

几年后，在征伐北汉的战斗中，曹彬屡立战功，晋升为检校太傅。

在攻打南唐的战斗中，曹彬要手下军官立誓在破城之日不妄杀一人。金陵城被攻陷的当天，南唐国主李煜率领文武百官到曹彬的军营请罪。如果没有曹彬，可能就没有我们中国文学史上最伟大的词人李煜了，李煜被俘后的词作才是万世流芳的作品。作为皇帝，李煜是一个笑话；但作为一个词人，他是个神话。在这个意义上，我们必须感谢曹彬。

"添丁"在汉语中的意思是家里生了儿子，在这个故事里，"添丁"是一个小孩子的名字。这个小孩后来怎样无人知晓，他的老子却很值得介绍一番。

"添丁"的老子叫作卢仝，唐代诗人，初唐四杰中卢照邻的嫡系子孙，号玉川子。

卢仝一生好茶成癖，他的诗名和他的茶名有关，甚至他的茶名更是大于诗名。他的诗《走笔谢孟谏议寄新茶》中的"七碗茶歌"最为脍炙人口。其中写道：

一碗喉吻润，两碗破孤闷。
三碗搜枯肠，唯有文字五千卷。
四碗发轻汗，平生不平事，尽向毛孔散。
五碗肌骨清，六碗通仙灵。
七碗吃不得也，唯觉两腋习习清风生。

卢仝著有《茶谱》一书，被世人尊为"茶仙"，常常与"茶圣"陆羽相提并论。上述的"七碗茶歌"流传到日本，饮茶的七层境界逐渐演变成后来的日本茶道。传说在抗日战争时期，鬼子兵侵入卢仝故里，杀害了几个村民之后，发现了村里矗立的"卢仝故里"石碑，竟然全体鞠躬，退出了村庄。由此村子避免了一场灾祸。

卢仝的死很冤。"安史之乱"之后，唐朝的宦官势力开始坐大，唐德宗委任宦官掌管禁军，唐敬宗被宦官刘克明杀害。即位的唐文宗对宦官专权非常不满，与李训、郑注策划诛杀宦官。有一天唐文宗借观看甘露为名，骗宦官头目仇士良到禁卫军后院想把他杀掉，结果被仇士良发现，双方经过激烈战斗，一众朝廷官员被宦官杀害，被株连而遭到杀害的包括那些官员的亲属一千多人，卢仝就是无辜被牵连进去的一个。

卢仝被杀的时候，因为年老头上没有头发，为了行刑方便，太监就在他脑后钉进去一颗大钉子。死之前卢仝给未出生的儿子起名"添丁"，人们认为这是凶祸的先兆。

卢仝生前给未见面的儿子写过一首诗，叫"示添丁"，其中有两句是：忽来案上翻墨汁，涂抹诗书如老鸦。这便是"添丁抹书"的由来，也是"涂鸦"一词的由来。

细侯竹马，宗孟银鱼

郭伋，字细侯，汉朝人。这个人有意思。他先是在西汉的汉哀帝、汉平帝时期做官，后来王莽篡权，在王莽的新朝他仍然做官，再后来更始帝刘玄造反，郭伋又应更始帝之召在刘玄手下做官。等到汉光武帝刘秀登基，建立东汉朝廷，郭伋又变成了东汉的官员！从西汉当官当到东汉，前后经过四个先后敌对朝廷的，恐怕不会有很多人吧。不论人品，这个人一定很有能耐。

刘秀建立东汉朝廷的时候，郭伋已经六十多岁。起初的几年，郭伋曾经做过权职重大的尚书令，多次向刘秀进忠言谏诤，之后便主要在地方的任上，先任中山太守，后迁渔阳太守。在渔阳，郭伋不但很快治理了当地匪患，而且有效地阻止了匈奴的侵扰，使匈奴不敢进犯。在位五年，渔阳郡百姓安居乐业，人口翻番。

之后颍州地区盗贼四起，朝廷就调郭伋任颍川太守。郭伋到任之后，招安山贼数百人，把他们安排回家务农，解决了当地的贼患。他上书汉光武帝弹劾自己自作主张，但是刘秀很欣赏他的做法，并没有责怪他。再后来，刘秀担心大盗卢芳在北方割据，就把郭伋调任北方的并州，任并州牧。虽然朝廷很多人认为郭伋可以在朝中担任更高的职务大司空，可是刘秀还是担心并州如果没有郭伋坐镇可能会受到卢芳的威胁所以把郭伋留在并州。郭伋知道皇帝的担心，用反间计分化卢芳内部，最后卢芳部将胁迫卢芳投降郭伋，卢芳逃奔匈奴。

这个时候的郭伋已经八十多岁了，就请求辞职。皇帝给郭伋一个太中大夫的官衔，给他一套豪宅，以及很多财物。郭伋自己分文不取，都给了亲属们。不久郭伋去世，享年八十六岁。

郭伋在担任并州牧时，曾经到下属处巡视，到达西河郡美稷县的时候，见到数百名小孩子，都骑着竹马，在道旁依次拜迎。郭伋问：孩儿们为何远道而来？孩子们回答说：听说使君到来，我们很高兴，所以前来欢迎。郭伋向他们表示感谢。办完事情后，小孩子们又把他送出城，并问：使君何时回来？郭伋告诉别驾从事，算好日子告诉他们。巡视后返回；比约定日期提前了一天，为了不失信于孩子们，郭伋就在野外亭中留宿一晚，第二天才如期进城。

这段故事，也叫"郭伋守信"。

蒲宗孟，字传正，宋朝人，进士出身。宋神宗时期王安石变法，蒲宗孟积极支持王安石，并且参与制定了"手实法"。有一年，朝廷设置了一个新的官职叫作"账司"，是财政部门的一个位虽然不算很高但很有权势、油水丰厚的位置。很多人到处钻营想得到，可蒲宗孟就像不知道这事儿一样不闻不问。偏偏皇上把这差事给了蒲宗孟。蒲宗孟上任之后，就跑到乡下察访民情，对于了解到的一些连年受灾特别贫困的地方譬如辰州、沅州，蒲宗孟就把那里的灾情上报给朝廷，恳请朝廷免去他们的赋税。朝廷批准，那里的人民都很感激蒲宗孟。

蒲宗孟还参加过记录皇帝起居和修国史的工作，后来升职为翰林学士兼侍读。负责给皇帝起草诏书，同时陪皇帝读书。有一天，神宗皇帝对蒲宗孟说：翰林学士这个职位清简，离皇帝很近，但是官仪方面就很差了，于是赏赐蒲宗孟的官服上佩戴象征文官的银鱼袋。

蒲宗孟晚年曾经担任过几个州郡的知府，他虽然善于治理贼患，但也经常采用一些比较残忍的措施，譬如有时候会把小偷的脚筋割断。他最后任河中知府，在任上去世。

管宁割席，和峤专车

咱们这本书中，提及最多的文学作品就是《三国演义》。这个管宁，也是三国时期的人物。

熟悉《三国演义》的同学，都还记得"伏龙凤雏"，伏龙就是诸葛亮，却不知三国时期还有另外一条龙。不过这条龙是由三个人组成的：龙头华歆、龙体邴原、龙尾管宁。但是三人虽然"同属一龙"，龙头和龙尾却不和。华歆和管宁曾一起生活，两个人在锄地的时候，刨出来一块金子，管宁看见了，跟没看见一样，继续锄地，华歆则是把金子捡起来看看，再丢到一边。有一天两人一起临窗读书，街上传来车马喧嚣声，管宁心无旁骛，两耳不闻，继续读书，华歆则跑出去看热闹。管宁对华歆说：你不是我朋友！拔刀把座下的席子割断，表示绝交。

后来的发展也证明两个人的确不是一路。华歆入仕做官，先是被江东孙策待为上宾。官渡之战时，被曹操征为参议郎，参司空军事，后又代荀彧做尚书令。曹操打孙权，华歆是军师。曹操死后，曹丕即王位，华歆官拜相国，封安乐乡侯。后曹丕建立曹魏王朝，改相国为司徒。曹丕死后，魏明帝曹叡命华歆代钟繇为太尉，封博平侯，一生锦衣玉食、官高爵显、位极人臣。

管宁则是一名真正的隐士。和历史上很多的隐士不同，管宁并不是一个人藏在大山里装清高，而是传播文化。当管宁和邴原等人避乱辽东的时候，管宁不像其他人生活在辽东太守公孙度的身边，而是去山中搭起茅草屋，开荒种地，并且给乡民们讲授《诗经》《尚书》，教大家儒学礼义，使遥远的辽东成了教化之地。

公孙度被司马懿消灭之后，管宁回到中原。魏文帝曹丕任命管宁为太中大夫，管宁坚辞不受。华歆当太尉的时候，曾经想称病退休，把位子让给管宁，魏明帝曹叡没有同意。但下令征召管宁为光禄勋，管宁再次上疏辞谢。

十多年的时间里，朝廷的征召不断，管宁一一谢辞不受。曹叡心中不解，问青州刺史程喜：这个管宁到底是真的守节自高呢，还是老病委顿没能力了呢？程喜报告说：管宁有个族人叫管贡，是管宁的邻居，他说管宁常戴黑帽，穿布衣，出入书房庭院，能挂着拐杖走路不用搀扶，祭祀的时候，亲力亲为，布置食物供品。他的住宅离水池七八十步远，夏天他自己到水中洗手洗脚，在园圃中散步……所以他每一次谦逊辞让，是他的志向所致，不是因为年老，也不是故意矫情清高啊。

和峤是西晋初年的大臣，少年时代就很有才华。他世袭了父亲的爵位，官做到颍川太守，为政清廉，朝野闻名，深得老百姓的爱戴。

和峤性格耿直，就是向皇帝进言也直言不讳。他曾经直接对晋武帝司马炎提出皇太子司马衷智商不够，将来治理国家恐怕有问题，应该考虑另选太子。太子的问题在历史上向来就极度敏感，除了别有用心的人之外没听说谁在皇帝面前说这样的实话。因为太子很可能会变成下一个皇帝，那么提这种建议的人有好下场才怪。

果然，晋武帝不知道搭错了哪根筋把和峤建议换太子的事告诉了太子妃贾南风，贾南风自然对和峤怀恨在心。

最终，还是司马衷继承了皇位，就是晋惠帝。没想到晋惠帝不计前嫌，仍然拜和峤为太子少傅，加散骑常侍、光禄大夫。有一次皇帝听了贾皇后的话问和峤：当初你说我不够聪明不能承担国事，现在你怎么说？和峤答道：臣过去为先帝效命，的确说过这样的话。我说的话没有成真，是国家的幸福。我怎敢逃脱罪责呢？晋惠帝听了这番话，对和峤更加敬重。

"和峤专车"这个故事很能说明他的个性。在担任中书令的时候，担任中书监的人叫荀勖。在晋朝，中书监和中书令一般是坐一辆车上下朝，但是和峤鄙视荀勖的为人，痛恨与之同车，就自己搞了辆专车上下班。本来该拼车的坐了专车不知道是不是违了朝廷制度，估计就算有所违背，只要皇帝老子不发话也没啥事儿，不然这事儿就不是一段佳话而是一出悲剧了。

渭阳袁湛，宅相魏舒

袁湛是东晋时期的官员，年轻时得到远亲谢安的赏识，谢安的侄子谢玄就把女儿嫁给了袁湛。袁湛活了四十岁，为官简朴纯正，处理政事和洽得当，受到官吏庶民的称颂。

袁湛娶妻之后，他的大舅哥谢重就不待见他，很少给他好脸。谢重的儿子谢绚虽然是袁湛的外甥，对袁湛也很不尊重，甚至曾经在公开场合当着众人的面对袁湛无礼。袁湛很是气愤，斥责谢绚说：你老子当年就不尊重我，到了你这变本加厉了。看起来这世界上没有所谓的"渭阳之情"啊！谢绚听了，十分惭愧。"渭阳"是舅舅的别称。

魏舒是魏晋时期的名臣。据说此人身高八尺，长相秀美，身材伟岸，性格却淳朴而迟钝。他四十岁才开始读书做官，从县令开始，一直做到司徒，位列三公。

魏舒年幼丧父，是他的外祖父收养了他。外祖父家姓宁，宁家建宅的时候，风水先生说：这座宅子一定能走出一个富贵的外甥。魏舒听了说：我一定要证明风水先生所说这座宅院的吉相是对的！后来果然验证了。

风水先生偶尔也能蒙对一次。

永和拥卷，次道藏书

李谧，字永和，北魏时期的藏书家，十三岁的时候就通音律、五经，擅长历数之术，有神童之称。十八岁，李谧到学校受业，向博士孔璠学习经学。若干年后孔璠反而要请教于李谧，有同门师兄开玩笑说：青成蓝，蓝谢青，师何常，在明经。感叹青出于蓝胜于蓝。读的书越多，李谧越觉得书不够读，于是就发奋搜集诸家经典，进行对比、校对和审定。李谧曾经说：丈夫拥书万卷，何假南面百城。意思是说大丈夫只求拥书万卷，何必要南面百城。为此，他放弃了教书，闭门谢客，抛弃家产，专心藏书和校书。对于那些重复、有错、伪作的书籍，亲手削删校对。他的藏书里没有重复的，总共有四千多卷。在北魏时期这可是一项浩大工程。李谧自己著有《明堂制度论》一书。

宋次道是南宋宋仁宗时期的人。历史上记录不多，却是王安石、欧阳修等大人物的朋友。王安石曾有诗《次韵宋次道忆太平早梅》，欧阳修也曾有诗《送宋次道学士赴太平州》，其中的诗句对宋次道极为赞赏：

文章秀粹得家法，笔画点缀多余妍。
藏书万卷复强记，故事累朝能口传。

传说宋次道担任亳州太守的时候，《资治通鉴》的副主编之一刘恕听说他家藏书众多，就跑去他家借阅。宋次道每天为他准备各种美食显示待客的礼节，三天之后，刘恕受不了了，对宋次道说：我来你家不是尝美食的啊，这些礼节耽误你的时间，也耽误我读书的时间啊。宋次道听了就免了这些礼数。

不知道宋次道和李谧两个人谁的藏书更多。照说应该是宋次道更多，因为他比李谧晚了几个朝代。

如今数字阅读时代，以后家里恐怕不用摆那么多书柜了。一部手机里面就可装下一个图书馆了，岂止几千本几万本！但是真正读书的人恐怕越来越少了。呜呼！

镇周赠帛，虙^{fú}子驱车

张镇周是跟随李渊南征北战立过汗马功劳的唐朝开国元勋之一。但是不知什么原因，历史上没有为他树碑立传。这段"镇周赠帛"的故事是对张镇周作为地方官员的榜样来褒扬的。

张镇周打仗出身，由淮南道行军总管改任舒州总管，之后在洪州、宣州平定叛乱，改大总管为大都督，一年后，又以寿州都督调任舒州都督。

舒州是张镇周的老家，所以，回舒州做都督是衣锦还乡。张镇周回到舒州那天，没有去衙门，而是命人买了许多酒菜，脱去官服，在老家的故居里招待旧时的亲朋好友，开怀叙旧，前后开宴十天，并且把自己带来的金帛分发给亲戚朋友。到了最后，他洒泪跟大家告别，说：今天镇周我作为故人跟大家欢饮，明天上任，我就是舒州的都督来治理百姓。国家有制度，从此大家不能再越礼交往。

打那以后，张镇周铁面无私，亲朋故旧违法，绝不殉情。舒州在张镇周的治理下井井有条。

张镇周还有一个非常值得大家知道的壮举，那就是他早期和隋将一起发现了钓鱼岛。隋朝的时候，隋炀帝杨广曾经派使臣朱宽招降琉球国，也曾派张镇周率兵入侵琉球，进军途中经过钓鱼岛。这在《隋书》中都有记载，比日本发现钓鱼岛早了四百年。

虙子贱就是宓子贱，孔夫子的弟子。宓子贱是后人笔误，最后以

讹传讹造成的。真正的原名，是宓子贱。此事已经由大儒颜之推证明，不必矫情。

宓子贱是鲁国人，孔夫子曾称赞他是个君子。鲁国的君主派宓子贱去单父这个地方做地方官。

宓子贱接到任命，心里打鼓。他担心鲁君听信小人谗言，妨碍自己在单父的治理措施。上任之前，宓子贱就向鲁君要了两个他身边的近吏陪同自己一起赴任。到了单父，大小官吏来拜，宓子贱就让两个一起来的君王近吏记录参拜官员的姓名。官员一边写，宓子贱一边在旁边扯近吏的胳膊肘儿，结果两个人写的字乱七八糟不成样子。等大家都到齐了，宓子贱就把近吏写得乱七八糟的名单给大家看，并且当场把两个近吏训斥了一顿。两个近吏心中恼怒，向宓子贱辞别，宓子贱也不挽留，反而说：你俩的字写得太烂了！回京路上小心，要是走路也像写字一样，那麻烦可就大了。

两个近吏回到都城见到鲁君，愤愤不平地向鲁君控诉了宓子贱的所作所为，期望君王能为自己出一口气。没想到鲁君听完之后，竟然叹一口气说：他这样做，是故意给我看的啊。过去他在朝廷的时候，经常给我提一些意见和建议，但是我身边的人常常设置障碍，让他的建议不能得到实施。你们写字的时候他拉你们的胳膊肘儿，就是告诉我不要对他的施政再有掣肘啊。

说完，鲁君就派人到单父转告宓子贱：鲁君说了，从今以后，单父就不归鲁君管了，而是归你宓子贱管。只要对单父有利，你自己决定就是，五年向鲁君汇报一次就行了。

宓子贱是怎么治理单父的呢？史书上说他每天在家弹琴娱乐，也不频繁下乡体恤民情，也不整天把官吏们召来开会，可是单父县一派欣欣向荣。后来巫马期接替宓子贱治理单父，每天披星戴月，早出晚归，政绩却不甚理想。巫马期请教宓子贱，宓子贱说：你要懂得授权啊，授权了就能发动众官吏的主观能动性，就不用啥事儿都是你自己管了。如今很多大企业、上市企业的老大整天忙得跟孙子似的，下边的人有职无权，有权无责，企业整天出事儿，他们不值得向宓子贱学学吗？

廷尉罗雀，学士焚鱼

翟方进，西汉后期著名的政治人物。在 230 年的西汉历史中，被后世称作"儒宗"的有三个人，一个是汉惠帝刘盈的老师叔孙通，一个是汉武帝刘彻时期的董仲舒（本书中有介绍），另一个就是汉成帝刘骜时期的翟方进。

但是这个翟方进虽然学问不错，在儒学的治理上并没有什么过人之处。他能当上宰相，主要是他有一项超人能力：整人。在担任丞相司直期间，一年就干掉了两个国家检察机关的高官司隶校尉。整完人之后，他就升职为御史大夫，离丞相大位仅一步之遥。很快，因为农民起义事件，丞相薛宣被撤职，翟方进也因为办丧事骚扰百姓被降职。没想到的是，之后皇帝让群臣推荐新丞相，翟方进居然当选！

翟方进担任丞相之后，继续以儒家经典为标准，以意识形态为武器，通过扣帽子、打棍子，用孔夫子的"最高指示"作为判断是非的标准，整掉一批官员。

翟方进和他的同伙一起陷害了一代忠良、汉朝的大功臣陈汤，逼死旧时的政敌陈咸和逢信。《汉书·翟方进传》就是一部记录翟方进恶行的传记。这样的恶人当然不会有什么好下场。汉成帝最终认清了翟方进的丑恶面目，写了一封信给他，信中说：你翟方进号称有孔夫子一样的伟大思想，有战国勇士孟贲那样的勇气，可是你担任丞相这么久，天下治理得却一塌糊涂，你的政策措施不力，老百姓民不聊生。我想把你撤了，又不忍心，好吧，我赐给你十石好酒一头牛，你自己看着办吧。这一回翟方进脸皮再厚也装不下去了，当天就自杀了。

后来王莽篡权，翟方进的儿子翟义起兵挟汉朝宗室反对王莽，翟方进就被王莽掘墓焚尸了。

这个"廷尉罗雀"的故事是说在翟方进担任廷尉的时候，家中天天高朋满座，后来被罢官了，就门前冷落鞍马稀，门前每天只能看到几只麻雀排队站在树枝上。再后来，翟方进东山再起，各方宾朋又纷至沓来。翟方进深为感叹，在门上写道：

一死一生，乃知交情；
一贫一富，乃知交态；
一贵一贱，交情乃见。

"门可罗雀"的成语就是从这里来的。

翟方进一生害了那么多人，不知道他死后还有谁会登他家门啊。

张褒是南北朝梁武帝时期的翰林学士。有一年，御史弹劾张褒做翰林学士不够资格。张褒听了，不屑地说：碧山不负我！把身上代表学士的银鱼袋烧掉后扬长而去。大诗人杜甫曾经写道：

碧山学士焚银鱼，
白马却走身岩居。

说的就是这段故事。

冥鉴季达，预识卢储

杨仲希，字季达，宋朝人，没有发现历史上关于此人的其他记载。

杨季达人品端正，年轻时客居成都，女主人跟他调情，季达正色拒绝。晚上季达的妻子在家中梦见有人对她说：你丈夫身在异乡，虽然独处但不做亏心事，神明知道了，一定会保佑他今年考第一。后来杨季达果然夺魁。

卢储是唐朝唐宪宗时代庚子科的状元。中状元之前的一年，卢储进京赶考，向尚书李翱投书求推荐。李翱收到卢储的投书，还没来得及看就因为有急事出门，把卢储的书信放在桌子上就走了。尚书十五岁的女儿看了卢储的书信，对侍女说：这个人今年一定能考中状元！李翱听了，非常讶异，不知道女儿为何做出这样的判断，但是非常欣赏卢储的才华，就把女儿嫁给了他。第二年卢储果然高中状元。洞房花烛夜，卢储作了一首《催妆诗》赠给慧眼识珠的小妻子：

昔年将去玉京游，第一仙人许状头。
今日幸为秦晋会，早教鸾凤下妆楼。

宋均渡虎，李白乘驴

宋均，字叔庠，东汉汉光武帝时期的人，十五岁凭借父亲的官职被任命为郎官，通晓《诗经》和《礼》，口才好，擅长辩论，二十岁做了辰阳的长官。

武陵蛮夷叛乱，包围了武威将军刘尚，光武帝刘秀下令宋均传令江夏迅速率三千人马前去救援。宋均到达后，刘尚已经战死。恰好伏波将军马援率兵赶到，皇帝就命令宋均做监军。战斗打得非常艰难，马援在战斗中牺牲，士兵中很多人得了疾病，一大半人死掉。形势危急的情况下，宋均假传圣旨，调伏波司马吕种守卫沅陵，并命他奉诏进入贼营，传达皇上的恩德和信义，这些当然都是假的。但是蛮夷不知真假，听了吕种的话就把自己的大帅杀了投降官军。胜利之后，宋均上疏弹劾自己伪造皇命的罪行，但是皇帝刘秀并没有责罚他，反而嘉奖他并赐他金帛。打那以后，汉光武帝就经常在大家意见不统一的时候询问宋均的看法。

宋均担任九江太守的时候，境内老虎成患。官府在山上设置了很多栅栏和陷阱用来捕捉老虎，但是仍然有很多人被老虎伤害。宋均对大家说：虎豹在山上，乌龟和鳄鱼在水里，大家各有自己的生存场所。况且江淮地区有猛兽，就像是北方有鸡猪一样。现在恶虎成患，罪过在于官吏的残忍。要想解决问题，一定要斥退奸邪贪婪之人，提拔忠诚善良的人。可以把山上的栅栏陷阱通通拆掉，免除赋税。结果没多久，虎患消除了，据说都东渡长江到其他地方去了。

这就是"宋均渡虎"的故事。我相信这件事儿可能是有的，但是虎患的消除绝对不是因为宋均说的办法。在现今的观点看来，宋均说虎患是因为生态平衡遭到破坏是有道理的，所以，真正的解决办法一定是在这方面采取了什么措施。因为老虎只知道如何填饱肚子，可不知道什么是仁政。

李白，唐代大诗人，中国历史上最伟大的浪漫主义诗人，没有之一。

李白的名气太大，所以后人对李白的故事都耳熟能详，那么我们就来看看李白活了六十二年都做了些什么吧。

李白出生的时候还是武则天当皇帝。至于李白出生在哪，到今天仍然是个谜，有人说是四川江油，有人说是陕西成纪，郭沫若先生说李白的老家是碎叶城，在现在的吉尔吉斯斯坦国。

李白五岁开始读书，十五岁可以赋诗，十八岁隐居四川江油县的戴天大匡山；二十四岁离开故乡远游，去了成都、峨眉山、重庆；二十五岁离开四川，"仗剑去国，辞亲远游"；二十六岁那年春天来到扬州，秋天在扬州生了一场病，冬天离开扬州去了汝州；二十七岁住在湖北安陆，与已故宰相许圉师的孙女结婚，在安陆安家。

李白二十八岁出游江夏，结识孟夫子孟浩然，三十岁那年夏天，去长安进见宰相张说，结识了宰相的公子张垍，又谒见了其他王公大臣求取职位，均无结果。三十一岁，李白穷困潦倒，自暴自弃，在长安与市井之徒交往，夏天离开长安去了开封、宋城；秋天去了嵩山，贪恋故友元丹丘的山居，想隐居；秋天，留在洛阳城，在洛阳城中结识元演、崔成甫，第二年，返回安陆，在安陆的白兆山桃花岩建了一座石屋，开辟了一块山田，读书耕种。

三十五岁那年，李白再次西游，遇上唐玄宗李隆基外出狩猎，趁机献上一篇《大猎赋》，希望能博得玄宗的赏识。同年，李白进长安结识了九卿之一的卫尉张卿，通过张卿向唐玄宗的妹妹玉真公主献诗，从此开始混迹在长安城的公卿名流中。有一天，李白去长安著名的紫极宫游玩，在那里遇上贺知章，就是写"少小离家老大回，乡音无改鬓毛衰"的那位。贺知章在李白出生前五年就中了状元，这个时候应该在工部侍郎的位置上。李白看见贺知章，立马上前拜见并呈上自己的诗作。李白诗歌的豪迈奔放、清新飘逸、奇妙意境和浪漫的语言让贺知章大为惊异，竟拉着李白的手说：你不是这个世界的人啊！你是太白金星降临吗？称李白为"谪仙人"。三年后，李白离开长安。

四十二岁，李白终于有了机会。因为贺知章和玉真公主的称赞，唐玄宗看了李白的诗作，也是十分仰慕，于是宣召李白进宫。李白进宫那天，玄宗不但亲自上前迎接，而且用七宝床赐给李白食物，并亲自为李白调试羹汤。玄宗考察李白对社会事物的看法，李白也对答如流。玄宗大为欣赏，当即令李白供奉翰林，陪侍皇帝身边。每当玄宗有活动，总是把李白带在身边，赋诗纪实。同僚们对皇帝给予李白的宠信是羡慕嫉妒恨的。

四十三岁那年，李白诏翰林院。春天，奉诏作《宫中行乐词》，秋天，奉诏作《清平调》。李白对这种御用文人的生活日渐厌倦，整天与贺知章等人纵酒谈诗，皇帝召唤也不去，有时候喝得酩酊大醉给皇帝起草诏书，伸着脚让高力士为自己脱靴子。宫里人都讨厌他，在皇帝面前说他坏话，玄宗逐渐疏远了李白。

四十四岁那年的夏天，李白来到东都洛阳，在那里遇到另一个大诗人杜甫。比李白年轻十一岁的杜甫风华正茂，却如同若干年前长安的李白一样穷困潦倒。但是李白并没有因此看轻杜甫，杜甫也没有因为李白是皇帝身边的红人而卑躬屈膝。两个人惺惺相惜，建立了深厚友谊。这一年的秋天，李白正式成为一名道士。

五十五岁那年，"安史之乱"爆发，李白与妻子南逃避难，途中遇到大书法家草圣张旭，秋天入庐山屏风叠隐居。

五十七岁那年，李白在永王的军营，写组诗《永王东巡歌》抒发建功报国的情怀。永王擅自东巡兵败，李白在浔阳入狱，后被宋若思营救，成为宋若思的幕僚。本打算再次推荐到朝廷，结果还是因为参与永王东巡被判流放夜郎，五十八岁那年，李白从浔阳出发，开始去夜郎流放。

五十九岁那年，朝廷因为关中大旱，大赦天下，李白重获自由，顺长江东还。那首著名的《早发白帝城》就是这个时候写的。六十一岁时李白因病返回金陵，再次穷困潦倒，投靠族叔李阳冰，六十二岁辞世，临终前赋《临终歌》。

总结李白的一生，最大的感慨就是人的一辈子，一定要有一个挣钱吃饭的本事，否则就算才气如李白，也是一生仰人鼻息地生活。如果您说，没错，但是如果李白一生不愁吃喝，恐怕就写不出那么伟大的诗篇了。我不跟您争。

"李白乘驴"的故事是说有一年李白游华山，在他喝醉了骑着驴路过华阴县县衙的时候，被正在忙着判案的县令看到，心中大怒，就让人把李白带到庭前，喝问：你是什么人，竟敢在县衙前面骑驴？真是胆大包天！李白就跟县令要来一张状纸，在上面龙飞凤舞地写道：

> 我没名，但我曾使龙巾拭唾，
> 御手调羹，
> 贵妃捧砚，
> 力士脱靴。
> 想知县莫尊于天子，
> 料此地莫大于皇都，
> 天子殿前尚容吾走马，
> 华容县里不许我骑驴。

知县看了大惊，魂儿都快被吓掉了，赶紧向李白谢罪。

仓颉造字，虞卿著书

中国的汉字是谁创造的？是仓颉。这是历史的一个传说。

仓颉，是黄帝时期专门负责造字的左史官。因为看见鸟兽的足迹而受到启发，他把这些印记搜集起来，分门别类，整理使用，是汉字最早的形状。历史上尊仓颉为"造字圣人"。

仓颉也曾自己称帝，以阳武为都。登基之后，仓颉南巡，登上阳虚山，顺着洛河向东来到洛水和黄河的交汇处洛汭，发现灵龟背负神秘图案，献给仓颉。这就是著名的洛书。八卦就是洛书演化而来，也是《周易》的来源。

上个世纪七十年代，为了解决汉字的电脑输入问题，全世界的华人提出了很多解决方案。其中，北京王永民的五笔输入法和台湾朱邦复的仓颉输入法最为有名。

虞卿，名信，战国时期赵国的名士。

虞卿是个战略家，而且口才极好。他第一次拜见赵孝成王，就得到黄金百镒、白璧一对的赏赐，第二次拜见，赵孝成王就任命他为赵国的上卿。"虞卿"这个名字就是这么来的。

赵国和秦国打仗，赵国不胜，赵孝成王征求楼昌和虞卿的意见。楼昌建议求和，虞卿建议联合楚、魏两国，让秦国不敢轻举妄动，之后再和谈。赵孝成王没有接受虞卿的意见，结果秦国不但没有接受赵国的求和，在长平之战中打得赵国稀里哗啦，还围困赵国首都邯郸，遭到天下耻笑。

秦国解除了对邯郸的包围，赵孝成王却准备到秦国见秦王，割让六座城给秦国以求和，虞卿不同意。赵孝成王问赵郝，赵郝认为应该割让，虞卿还是不同意。赵孝成王又去问楼缓，楼缓建议割让。虞卿对赵孝成王说：与其你把这六座城割让给秦国，不如把它送给秦国的死敌齐国，这样齐国就会和我们一起打秦国，秦国会反过来给我们送礼。赵孝成王同意了，就派虞卿出使齐国。结果虞卿还没从齐国返回赵国，秦国派来求和的使臣就到赵国了。

因为魏国宰相魏齐，虞卿抛弃了万户侯的爵位和卿相大印，与魏齐一起逃离赵国，结果在魏国遭困。魏齐死后，虞卿郁郁不得志，就立志著书立说。一部《虞氏春秋》流传百世。

班姬辞辇，冯诞同舆

班婕妤是中国古代著名的才女，汉成帝刘骜的妃子，是中国历史上以辞赋见长的女作家之一，有美貌，善诗赋，懂音律，有美德，留世的作品有《团扇歌》《自伤赋》《捣素赋》。

对于集美貌与才华一身的班婕妤，汉成帝一度非常宠爱。为了能够与班婕妤形影不离，汉成帝命人制造了一辆很大的辇车，以便能够和班婕妤同车出游。但是班婕妤谢绝了。她对汉成帝说：圣贤之君，都有名臣在侧，夏商周三代的末代帝王桀纣和周幽王，才会有妃子坐在身边，最后都落得个国破身亡的下场。我不能跟您坐在一起，否则就会跟他们一样。汉成帝听了认为有理，就不再提同辇出游的事。

但是，后来赵飞燕姐妹入宫，声色犬马诱惑汉成帝，汉成帝就逐渐冷落了班婕妤，在赵氏姐妹的构陷之下，汉成帝不但废了许皇后，还诬陷打击班婕妤。好在汉成帝还有点良心，没有追究。班婕妤为免今后的是是非非，急流勇退，请居深宫，在深宫里，创作出很多出色的作品。汉成帝死后，太后令班婕妤为汉成帝守陵，不久班婕妤便死于汉成帝陵。

可敬可爱可叹的班婕妤！

冯诞，字思政，北魏时期人，与北魏高祖孝文帝拓跋宏同岁，深得孝文帝的宠爱，每天与孝文帝同车而行，同案而食，同席而卧，就差同榻而眠了。在提拔冯诞为司徒的时候，孝文帝在任命的那一天，亲自为冯诞写了辞让的奏章并亲自为他打开，拜谢的时候，还为他准备好拜谢的表章，后来又加冯诞的官位至车骑大将军、太子太师。

　　冯诞随孝文帝南征，到了钟离这个地方的时候，冯诞生病不能侍奉在皇帝身边，皇帝每天必来问候。大军要兵发临江，离开时孝文帝与冯诞洒泪诀别，呜咽着离开。走出五十里，得知冯诞去世，孝文帝悲不自胜，轻驾返回，到冯诞去世的地方，抚尸痛哭，通宵达旦不绝，像是自己的亲人死了一般。

　　君臣之间有这样的友谊也是千古绝唱了。

第七篇 七虞

原文

西山精卫，东海麻姑。楚英信佛，秦政坑儒。

曹公多智，颜子非愚。伍员覆楚，勾践灭吴。

君谟龙片，王肃酪奴。蔡衡辨凤，义府题乌。

苏秦刺股，李勣焚须。介诚狂直，端不糊涂。

关西孔子，江左夷吾。赵抃携鹤，张翰思鲈。

李佳国士，聂悯田夫。善讴王豹，直笔董狐。

赵鼎倔强，朱穆专愚。张侯化石，孟守还珠。

毛遂脱颖，终军弃繻。佐卿化鹤，次仲为乌。

韦述杞梓，卢植楷模。士衡黄耳，子寿飞奴。

直笔吴竞，公议袁枢。陈胜辍耜，介子弃觚。

谢名蝴蝶，郑号鹧鸪。戴和书简，郑侠呈图。
瑕丘卖药，邺令投巫。冰山右相，铜臭司徒。
武陵渔父，闽越樵夫。渔人鹬蚌，田父逡卢。
郑家诗婢，郗氏文奴。

西山精卫，东海麻姑

这是两段神话，一个是"精卫填海"。

我们常说我们是炎黄子孙，炎黄是两个人，一个是炎帝，一个是黄帝。

炎帝是太阳神，不但管着天上的太阳，还管着地上的五谷，所以我们也叫他"神农炎帝"。神农炎帝有一个漂亮的女儿，大家都叫她"女娃"。女娃是个聪明活泼的孩子，她问爸爸太阳是从哪里升起的，爸爸说，太阳升起的地方在东海的东头，那地方叫作归墟，离这里有几亿里。

有一天女娃实在是太想知道归墟在哪了，就一个人跳进东海向东游去，游啊游，游了很久，终于精疲力竭，一个大浪把女娃卷进了海底，女娃就再也没有回来。

女娃的魂灵化成了一只精卫鸟。她恨大海把自己住的地方和太阳升起的地方隔开，恨大海的浪涛能够吞噬人类的生命，于是发誓要把东海填平。

从那一天起，精卫就每天不停地从西山衔来石子和树枝，丢进东海，日复一日，年复一年，风雨无阻。终于水神共工被精卫的精神感动了，降下洪水，把高原上的泥沙冲进大海，把海水都搅成了黄色。这就是东海北部的那片海叫作黄海的缘故。

另一个神话就是"麻姑献寿"。

麻姑是道教神仙谱中的一位。在东汉汉桓帝时期，有一年的七月初七，神仙王远王方平降临到江苏吴县一个叫作蔡经的人家里，和蔡经的父母兄弟见过面之后，独自打坐了很久，派使者请麻姑前来赴宴。不久，他就看见天上降临一个女神仙，十八九岁的模样，头顶结了发髻，长发垂到腰际，顾盼生辉，光彩夺目。见了王方平，麻姑言道：自从上一次和你见面之后，我见到东海三次变为桑田。不久前我又去了一趟蓬莱，那地方的海水，比上一次群仙大会的时候少了一半。我想，恐怕用不了多久也会变成陆地了。"沧海桑田"的成语即由此而来。

因为麻姑见过三次"东海变桑田"，一定是长生不老的人，所以，就把麻姑作为长寿的象征，像男神中的彭祖一样。传说王母娘娘三月初三过生日时，举办蟠桃盛会，麻姑总是自己酿出仙酒献给王母。这就是所谓的"麻姑献寿"。

楚英信佛，秦政坑儒

有一个成语叫作"三教九流"，用来形容社会上各行各业的各色人物，为大家所熟知。但是要问"三教九流"是哪三教、哪九流，恐怕很少人知道。"三教"指的是"儒释道"，就是儒教、佛教、道教。而"九流"指的是儒家、道家、阴阳家、法家、名家、墨家、纵横家、杂家、农家。所以最早这个成语说的只是宗教学术上的流派，是很高大上的，与后来人们演绎成贬义的词大相径庭。

有意思的是"儒释道"的三教。首先儒家并不是宗教,这一点不展开。另一个是,道家和儒家是中国土生土长的,而佛教大家都知道是传自西域印度,它怎么就成了中国文化的一部分,而且是重要的组成呢?在封建社会,任何文化的传播成功都有皇家的印迹,佛教也不例外。第一个信佛的皇族就是汉光武帝的第六个儿子,楚王刘英。

汉光武帝刘秀死后,即位的是汉明帝刘庄。刘庄曾经给他同父异母的兄弟楚王刘英写过一封诏书,其中说道:"楚王诵黄老之微言,尚浮屠之仁祠,洁斋三月,与神为誓,何嫌何疑,当有悔吝?其还赎,以助伊蒲塞、桑门之盛馔。"这是中国历史上第一次在皇帝诏书中提到佛教的事,也是第一次出现佛教名词"浮屠",说明那时候刘英是道教的神明和佛教的佛陀放在一起供奉的。

可惜的是,信佛的刘英因为图谋取代汉明帝刘庄而被废去王位,而后自杀。看起来,刘英同学不但没有学好老子的"道法自然",也没有领会佛家的"色即是空"啊。

秦始皇焚书坑儒是中国历史上一件大事。

本书中我们多次提到秦始皇,但是没有给一个系统的介绍。我们在这里补上。

秦始皇,名嬴政,是中国历史上著名的政治家、战略家、改革家,第一次完成华夏统一大业的人物,也是中国第一个称作皇帝、也配称作皇帝的君王。

秦始皇在战国时期末年出生在赵国的邯郸,十三岁接父亲秦庄襄王即王位。因为年幼,秦国的朝政大权掌握在相国吕不韦手中,嬴政管吕不韦叫"仲父",就是干爹的意思。假宦官嫪毐跟太后乱搞生下两个私生子，以嬴政的后爹自居。吕不韦和嫪毐在嬴政没有亲政的十来年里，建立了自己庞大的势力。

二十一岁时，准备亲政的嬴政先把吕不韦撤职，流放到巴蜀，吕不韦自杀。二十二岁时嬴政开始亲历朝政，嫪毐发动叛乱。嬴政早知道嫪毐的阴谋，打败叛军，生擒嫪毐，将其车裂，暴尸示众，把太后赵姬抓了起来，同时把嫪毐和赵姬的两个儿子杀死。

从此，嬴政重用李斯和尉缭等人，开始了统一六国的大业。

秦王嬴政登上王位八年之后，第一个灭了赵国，又三年灭了韩国，又一年灭了魏国，又三年灭了楚国，同一年灭了燕国，又一年灭了齐国。兼并六国总共用了十年时间。

灭了六国之后，嬴政改王号为皇帝，执行法家政策，加强君主专制权力，削弱贵族诸侯的势力。变"王有"的土地所有制为"国有"，废除分封制，建立郡县制。管理体系从以前的诸侯联邦变成中央集权。

与此同时，秦始皇实施了一系列政策加强政权，包括：统一货币和度量衡；统一文字，修筑长城，强迫迁徙六国的富民和平民等。

但是，秦始皇的一系列重大改革政策并不是一帆风顺，在是否分封诸子为王的问题上就发生了争论。丞相王绾为首坚持沿袭从前的分封制，廷尉李斯则反对，强烈建议建立郡县制。秦始皇采纳了李斯的意见。

八年之后，关于师古还是师今的大讨论再次展开。博士淳于越在宫廷大宴上主张恢复分封制，丞相李斯一如既往地反对。他的观点很明确：如果恢复分封制，好不容易统一的江山可能会遭到分裂。所以，为了树立君王的绝对权威，李斯建议：

一、除《秦纪》、医药、卜筮、农家经典、诸子和其他历史书籍，一律交官府销毁。超过三十天不交的，脸上刻字，苦役四年。

二、谈论《诗》《书》者处死，以古非今者灭族，官吏发现而不举报的，同罪。

三、有愿意学习法令的，以吏为师。

秦始皇采纳了李斯的意见。第二天，在全国范围内点燃了焚书之火。

秦始皇完成统一大业，当了皇帝之后，一直向往长生不老，到处寻找长生不死药。一个姓侯和一个姓卢的方士答应为他寻找。长生不老药当然是找不到的。侯生和卢生两个人为了逃脱惩罚便逃之夭夭，到处诽谤秦始皇刚愎自用、独断专行，秦始皇听了大怒，以妖言惑众的罪名，下令追查，并且亲自圈定了460多人在咸阳活埋。这就是所谓"坑儒"事件。

所以，事实上，焚书也只是烧掉了秦朝之前书籍的一小部分，就算是儒家的四书五经也并没有因为焚书而灭绝。坑儒并非真的坑儒，因为活埋的大部分是术士，当然，因为秦始皇痛恨儒学，被活埋的人中有不少儒士也不奇怪。

曹公多智，颜子非愚

曹操在这本书里也是常客。很多故事中说到了曹操，但都是说别人的故事。这一段，曹操是主角。

曹操，字孟德，小字阿瞒，东汉末年杰出的政治家、军事家、文学家、书法家，三国中曹魏政权的奠基人。因为一部《三国演义》，曹操被塑造成"奸雄"的代表，在后世的戏剧舞台上，曹操的形象也是白脸，反面形象。这是因为在罗贯中的思想上，汉朝以及声称要继承汉朝的刘备才是正统，曹操作为刘备的对手，一定不是好人。事实上当然不是这样。

　　曹操出生在官宦世家，父亲曹嵩在汉灵帝时官至太尉。年轻时的曹操就聪明好学，喜好武艺，博览群书，尤其是古代兵法。十九岁被举为孝廉，入京都洛阳做郎官，之后被任命为洛阳北都尉，造五色大棒，"有犯禁者，皆棒杀之"，皇帝宠幸的宦官蹇硕的叔叔蹇图违禁夜行，被曹操的五色大棒处死，没了"前途"。二十三岁时，曹操因事被牵连，回家乡谯县，二十五岁，又被朝廷征召，任命为议郎。其间多次上书进谏，基本没用。二十九岁，黄巾起义爆发，曹操任骑都尉，领兵大破黄巾军，斩首数万人。升济南相，管理十几个县，之后大力整饬吏治，奏免八成的长吏，贪官污吏纷纷逃离。这时候东汉朝廷已经腐败到极点，曹操对朝廷失望，称病辞官。

　　三十三岁，汉灵帝设置西园八校尉，曹操被任命为典军校尉。第二年，汉灵帝驾崩，太子刘辩登基为汉少帝，何太后临朝听政。九月，董卓入京，废汉少帝刘辩立陈留王刘协为汉献帝，毒死少帝母子，自称太师，专权朝政。曹操反对董卓，改名换姓逃出洛阳，到达陈留后，卖掉家产，聚合义兵，拉起讨伐董卓的大旗。

　　三十五岁，袁术等人推举渤海太守袁绍为讨董联盟的盟主，曹操参加讨董大军，任代理奋武将军。同年领兵西进，与董卓大将徐荣交锋，曹操大败。三十六岁，曹操在东郡大败于毒、白绕、眭固、於扶罗等，袁绍任命曹操为东郡太守。三十七岁，黄巾军破兖州。曹操出任兖州牧，与济北相鲍信联合进攻黄巾军。鲍信战死，曹操设伏击败黄巾，获降卒三十余万。曹操军力大盛，组军名"青州兵"，助袁绍打败刘备、单经及陶谦诸军。三十八岁，曹操在匡亭六百里追击打败袁术、黑山军、南匈奴，并征讨徐州牧陶谦，攻克徐州十余座城。三十九岁，曹操再征徐州，一路上烧杀抢掠，引起东郡守备陈宫不满，与陈留太守张邈等人叛乱，迎接名将吕布为兖州牧。曹操与吕布会战濮阳，两郡相持百余日，遇蝗灾，双方撤兵。曹操失去兖州，军驻鄄城。

四十岁，曹操再战吕布，三战皆胜，破定陶、廪丘，平定兖州。吕布投奔刘备。秋天，汉献帝从长安东归，命各路诸侯勤王。四十一岁，曹操迎汉献帝，汉献帝封曹操为司隶校尉，录尚书事，同年，迁都许昌；十一月，再封曹操为司空，行车骑将军事。四十二岁，曹操讨伐张绣，张绣先投降，又立即反叛。曹操长子曹昂、侄子曹安民、大将典韦战死。之后曹操两次攻击张绣，张绣未亡。九月东征袁术，袁术弃军而逃，留下四将被曹操所杀。四十三岁，曹操讨李催，诛三族；九月东征许州，进攻吕布，吕布投降。曹操处死吕布、陈宫、高顺等人，收降张辽、臧霸等大将，控制许州。四十四岁，曹操取河内郡，势力扩张到黄河以北。同年，曹操屯兵于官渡，准备迎击袁绍。这一年，刘备投奔曹操，演出"煮酒论英雄"的戏码。同年，袁术吐血而亡。

四十五岁，董承等人谋杀曹操不成，被曹操杀掉。刘备袭杀徐州刺史车胄，占据许州。曹操以迅雷不及掩耳之势奔袭徐州，刘备败，投奔袁绍。袁绍是当时北方最大的势力，占据冀州、并州、幽州、青州四大州，有军队数十万。而这时候曹操的兵力不过几万，地盘很小，后备不足。二月，袁绍命大将颜良围攻白马，四月，曹操亲自率兵解白马之围，用声东击西之计，杀袁绍军一个措手不及，颜良被关羽斩首，袁军大败。解了白马之围，曹操西撤，袁绍命文丑渡河追赶，曹操把辎重物资扔在路上，袁军一到，争抢辎重物资，曹军适时杀出，关羽再斩文丑。曹操主动撤军，扼守官渡。八月，袁绍进宫，曹操分兵坚守。两军对峙两月，曹操处境艰难。十月，曹操偷袭袁绍屯于乌巢的粮草，大破袁军，烧毁粮草。袁绍进攻曹操大营未果，袁军大败，袁绍弃军逃回黄河以北。曹军大胜，斩敌七万余。这就是历史上著名的"官渡之战"。

曹操四十七岁那年，袁绍病死，两个儿子袁谭、袁尚不和，发生火并，袁谭不敌，投降曹操。接下来就是"谭尚相攻，曹操得利"的故事，在本书第一篇"一东"中"谭尚相攻"中有详细讲解。五十岁，曹操平定冀州和青州；五十一岁，攻灭高干，平定并州；五十二岁，远征乌桓，大获全胜，胡汉降者二十余万。

五十三岁，曹操废三公，恢复丞相制度，自任丞相；七月，南征荆州刘表，刘表病死，两个月后，其子刘琮投降曹操。听说刘琮投降，官渡之战后投奔刘表，驻扎在樊城的刘备率军撤退。曹操率兵疾驰三百里追击，在长坂坡当阳桥边激战，大破刘备，占领江陵。击溃刘备后，曹操想乘势吃掉东吴孙权。孙、刘两家在鲁肃和诸葛亮的努力下结成联盟，抗击曹操。曹操兵至赤壁，与孙、刘联军隔江对峙。周瑜用诈降之计，命大将黄盖率小船数十艘，上装柴草硫黄，冲向曹军，接近以后，各船一起点火。曹军舟船被烧，军心大乱，曹操败走华容道。这就是历史上比官渡之战更著名的"赤壁之战"。

五十六岁，曹操用兵关中，先是派大书法家将军钟繇率大将夏侯渊讨伐汉中。之后自己亲率大军，大败关中联军。马超、韩遂求和，曹操假装同意，再次大败马、韩，平定关中。之后曹操撤回，命夏侯渊继续西征，逐马超，破韩遂，横扫羌、氐，凉州平定。

五十七岁，汉献帝准曹操"参拜不名，剑履上殿"，和当年的汉丞相萧何一般待遇。五十八岁，曹操领兵四十万，亲征孙权，无果撤军。同年，汉献帝封曹操为魏公，加九锡、建魏国，定都邺城。六十二岁，汉献帝封曹操为魏王，位在诸侯之上，享受皇帝的礼仪和权力，成为事实上的皇帝。

同一年，曹操再次南征，击败孙权，孙权派都尉徐详投降，曹操同意，并诺重新结亲。第二年，刘备攻汉中，七月，曹操亲率大军赶往关中，坐镇长安。同时，曹操命曹彰、田豫北征，大破乌桓鲜卑联军。

曹操六十四岁那年，刘备南渡沔水，驻军定军山。夏侯渊出兵，被刘备手下老将黄忠所杀，曹军大败。曹操亲率大军来夺汉中，刘备坚壁不出，对峙数月后，曹操放弃汉中。曹操刚从汉中撤出，关羽关云长就发兵襄樊。曹操派于禁兵救樊城。关羽乘洪水泛滥，擒了于禁，斩了庞德，围住樊城。曹军死守。此时东吴暗地计划在背后偷袭荆州要地江陵，并通知曹操。曹操增兵徐晃与关羽恶战，关羽大败逃走。东吴吕蒙偷袭江陵得手。关羽撤往益州，路上被孙权军擒杀，将其首级送往西昌，曹操以诸侯礼安葬。曹操得荆州，表孙权为骠骑将军、荆州牧。孙权向曹操称臣并建议曹操取代汉朝。曹操把孙权的信给大臣们看，说：这小子是想将我放在火炉上烤啊！曹操手下也劝曹操做皇帝。曹操说：如果天命在我，我就是周文王。

第二年，曹操在洛阳逝世，终年六十六岁（虚岁）。

这就是曹操波澜壮阔的一生。他曾经说：我就是一个普通人而已，比较起来，我只是比较多智慧罢了。这算不算谦虚？

颜子，即颜渊，颜回，子渊，春秋时期鲁国人，孔夫子的大弟子，孔门十哲之首，孔门七十二贤之首。孔夫子的弟子之中，颜渊是毫无争议的第一，世称"复圣"，列儒家五大圣人之一。这五大圣人都是谁呢？

至圣孔子

亚圣孟子

复圣颜子

宗圣曾子

述圣子思子

颜渊出身贫寒，自幼生活贫苦，为人谦逊好学，十四岁拜孔夫子为师，聪明过人，长于深思，闻一知十。其聪慧不但能言善辩的子贡自叹不如，连孔子都觉得比不上。颜渊是孔夫子最得意的门生。

孔门十哲中，颜渊以德行第一著称。第一，他安贫乐道，"一箪食，一瓢饮，在陋巷，人不堪其忧，回也不改其乐"；第二，他非常尊重孔子这个老师，对孔子无事不从无言不悦，谦逊好学，"不迁怒，不贰过"，孔子赞他"贤哉，回也"；第三，颜渊自我要求严格，一切事严格遵循"仁"和"礼"的要求，"敏于事而慎于言"。孔夫子称赞他具有君子四德：强于行义，弱于受谏，怵于待禄，慎于治身。

颜子的一生，大部分时间是跟着孔子奔走于六国，一生没有做过官。可惜颜渊短命，三十二岁去世，孔夫子对他的早逝十分悲痛，哀叹说：唉！天丧我，天丧我啊！

颜渊的忠厚与内向，掩盖了他的聪明善思，连孔夫子一开始也没有认识到。孔子说：我给颜回讲一整天，他也只是听着，从不提出什么疑问，看起来有点愚钝。下课后我认真想，才发现他把我讲的内容进行了很好的发挥，所以说，颜回根本就不愚钝。这就是"颜子不愚"的故事。"大智若愚"，说的就是颜渊。

伍员覆楚，勾践灭吴

伍员，字子胥，春秋末期吴国的大夫，军事家。

伍子胥的父亲伍奢是楚国的太子太傅，是太子建的老师。因为太子建遭受费无忌的诬陷，伍奢受到牵连。楚平王听了费无忌的谗言，杀了伍奢和伍子胥的哥哥伍尚，伍子胥逃走。经过千难万险，伍子胥逃到了吴国，立志灭楚。

几年之后，楚国和吴国的边境上发生一件小事儿：国界两边的两个女子因为采桑叶发生矛盾打了起来。这事儿居然引起楚平王大怒，发兵讨伐吴国。吴王僚毫不示弱，派公子光讨伐楚国，攻破楚国的钟离、居巢，大胜而归。伍子胥对吴王僚说：楚国可灭，应该再派公子光去。觊觎吴国王位不想消耗势力的公子光说：伍子胥跟楚平王有杀父之仇，他这样说是为了报私仇。

楚平王病死后，楚昭王即位，吴王僚派兵袭击楚国。楚国派兵切断吴军后路，使吴军不能返回。趁吴国国内空虚，有野心的公子光派专诸刺死吴王僚，自立为王，就是吴王阖闾。阖闾即位，就封了伍子胥的官，与他共商国是。先前攻打楚国的军队因为没了退路就投降了楚国。

阖闾上台三年后，就兴兵和伍子胥、伯嚭攻打楚国。从此开始，两国打了十多年，最后吴王进入楚国的国都郢都，楚昭王出逃到随国。伍子胥在郢都没有找到楚昭王，就把楚平王的尸体从坟墓中挖出来打了三百鞭子解恨。楚国大臣申包胥到秦国求救，在秦王殿上哀哭七天七夜打动了秦哀公，出兵五百兵车攻打吴国。

阖闾的弟弟夫概趁着哥哥在楚国寻找楚昭王，跑回国内自立为王。阖闾听说后返回吴国，攻打夫概。夫概兵败逃到楚国。楚昭王见吴国内乱，就返回郢都，分封夫概。吴、楚两国再次交战，吴国战败，吴王阖闾回到吴国。

后来，阖闾在与越王勾践的大战中中箭伤了脚指，伤重不治而死，死前托付伍子胥辅佐儿子夫差，封他最高爵位，称相国公。

夫差即位后，打败了越国，越王勾践投降。伍子胥建议夫差一鼓作气灭掉越国但是遭到太宰伯嚭反对。之后遭伯嚭诬陷，被夫差赐死。死前伍子胥仰天长叹：当年是我助你父亲称霸诸侯，立你为太子也是我冒死力争而来，你当了太子后，说想把吴国分一半给我，我不敢有这样的奢望。如今你竟然听信小人谗言杀我！他留下遗言，让家人在他死后把他的眼睛挂在城门上，亲眼看着越国的军队灭掉吴国。

后来，吴国果然被越王勾践所灭。夫差羞于到阴间看见伍子胥，用白布蒙住双眼后拔剑自尽。

伍子胥这一辈子，可叹可泣！

接着伍子胥的故事，我们讲"勾践灭吴"。

越王勾践是继承了父亲允常的王位的。允常在世时，与吴王阖闾多次作战，不分胜负。

允常刚死，阖闾就再次出兵攻打越国。在槜李这个地方，勾践派敢死队向吴军挑战，他们排成三行，正步走到吴军阵前，一齐发声喊，把剑插进自己的胸口。吴军看得呆了，越军趁势冲锋，吴军战败，吴王阖闾的脚趾被斩断，退兵后身死，儿子夫差即位。

为了先发制人，勾践不听范蠡劝阻，发兵讨伐吴国，结果兵败被围。勾践接受范蠡的建议向吴国求和，吴王夫差准备接受，相国伍子胥反对，建议趁势灭掉越国。夫差不听，决定接受越国的投降。勾践带着范蠡、文仲到了吴国，夫差让他们住在阖闾坟墓旁边的石屋里，勾践给他喂马，范蠡做奴仆。每次夫差出门，都是勾践给他牵马。两年以后，夫差认为勾践已经真心归顺，就放勾践回了国。

勾践回国后，时刻不忘在吴国受辱的日日夜夜。他仍然住在堆满茅草的屋子里，把一个苦胆悬挂在房梁上，每一天都要舔一舔，记住那种苦涩的味道。同时，他身穿粗布衣衫，顿顿吃着粗粮，跟百姓一起夏天播种。他的夫人则跟妇女们一起养蚕织布，发展生产。勾践夫妇的行为激励了越国的百姓，他们上下一齐努力，奋发图强，越国的国力日益增强。勾践又接受大臣建议，贿赂吴王，麻痹对方，收购吴国的粮食，使吴国粮库空虚；赠送木料，让吴国大兴土木，消耗吴国的国力；散布谣言，离间吴国的君臣关系。尤其是用美人计消磨夫差的精力，让他糊里糊涂地杀掉了国家栋梁伍子胥。

几年后，吴王夫差率精兵北上参加黄池会盟，仅留太子和老弱留守。勾践乘虚而入，击败吴军，杀死吴国太子，夫差紧急回国，已无力回天，无奈求和。几年后，勾践再度讨伐吴国，大败吴军，吴国自此一蹶不振。又过了三年，勾践最后一次伐吴，一举攻入吴郡，杀了伯嚭，吴国灭亡。夫差死到临头，才后悔当初不听伍子胥之言。

君谟龙片，王肃酪奴

本书第五篇"五微"中有一段故事，叫作"蔡陈善谑"，里面全面介绍了蔡襄蔡君谟。北宋书法家、文学家、政治家、茶学家。

作为著名的茶学家，蔡襄不但对茶有独到的研究，写成《茶录》一书，而且在担任福建转运使时，还专门培育创造了自己的茶叶品牌"小龙团"，作为每年给皇上的贡品。欧阳修虽然对蔡襄制作贡茶有非议，但是也不得不承认蔡襄的制茶工艺之精湛。

历史上有两个有名的王肃，一个是三国时期的经学家，《三国演义》中被诸葛亮骂死的那个司徒王朗的儿子；一个是南北朝时期北魏名臣，东晋名相王导的后人。这里说的是后一个。

王肃的父亲叫王奂，是南齐的大官。但是齐武帝萧赜杀掉了王奂和王肃的兄弟，王肃被逼投奔北魏。北魏太祖，就是孝文帝拓跋宏，听到王肃来投，"虚襟待之"，就是敞开胸怀，真诚相待。两人促膝长谈，皇帝久坐都不觉得疲惫，觉得就像是当年刘玄德遇到诸葛孔明一样。

孝文帝命王肃征讨南齐，连打胜仗，投降者过万。孝文帝亲派散骑侍郎慰劳，进号平南将军、豫州刺史、扬州大中正。说明一下，古代皇帝奖励下属有三种方式：奖赏、升官、封爵，所给的官衔经常是一大串，后人很难搞清楚这些官衔是什么意思。譬如孝文帝这一次的奖励，完整表达是这样的：进号平南将军，赐骏马一匹，除持节、都督豫口东郢三州诸军事、本将军、豫州刺史、扬州大中正。我们讲故事，就简单处理了。后面也是这样。

之后王肃又打败了齐明帝萧鸾的大将裴叔业，皇帝又给了很多奖励，进号镇南将军，都督四州军事，原来的官职还保留，王肃使劲推辞，皇帝不但坚持，还增加奖励。

在伐淮北的战役中，王肃打了败仗，被降为平南将军。之后孝文帝崩，遗诏王肃为尚书令。

宣武帝元恪即位之后，继续重用王肃。在进攻南齐占领的合肥的时候，王肃又打胜仗，生擒南齐的胶州刺史李叔献，宣武帝再次给王肃升官，并且封开国侯。

王肃三十八岁逝世，宣武帝发诏，给予王肃很高的评价。

王肃的一生，清身好施，简绝声色，终始廉约，家无余财，刚刚从南方投奔北魏的时候，不吃羊肉和羊奶酪，常吃鲫鱼羹，渴了就喝茶。若干年之后，王肃和孝文帝在皇宫中见面，吃了很多羊肉和奶酪。孝文帝就觉得奇怪，对王肃说：你怎么看这些食品的味道呢？羊肉比鱼羹如何？茶水比奶酪怎样？王肃说：羊是路上最多的动物，鱼是水里最大的族群。大家爱好不同，都可以是美味。就味道而言，还是有很大差别的。譬如羊肉就像是齐鲁大邦，而鱼就像是邾莒小国，茶只能是奶酪的奴婢啦。彭城王打趣王肃说：你不重齐鲁大邦，而喜爱邾莒小国。王肃说：那是我家乡啊，不能不爱啊。彭城王说：你明天到我家来，我给你设"邾莒之食"，外加"酪奴"。

这就是"王肃酪奴"的由来。

蔡衡辨凤，义府题乌

汉光武帝时期，隐士辛缮隐居在华阴，光武帝刘秀征召了几回他也不出山。当地太守报告说在他家的槐树上栖息着一种凤鸟，这种鸟高五尺，身上五色斑斓，青色居多。太史令蔡衡听了说：这个不是凤。和凤长得相似的有五种鸟，红色居多的叫作凤，青色居多的叫作鸾，黄色居多的叫作鹓鶵（yuān chú），紫色居多的叫作鸑鷟（yuè zhuó），白色居多的叫作鸿鹄。所以，辛缮家的这一只是青鸾。光武帝认为蔡衡说得对。

唐朝李贺有诗：铜镜立青鸾，燕脂拂紫绵。

李义府是唐高宗时期的宰相，中国历史上著名的奸臣和贪官之一。

李义府早年因文章写得不错得到举荐，担任监察御史跟随晋王李治。后来唐太宗李世民立李治为太子，李义府就被任命为太子舍人、崇贤馆直学士。李世民死后，李治即位，就是唐高宗，李义府改任中书舍人，后又兼修国史，加弘文馆学士。后来李义府得罪宰相长孙无忌，被贬为壁州司马。结果，诏书还没下达，他就从后门得知，抢先连夜上表，请求废除王皇后，改立武媚娘。这一招正中唐高宗的意思，唐高宗一看大喜，收回贬书，对其继续留任。同一年，武媚娘被立为皇后。李义府被封中书侍郎，封广平男爵，之后一路升官做到右相。在这段时间里，李义府结党营私，排除异己。在皇帝面前拍马溜须，谄言媚上，出了宫则横行无忌，徇私枉法。文武百官对他又恨又怕。又伙同许敬宗等人贬杀忠臣，为武媚娘登基铺路。唐高宗曾当面斥责他：我听说你的女儿女婿常干不法之事，我还给你掩饰着，你应该对他们多多管教啊。李义府听了勃然变色，问：是谁告诉陛下的？高宗说：这你就别问了。李义府听了也不谢罪，扭头就走了。高宗深为不满。

李义府不断搜刮钱财。就在他又向长孙无忌的孙子长孙延勒索时，终于有人站出来把他告到皇帝那里。唐高宗本来就对李义府不满，一看有人告就立即把李义府抓了起来，审讯之后，判长期流放巂州，朝野欢庆。后来唐高宗封禅泰山，大赦天下，就是不赦李义府。李义府忧愤而死。

武则天登基之后，念李义府之前的辅助之功，追赠他为扬州大都督，实封三百户。武则天的儿子李旦登基为唐睿宗。他实际掌权后，把李义府的实封又取消了。

"义府题乌"的故事说的是在李义府初次见唐太宗李世民的时候，李世民以乌为题考他的学问。李义府作诗说：

日里扬朝彩，琴中伴夜啼。
上林多少树，不借一枝栖。

李世民看了一笑，说：我把左右树枝都借给你，岂止一枝，于是任命他为御史。

苏秦刺股，李勣焚须

在本书第四篇"四支"中有一段"善辩张仪"，说到了纵横家的两个创派祖师：苏秦和张仪。

苏秦出身农民，早年到齐国求学，拜在鬼谷子门下，和张仪是同学，学成之后，出门游历多年，不被人赏识，穷困潦倒，狼狈而回。大家都讥笑他除了会说嘴啥都不会。苏秦便发奋读书并且思考如何才能够出人头地。在努力钻研《周书阴符》一年之后，琢磨出"合纵连横"的概念，开始周游列国，游说各国的君王。但是，跟从前一样，他的合纵连横并没有得到认可，他见了周显王、秦惠王、赵国的奉阳君，谁都不把他当回事儿。

情况在燕国出现了转变。在等待一年之后，苏秦见到了燕文侯，经过一番分析之后，建议燕国合纵赵国，结为一体，得到了燕文侯的赞许，答应苏秦如果合纵成功，举国相报，又资助他去赵国游说。到了赵国，奉阳君已死，苏秦就游说赵肃侯，提出六国合纵抵抗秦国的主张。赵肃侯听了认为有理，资助他继续游说其他诸侯国。结果，韩国的韩宣王、魏国的魏襄王、齐国的齐宣王和楚国的楚威王在苏秦的三寸不烂之舌下，居然都同意了他合纵六国的主张，决定成立六国合纵联盟，并推举苏秦为"从约长"，如同现在联合国的秘书长。与联合国秘书长不同的是，苏秦还兼任六国的总理（国相），身上同时佩戴六国的相印。

这个联盟确实起到了一些作用。强大的秦国看到盟约之后，果然十五年没有动六国的念头。但是后来秦国使用了离间计，骗齐国和魏国联合攻打赵国。本来就没有什么坚实基础的六国联盟很快就土崩瓦解。

之后苏秦凭着他的战略思维和雄辩之术帮助燕国收复了被齐国攻占的城池，又在别人毁谤他出卖国家、反复无常的时候，通过辩论获得燕王的信任。后来苏秦与燕王的母亲私通，燕王知道了，不但没有惩罚他，反而对其更加厚待。苏秦害怕哪一天燕王成了"阎王"，就找理由去了齐国。齐宣王任用他为客卿。

　　齐宣王去世之后，齐湣王即位。苏秦就劝说齐湣王大兴土木，目的是消耗齐国国力，让燕国得利。后来齐国大夫们派人刺杀苏秦，苏秦重伤但没死，不过也没活多久。死后，他为燕国利益破坏齐国的很多事儿也暴露了出来。

　　《三字经》中有一句"头悬梁，锥刺股"。其中头悬梁说的是汉朝的孙敬，锥刺股说的就是苏秦。他努力钻研《周书阴符》一书的时候，只要自己一打瞌睡，就用一支铁锥扎自己的大腿，最后终于学成。

　　"李勣"这个名字听起来有点陌生对吧？但是要说另外一个名字大家可能会知道：军师徐茂公！对，他们是同一个人。只不过历史上没有"徐茂公"这个名字。"徐茂公"最初的名字叫徐世勣，字懋功。后来因为功劳大，被唐高祖李渊赐姓李，就成了"李世勣"，再后来，唐太宗李世民登基，因为要避讳李世民的名字中的"世"，就改名叫李勣。后世小说演义中，因为"懋功"二字的懋写起来麻烦，就变成了"茂功"，又因为他很有智慧，受大家尊敬，就成了"茂公"。在《隋唐演义》《说唐》等小说里，徐茂公可是一个半仙级的大军师。为了简单，我们下面一律叫他李勣。

　　李勣出生在一个富豪之家，他父亲徐盖乐善好施，常接济贫苦百姓，年少的李勣也受到影响。瓦岗山离李勣的家乡很近，所以隋炀帝后期天下大乱的时候，李勣就参加了翟让领导的瓦岗军，帮助翟让打了不少胜仗，后来又劝说翟让奉李密为主，翟让接受。李密领导瓦岗，自称魏公，封李勣为右武侯大将军，统领大军。

　　王世充讨伐李密，李勣用计在洛水两岸几次大败王世充，被李密封为东海郡公。一年后，隋朝大将军宇文化及在江都杀掉隋炀帝杨广。
同年，李密派李勣征讨王德仁，李勣击败王德仁并迫使他去投奔唐王
李渊。李勣驻守黎阳仓，被宇文化及率军围城，万分危急之下，李勣
从城中向外挖了条地道，通过秘密地道突然出现在城外，大败宇文化及。
这一年，唐朝建国。

　　同年十月，李密被王世充大败，聚众归顺大唐，李密原来所统辖
的属地划归李勣接管。李勣写信给李密，把属地的情况一五一十报告
李密并让李密报告朝廷。李渊知道了李勣的作为，为他感怀原主人恩
德的德行点赞，封他为黎阳总管、上柱国、封莱国公，后来又加授右
武侯大将军，改曹国公，赐李姓。

　　在之后的八年当中，李勣跟随秦王李世民南征北战，打败了宋金刚、
窦建德、王世充、徐圆朗、辅公祏。之后玄武门之变，唐太宗杀掉大
哥太子李建成和四弟李元吉登上皇帝宝座。拜李勣为并州都督，赐封
邑九百户。在消灭东突厥的战争中，李勣作为行军大总管，在兵部尚
书大将军李靖的麾下屡立战功，最后，突厥大酋长率领各部落一起投
降李勣，李勣在俘获五万多人后胜利班师回朝。朝廷授李勣为金紫光
禄大夫、代理并州大都督府长史，在并州任职十六年，政绩颇佳。李
世民说：隋炀帝不能选贤安民，只能用长城防备突厥。我让李勣在并州，
他的威名就能让突厥闻风而逃，不是更胜过长城吗？

　　后来李勣担任兵部尚书，大破薛延陀军，奉命进攻高句丽，就是
现在的朝鲜半岛，连破数城。次年，趁薛延陀内乱之际，李勣一举消
灭了薛延陀政权。

　　李世民死后，唐高宗李治即位，李勣任辽东道行军大总管，再次
出征高句丽。一年后，唐军攻克平壤，高句丽灭亡。

"李勣焚须"这段故事中"焚须"的并不是李勣，而是为了李勣。说的是某一年李勣得了病，太医说有个偏方：人的胡须烧成灰可以治疗此病。唐太宗李世民当场听了，就立即命人拿剪子把自己的胡须剪了下来，焚烧后为李勣下药。李勣连连叩头哭谢。李世民说：这是为了朕的江山社稷考虑，并不是为了你个人，这有什么可谢的呢。由此可见，李勣在李世民心里分量有多重。

介诚狂直，端不糊涂

石介，字守道，北宋初期的学者、思想家，是宋代理学的先驱，曾经创建泰山学院和泰山学派，与孙复一起创办的徂徕书院，成为北宋四大书院之一。四大书院之一的岳麓书院至今犹存，当然不是宋朝的那一个了。宋朝的理学大师朱熹曾经说：自明道、景祐以来，学者有师，惟先生、泰山孙明复、石守道三人。这三人就是著名的宋初三先生：胡瑗、孙复、石介。

石介年轻的时候在应天府求学，老师就是著名的范仲淹先生。当时应天府的知府是晏殊，对，就是那个写"无可奈何花落去，似曾相识燕归来"的大诗人。不但石介的学问受范仲淹影响，道德思想也有深深的范仲淹的烙印，后来也是范仲淹改革的有力支持者。

由于有范仲淹这样的名师，石介二十六岁就进士及第，进入官场，之后经人介绍结识孙复。两人一见如故，石介为孙复在泰山脚下盖了一幢房子，两人共同创建泰山书院。经名臣杜衍推荐，任御史台主簿。

石介的耿直是出了名的。宋仁宗赵祯刚登基时年纪还小，放荡了

些，石介上书直接骂小皇帝"废郭皇后，宠幸尚美人……渐有失德""妇
人朋淫宫内，饮酒无时节"，因此被皇帝罢官。后来的十几年，石介
以读书和教书为生，在母丧期间，和孙复创建了徂徕书院。之后，杜
衍再次推荐，石介成为国子监直讲，就是当时最高学府的教授。很多
学生慕名而来，太学的学生从原来的二三十人一下子增加到几千人，
欧阳修在为石介写的墓志铭中说到这一段："从之者甚众，太学之盛，
自先生始。"可见石介的号召力之强。

　　范仲淹改革，提出十项改革措施，就是"庆历新政"。石介欢欣鼓舞，
作《庆历圣德颂》，歌颂改革，反对保守，结果遭到保守派的记恨。
保守派领袖夏竦设计陷害石介谋反，石介被贬外放，随后范仲淹改革
失败。石介尚未到被贬之地，就病死在家中。大文学家欧阳修曾经写
长诗《重读徂徕集》哭祭石介，诗中写道：

　　　　我欲哭石子，夜开徂徕编。
　　　　开编未及读，涕泗已涟涟。
　　　　已埋犹不信，仅免斫其棺。
　　　　此事古未有，每思辄长叹。
　　　　我欲犯众怒，为子记此冤。
　　　　下纾冥冥忿，仰叫昭昭天！

　　吕端，字易直，北宋名臣。年轻时是后晋的官员，赵匡胤建立大宋朝，
吕端在宋朝做官，逐步上升，做到参知政事，就是副宰相。虽然没有
多大建树，但是他处世宽厚忠恕、沉稳冷静、有气量、识大体。宰相
赵普，就是号称"半部论语治天下"那位，就曾经称赞吕端说：吕公

这个人，得到皇上嘉许也不显出得意，受到挫折也不会沮丧，喜怒不形于色，是个做宰相的人才！后来，左谏议大夫寇准也升为参知政事，吕端就请求自己位居寇准之下。宋太宗不准。其实，早在吕蒙正做宰相时，太宗就有重用吕端的想法。在打算任命吕端做宰相时，有人就站出来反对，理由很奇怪，说吕端这个人"糊涂"。太宗早就对吕端了如指掌了，马上反驳说：吕端小事糊涂，大事不糊涂。之后吕端拜相，年六十岁。

吕端后来的表现证明宋太宗是正确的。他在宰相的位上勤勤恳恳兢兢业业，被后世称为一代名相。之后宋太宗驾崩，宋真宗即位的过程中，吕端也起到了至关重要的作用，并且为真宗朝代的稳定开局立下功劳。

毛泽东逝世之前，曾经召见叶剑英，口述了一句诗：诸葛一生唯谨慎，吕端大事不糊涂。

关西孔子，江左夷吾

关西孔子就是杨震，在本书第四篇"四支"中"杨震四知"有详尽介绍。这里不再重复。

我们在本书第五篇"五微"中的"王葛交讦"中介绍过王导，东晋时期著名的政治家和书法家。在"少帝坐膝"中也提到过王导同时期的中庶子温峤。这段故事和他俩有关。

温峤是西晋时并州刺史刘琨的内甥，就是刘琨妻子的姐妹的儿子，所以一直跟着刘琨为官。匈奴打来的时候，晋室皇族纷纷南逃，到江东投靠琅琊王司马睿。这时候的西晋政权已经名存实亡，只有刘琨仍在坚持。刘琨进位司空的时候，温峤为司空府左司马。西晋灭亡之后，温峤随刘琨投奔幽州，依附于幽州刺史段匹䃅（dī）。这时候，司马睿在建康建立新政权，就是东晋，没有称帝，称晋王。

温峤作为刘琨的使节来到江南，那时候叫作江左。这时候江南的新政权刚刚建立起来，各方面的法律制度还没有完善。温峤初到，对这种情况感到忧虑，于是就拜见丞相王导，诉说晋愍（mǐn）帝被囚禁流放，社稷宗庙被烧，先帝陵被破坏等，亡国之痛溢于言表，一边说一边哭。王导一边听一边也跟着温峤哭。哭完了之后，便真诚地提出和王导结交的想法，王导也真诚地接纳了温峤，两个人相谈甚欢。温峤出来后，高兴地说：江左自有管夷吾一样的人，我还有什么担忧！管夷吾就是管仲，春秋时期著名的政治家。温峤觉得王导就是当世的管仲。

赵抃（biàn）携鹤，张翰思鲈

赵抃，字阅道，北宋名臣。

赵抃在担任殿中侍御史时，不避权贵，不惧奸佞。他曾经弹劾宰相陈执中不学无术，错失连连，参宣徽使王拱臣与手下有违法行为，参枢密使王德用、翰林学士李淑不称职。所有被参之人均遭罢免。因为赵抃刚直不阿，脸又长得黑，京城里都管他叫"铁面御史"。

铁面御史除了参倒贪官、懒官之外，也保护好官。有人因为议论宰相，就被贬外放，赵抃为他们辩护，皇帝就把他们召了回来。蔡襄等人出任地方官，欧阳修等人也要求到地方上去，赵抃就对宋仁宗说：

要走的都是品行端正的，皇上身边贤才如欧阳修的可是不多了。他们想去地方，是因为他们不事权贵，您把他们放了，会让群臣伤心啊。宋仁宗听了，就把欧阳修他们留在朝中。

宋英宗时期，赵抃任成都知府，上任的时候，只有一匹马、一把琴、一只鹤跟随着他，在职期间，清廉如水。看到人民安居乐业，他就弹琴一曲。他养了一只鹤，时常用鹤羽的洁白勉励自己清廉，用鹤头上的红点勉励自己要赤胆忠心为国家。后人为他居住的地方起名"琴鹤堂"。宋神宗时期的宰相韩琦曾经说：赵抃是世人的表率，我也赶不上他。

张翰是西晋时期的文学家，张良张子房的后代。他的父亲原本是三国时期吴国的大鸿胪，死后不久东吴就被西晋给灭了。深受亡国之痛的张翰放荡不羁，很像曹魏时期竹林七贤之一、外号"阮步兵"的阮籍，所以大家就管他叫"江东步兵"。晋惠帝时期，张翰官至大司马东曹掾。

"八王之乱"开始的时候，张翰不愿意被卷进去，就借口秋风起，思念家乡的鲈鱼，辞官回了吴淞江畔的老家。写下著名的《思吴江歌》：

秋风起兮木叶飞，吴江水兮鲈正肥。
三千里兮家未归，恨难禁兮仰天悲。

李佳国士，聂悯田夫

李膺，字元礼，东汉汉桓帝时期的名士。

李膺年轻时名气就很大。他做过青州刺史、渔阳郡太守、蜀郡太守。因为母亲年老请求辞职，被调任乌桓校尉。鲜卑人经常侵犯边境，李膺亲自上阵，冒着箭矢，把敌人打败。后来他因公事被免官，回到老家教书，学生闻名而来，多达千人。当时有"荀氏八龙"之称的老六荀爽去拜访李膺，为李膺赶车，回来后到处显摆：我今天居然为李君赶车了！可见李膺的名气有多大！

汉桓帝听说了李膺的大名，就征召他做度辽将军。羌人听说李膺来了，非常害怕，就把以前抢掠的男女全部送回来，而且再也不犯边境。李膺的声威再次远播。

之后李膺一度因遭诬陷被免职，再次被起用时为司隶校尉。宦官张让的弟弟张朔当县长时贪婪残暴，孕妇都敢杀，听说李膺回到朝廷，吓得逃回京师藏在哥哥张让家的夹壁墙里。李膺知道了，带人拆了夹壁墙抓了张朔并将其正法。张让向桓帝喊冤，桓帝召李膺入宫，责问他为什么先斩后奏。李膺用孔夫子杀少正卯的故事证明自己没错，同时又说自己犯了办案过速的罪过，请求桓帝宽限五天，灭尽大恶，回来领烹煮之刑。桓帝听了，对张让说：都是你弟弟的罪，李膺有什么过失？从此宫内的宦官们都老老实实的。那个时候，朝纲败坏，贪官横行，只有李膺一人保持清廉的风采，士人有幸能让李膺接待的，都叫作"登龙门"，是莫大的荣誉！在当时世人为高风亮节的名士排名的榜单中，李膺排名为"八骏"之首。

在第一次党锢之争中，李膺遭到迫害，被关了起来。桓帝大赦天下，李膺免官回乡。桓帝驾崩，灵帝即位，任命李膺为长乐少府，不久又被免。第二次党锢之争李膺没有躲过，自己主动到指定监狱，被拷打致死。

这段故事是说在李膺见过聂季宝一面之后，就断言说：此人当作国士。后来果然应验。

善讴王豹，直笔董狐

王豹是春秋时期卫国的人，是中国历史上极少见的歌唱巨星，据说是古代"十二音神"之一，排名第四，有"韵吟王豹"的美誉。孟子曾说：早年间王豹住在淇水这个地方，带动得全河西地区的人都善于唱歌。

"十二音神"都有哪些呢？他们是：罗公远、黄幡绰、琴音绵驹、韵吟王豹、猿音石存符、雷音孙登、叶法善、云音韩娥、凤鸣阮籍、虎啸秦青、鸟音薛潭、鬼音沈古之。有兴趣的同学可以查一查。

董狐是春秋时期晋国的太史，也叫史狐。和太史令司马迁一样，他们的任务是记录历史，就是史官。所谓"直笔"，就是真实地记录。而真实记录历史是一件非常艰难的事情，因为所有的史官上面还有君王，而君王的意志往往左右历史记录的真伪。所以有人说"历史就像一个小姑娘一样任人打扮"。

作为晋国的史官，董狐记录了这样一段历史：晋灵公夷皋搜刮民财，残害臣子。执政大臣赵盾多次苦谏未果，反而遭灵公追杀。赵盾无奈出逃，逃到晋国边境时，听说灵公被自己的族弟赵穿杀死，于是返回晋国，继续执政。董狐把这一段题为"赵盾弑其君"的记录展示给朝臣。赵盾不服，说灵公乃赵穿所杀，与他无关。董狐说：你是朝廷大臣，既然没有逃出国界，就还是晋国大臣。如今君王被杀，你不讨伐弑君的乱臣，就失去了君臣大义，弑君之名不是你担当又能是谁呢？

这段历史记录得是不是"真实"现在看来还有争议，但是注重"君臣礼纲"的孔夫子对此大加赞扬。后来的司马迁正是秉承了"直笔"精神，"不虚美、不隐恶"，才给我们留下一部真实、伟大的《史记》。

赵鼎倔强，朱穆专愚

赵鼎，字元镇，南宋初期的政治家、词人。他几度出任南宋王朝的宰相，被称为南宋中兴贤相之首，和李纲、胡铨、李光并称为南宋四大名臣。

到赵鼎最后一次担任宰相的时候，在金人要求议和的问题上，赵鼎与秦桧意见不合，秦桧对赵鼎怀恨在心。后来赵鼎又因为另外一件事让宋高宗不高兴，秦桧就借机排挤赵鼎，在朝中安排一些事端让皇帝对赵鼎生疑。赵鼎无奈称病辞职。离开京城时，秦桧率领执政大臣送行，赵鼎没正眼看他，一揖而去，秦桧越发恨他。

离开朝廷之后，赵鼎在潮州住了五年，闭门谢客，不问时事。中丞詹大方诬蔑赵鼎受贿，令潮州郡守把赵鼎编在移民册中迁移到吉阳军。赵鼎上谢表说："白首何归，怅余生之无几；丹心未泯，誓九死以不移。"秦桧看了说：这老头还是跟以前一样倔强啊！

到了吉阳之后，赵鼎更是深居简出，以前的老门生都不敢通信问候，是由广西的主将张宗元接济他一些油盐柴米。秦桧知道后，就让看守的军兵每个月开一张赵鼎的死亡申报。赵鼎知道自己时间不多，就给自己写了墓志铭，之后绝食而死。墓志铭里说：

身骑箕尾归天上，

气作山河壮本朝。

同学们还记得本书第四篇"四支"中那个"傅说骑箕"的故事吗？后人用"骑箕尾"表示国家重臣之死。

张侯化石，孟守还珠

这两个故事，第一个算"奇闻"，第二个算"异事"。

汉代有个人叫张侯，在梁国做国相。有一天雨后，张侯看见一只像山雀一样的小鸟飞坠在地上化成一颗圆石。他取回家打开一看，里面有一方金印，上面刻着"忠孝侯印"。张侯是不是因此做了侯爵或者遭了什么祸殃，就没有下文了。

孟尝，字伯周，东汉时期的官吏。曾经担任合浦太守。

合浦，位于广西壮族自治区的北海市，在北部湾的北岸。这个地方不产粮食，但是因为靠海湾，所以生产珍珠。合浦珍珠到今天也是很有名的。孟尝上任之前的官员大都贪得无厌，不顾生态平衡，无限度地采珠，搞得那些珠蚌都跑到临界的交趾去产珠了。合浦人没了珍珠，人民生活没了依靠，穷人就饿死在路边。孟尝上任后，访贫问苦，兴利除弊，对珍珠以保护和采用相结合，生态逐渐平衡，珠蚌又回到了合浦。老百姓的生活又好起来。成语"合浦还珠"或"合浦珠还"

就是说的这个故事。

说它是"异事"，是说在那个年代，懂得生态平衡的人不多。

毛遂脱颖，终军弃繻^{rú}

有两个成语出自这个故事：毛遂自荐和脱颖而出。

毛遂是战国时期赵国的人，是赵公子平原君的门客。那一年秦昭王派兵围困赵国首都邯郸，赵孝成王派平原君去楚国求援。平原君要在自己的门客中挑选二十人作为随从，选了十九个，还缺一个，却怎么也选不出来。这时候，毛遂站出来说：我跟您去。平原君看着他，问：你来我这几年了？毛遂说：三年。平原君说：三年？你要是个圣贤之辈，三年早就被人称颂了。如今我都不认识你，你一定是个无能之人。毛遂坦然答道：我就像是藏在囊中的锥子，外面看不出锋芒。如今得出囊中，才能脱颖而出。平原君被他说服，带着二十人上路。

到了赵国，平原君与楚考烈王商议合纵之事，谈了半天，也没个结果。毛遂等二十人在外边等啊等，等到中午，毛遂就冲进去说：合纵之事，对楚国有百利而无一害。当年苏秦合纵六国，秦国十五年不敢侵犯。现在虽然秦国包围邯郸一年多了，二十万精兵日夜进攻，邯郸丝毫未损。赵、魏两国素来交好，魏国一定会派兵救赵国。如果楚、赵合纵，再联合魏国和韩国，就可以消灭秦国的精锐于邯郸城下，到时候再乘胜西进，楚国就可以先报仇，收复失地，重振楚威。这么简单的好事不知道你们还犹豫什么？楚王听了，一拍大腿：就依先生！当场歃血为盟，合纵完成。

回到邯郸，平原君感叹：我一生自认为识得贤士豪杰，不会看错和怠慢一个人。可是毛遂在我门中三年，我竟然不识！毛先生在楚堂上大义凛然，豪气冲天，唇枪舌剑，不但三言两语促成合纵，而且不失赵国尊严，还大长赵国威风。三寸之舌强过百万雄师啊！我可再也不能以能相天下之士自居了！

于是平原君改待毛遂为上客。

终军，字子云，西汉汉武帝时期著名的政治家、外交家，曾先后出使匈奴和南越，"请缨"一词即出自这老兄的故事。

终军在少年的时候就以博闻强记、能言善辩、文笔优美闻名，十八岁时被举荐为博士弟子，赴京师。路过函谷关的时候，守关的小吏给他一个"缯"，终军不认得，就问这是做什么用的。小吏说这是将来回来再过关的一个凭证。终军听了，把缯抛在地上，慨然言道：大丈夫西游，将不再回来！守关小吏以为遇到了疯子。到长安后，终军官拜谒者给事中，奉旨巡游东方各郡国，他骑着高头大马，手持朝廷符节，再次来到函谷关时，守关小吏认出了那个把缯抛掉的青年，叹服他的志远才高。

又一次，朝廷要派使臣去往匈奴，终军上书自荐并圆满完成任务。得到汉武帝赏识，升他为谏大夫。那个时候，南越政权还没有归附大汉朝，终军又一次自荐出使南越。他在给皇帝的奏折中说：愿受长缨，必羁南越王而致之阙下！这就是"请缨"一词的由来。到了南越，终军极力说服南越王臣服汉朝，可惜遭到丞相吕嘉的坚决反对，发兵攻打南越王及汉朝的使者。终军被杀，年仅二十岁。

壮哉终军，民族英雄！

佐卿化鹤，次仲为乌

唐玄宗李隆基在重阳节那天到沙苑打猎，看见一只孤鹤在白云中飞翔。唐玄宗张弓搭箭一箭射中，眼见着那鹤带着箭缓缓降落，离地还有一丈来高的时候，突然一振翅膀，向西南飞去。大家一直望着它，好久那鹤才消逝在天际。

在益州城西面十五里，有一个道观。这道观依山傍水，种满了松树和桂树，山深林静，如果不是诚心在这修炼的人是不能住到这里的。这个观的东廊第一院，尤其幽静。有一个道士，自称来自青城山，名叫徐佐卿的，长相清纯高古，一年能来好几趟。观中的老年人，总是空着那院的正堂，等着徐佐卿的到来。徐佐卿每次来都住在这，或三五日，或十天半月就走。道流中人都很仰慕他。

那一天他忽然从外面走进来，神色不太高兴，对院子里的人说："我在山里走路，偶然被飞箭射中，不过一会儿就没事儿了。但是这箭可不是普通人的，我把这支箭留在墙壁上，后年箭的主人到这里来，你们就把箭交给他。千万不要弄丢了！"他还拿笔在墙壁上记道："留箭时间：天宝十三年九月九日。"

两年之后，唐玄宗因为"安史之乱"避难来到四川，偶然来到这座道观，很喜欢这里的佳境，就走遍所有的道室，走进东廊第一院正堂之后，忽然看到墙上那支箭，让侍臣拿过来玩赏。他接过箭一看，吃了一惊，于是就询问观里的道士，道士把前年发生的事如实地回答了。唐玄宗就去看徐佐卿题的字，原来这正是前年他在沙苑打猎射出的那支箭，徐佐卿一定是中箭的那只孤鹤。细究那题字，是他在沙苑中箭之后飞到这里的。唐玄宗非常惊奇，就收藏了那支箭，作为一件宝物。以后蜀地再也没有人遇到过徐佐卿。

王次仲创造八分隶书的故事，在历史上有多种说法。一说次仲是秦朝人，一说是汉初人，也有说王次仲是神仙的，还有误传王次仲是东汉人的。这里的故事取第一种说法。

传说秦朝王次仲，把仓颉创造的文字规范简化成当时的隶书，秦始皇看了很是喜欢，认为隶书简明易用，就召见王次仲。结果征召了三次，王次仲还是不到，于是秦始皇下令用槛车把他给拉来。王次仲听说了，就变成一只大乌鸟飞走了。

韦述杞梓，卢植楷模

韦述是唐代的大臣，著名史学家。

韦述小时候聪明好学，家里有两千卷书籍，很小的时候他就全部读完而且能记住书中的内容，见到的人无不惊骇。考功员外郎宋之问问他：韦学士童年有何事业？韦述回答：性好著书。宋之问听了大喜，说：本来就是求异才，果然得到了司马迁、班固一般的人物。后来韦述官至集贤院直学士，擢工部尚书侍郎，封方城县侯。

韦述对中国历史研究的贡献是很大的。他的著述有《唐职仪》三十卷、《高宗实录》三十卷、《西京新记》五卷、《御史台记》十卷、《开元谱》二十卷，并传于世。

　　唐朝之中，韦氏家族是首屈一指的名门望族。其中，史学以韦述为首；词学，以韦承庆、韦嗣立为最；音律，以韦万石第一；礼义，以韦叔夏最棒。韦述做右补阙的时候，张说担任中书令，负责集贤院。韦述和赵冬曦、张九龄等词学之士常常到张说家里拜访，其中还有赵冬曦的六个弟弟和韦述的五个弟弟。张说说：赵、韦昆季，令之杞梓也。"杞梓"是兄弟的比喻，意思是赵、韦这两家兄弟，都是一样有出息呀！

　　您知道三国时期蜀国创始人刘备刘玄德的老师是谁吗？《三国演义》的第一回就有提到。刘备的老师叫作卢植。卢植还有一个有名的弟子是白马将军公孙瓒。

　　卢植，字子干，东汉末年经学家、将领。

　　卢植和刘备是老乡，老家涿州。早年在乡下教书，这就是出身贫寒的刘备能成为卢植学生的原因。直到三十岁的时候，卢植才开始进入官场。先是做九江太守，平定了郡内蛮族叛乱之后，因身体不好辞职。后来，九江再次发生蛮族叛乱，卢植再次担任九江太守。一年之后，卢植被召回朝廷担任议郎，与马日磾、蔡邕等人校勘儒学经典书籍，并续写《汉记》。

　　几年后，黄巾起义爆发，卢植被任命为北中郎将，前往冀州平定黄巾军，刘备也率关羽、张飞前来助战。卢植连战连胜，逼黄巾军首领张角退守广宗县。卢植围困广宗，汉灵帝刘宏派小黄门左丰到前线视察，有人劝卢植向左丰行贿，遭卢植拒绝。左丰没捞到好处，怀恨在心，回朝后诬陷卢植高垒不战，惰慢军心，刘宏大怒，下诏免去卢植职务，并用囚车押送其回雒阳，判处无期徒刑，在回雒阳的路上，被刘、关、张看到，张飞要杀了军士，救出卢植，被刘备制止，这是《三国演义》里的情节。

刘宏死后，大将军何进掌权，征召董卓进京。卢植知董卓必为后患，竭力阻止，何进不听。之后果然何进被杀，董卓专权。董卓想废掉汉少帝刘辩，拥立陈留王刘协为帝，文武百官没人敢出声，只有卢植一人站出来反对。董卓大怒，下令将卢植处死。蔡邕出面求情，董卓免了卢植的死罪，下令将其撤职。

不久卢植以身体有病为由，请求回老家。董卓批准后，卢植走小路离开雒阳，董卓派人追杀没有找到，之后卢植便隐居在幽州上谷，不问世事。第二年，袁绍取得冀州后，拜卢植为军师。一年后，卢植去世。

曹操说：故北中郎将卢植，名著海内，学为儒宗，士之楷模，国之桢干也！

士衡黄耳，子寿飞奴

陆机，字士衡，西晋著名文学家、书法家，三国时期东吴大将、丞相陆逊的孙子。

西晋灭东吴的时候，陆机二十岁。吴亡之后，陆机回到家乡，闭门苦学，八年之后，写《辩亡论》，追述自己的父亲和祖父当年的功业，探讨孙家得天下失天下的缘由。一年后，陆机和弟弟陆云来到京师洛阳。在当时的名士、太常张华的推荐下，二陆名声大振，甚至压过了原来的名士"三张"（张载、张协、张亢），时有"二陆入洛，三张减价"之说。

倒霉的陆机没过几天好日子，就赶上了"八王之乱"。一开始，晋武帝司马炎的太傅杨骏征召陆机任祭酒。第二年，傻子皇帝晋惠帝司马衷的皇后贾南风发动政变，杀掉了杨骏，还好陆机没受太大影响，之后在晋王朝内做了很多不同的官位。十年之后，赵王司马伦发动政变，废晋惠帝后自立为帝，"八王之乱"进入第二阶段。陆机先是司马伦的相国参军，之后齐王司马冏（jiǒng）、河间王司马颙、成都王司马颖举义，杀掉了篡位的司马伦，因为陆机跟随过司马伦，陆机被齐王司马冏治罪，因为成都王司马颖、吴王司马晏的救援，陆机免了一死。不久，司马冏兵败被杀，陆机投靠司马颖。

司马颖与河间王司马颙起兵讨伐长沙王司马乂（yì），让陆机代理后将军、河北大都督。司马乂挟持晋惠帝与陆机在鹿苑交战，陆机大败。之后，陆机被宦官孟玖陷害，司马颖将陆机杀害于军中。跟他一起死的，还有他的弟弟陆云、陆耽，儿子陆蔚、陆夏。一代高人，就此陨灭。

传说陆机家中养了一条狗名字叫黄耳。在京城的时候，有一天陆机就对黄耳说：我们在京城，很久没有吴中老家的消息了，你能去一趟吴中取消息吗？黄耳汪汪几声，点头摇尾，带着陆机的书信就走了，一个月后果然带着家书返回，之后又多次往返送信。我们只听说过信鸽，这里是一条"信狗"啊。

张九龄，字子寿，唐朝开元年间著名的宰相，"开元之治"的大功臣，是著名的政治家、文学家、诗人。中国历史上的"名相"当中，张九龄应该排得上名号。

张九龄小时候聪明（貌似这本书里的故事主角没有傻的），

二十四岁进士及第，做了校书郎。他的文章很受宰相张说的赏识。唐玄宗李隆基登基后，于东宫举文学士，张九龄名列前茅，授左拾遗。但是他跟宰相姚崇的关系一直不好，二十八岁那年又得罪了姚崇，自己辞官回到岭南。在岭南，他做了一件功在千秋的大事：向朝廷建议，开凿梅关古道，打通大庾岭，打通内地到广州的交通线。朝廷批准，张九龄亲自勘察，指挥施工，修成了"古代京广线"。

因为大庾岭修路有功，张九龄入京做了左补阙，主管吏部选拔人才。张说再次入朝为宰相，对张九龄非常赏识，把他提拔为中书舍人内供奉。之后的十几年，在张说的奖拔和提拔下，虽有些波折，官职一路上升，到张说病逝后四年，张九龄终于坐上丞相宝座，主理朝政。

后来因为李林甫的谗言，唐玄宗让张九龄改任尚书右丞相，免去知政事。但是张九龄在皇帝心里依然是榜样式的人物，宰相每次推荐公卿的时候，唐玄宗总是要问：这个人的节操、品质、度量能够像张九龄吗？

那个时候，是唐朝的全盛时期，繁荣的背后隐藏着巨大的危机。张九龄提出以"王道"代替"霸道"的治国策略，强调保民育人，反对穷兵黩武；主张省刑罚、薄徭赋、革新吏治等，对巩固中央集权、维护"开元盛世"起到了重要作用。

在张九龄担任宰相期间，有两次机会杀掉安禄山，可惜都被唐玄宗阻止了，不然就不会有后面的"安史之乱"。

传说张九龄家里倒是真正养着信鸽往返家乡送信，张九龄给它们起名叫作"飞奴"。

直笔吴竞，公议袁枢

这是这一篇出现的第二个"直笔"了。上一个还记得吗？直笔
董狐。

吴竞是唐朝唐高宗到唐玄宗年间的人，励志勤学，博通经史。
唐中宗时期，与崔融、刘子玄撰则天实录。其中有一段记载张昌宗
诱使张说诬陷魏元忠。张说当上宰相后，对此耿耿于怀，多次要求
更改，吴竞说：如果我为你徇私情那还叫什么实录？坚持不改。唐
玄宗登基时，升任谏议大夫，仍然以修史为主。吴竞在史官位置上
干了三十年，坚持原则，力争真实记录历史，得到世人的称颂。五
代历史纷繁复杂，吴竞分别撰写了梁、齐、周史各十卷，陈史五卷，
隋史二十卷。吴竞死了以后，他的儿子又向朝廷进奉吴竞所写的唐
史八十多卷。

历史上有名的有三个袁枢，一个是南北朝梁陈时期的大臣，一个
是明朝的书画家，我们这里说的，是宋朝的史学家袁枢。

袁枢十七岁进杭州太学，二十岁参加国子监考试，后又参加吏部
考试，得辞赋科第一名。三十二岁中进士，入仕之后，做过严州教授、
大理少卿、工部侍郎兼国学祭酒、右文殿修撰等职。在国史院任编修
的时候，负责修《宋史》的人物列传部分。北宋中期的政治家章惇(dūn)的
后代子孙请托袁枢在写章惇时多加美言，袁枢斥责说：哼！章惇做宰
相，负国又欺君。我作为史官，不能有任何隐瞒。我宁可负乡亲，也
不可负天下后世的议论！

袁枢在做严州教授期间，撰写了一部鸿篇巨制《通鉴纪事本末》，全书四十二卷，从三家分晋开始，写到周世宗征淮南。其文字全抄司马光的《资治通鉴》，但是做了重新编排。他把《资治通鉴》中记录的事件摘出来，分门别类，每事一题，开"纪事本末体"先河。

正是因为有董狐、吴竞、袁枢这样的"直笔"史官，我们才能看到比较真实的历史啊。

陈胜辍锸，介子弃觚^{gū}

同学们在学校学习中国历史时，都学过"陈胜吴广起义"。历史记录中，这是最早的大规模农民起义，发生在秦朝的末年。

秦朝到了末年，其残暴统治也逐渐达到顶峰，老百姓水深火热，满天下怨声载道。秦二世胡亥登基那年，朝廷大举征兵，陈胜也在其列。路上因雨耽误行程，面临迟到处斩的刑罚，陈胜决定起义。这就是著名的"大泽乡起义"。

起义军很快得到了全国百姓的响应和支持，纷纷"揭竿而起"加入起义军。在陈胜、吴广的率领下，攻城略地，很快就连克数县，于是起义军建立自己的王国"张楚"，都城陈县。

陈胜吴广起义最后虽然失败，但是这一场声势浩大的起义从根本上动摇了秦王朝的根基，为后来其他的起义势力包括刘邦、项羽在内彻底推翻秦王朝奠定了重要的基础。

"陈胜辍锸"的故事说的是陈胜年轻的时候就有大志。有一天，陈胜在田里耕作，忽然把手里的锸，就是铁锹放下，对伙伴们说：苟富贵，勿相忘。意思是如果哪一天我富贵了，一定不会忘记你们。伙伴们说：你整天和我们一样帮人家种田，怎么可能富贵？陈胜叹息一声，说出了那句流芳千古的豪言：燕雀安知鸿鹄之志哉！

　　傅介子是西汉著名的外交家。汉昭帝时，西域的龟兹、楼兰联合匈奴，杀害大汉使官，劫掠汉朝财物。傅介子站出来，主动要求出使大宛，拿着汉昭帝的诏书去谴责楼兰、龟兹等国。楼兰王和龟兹王都表示服罪。匈奴听说了，就派使者前来。傅介子率领自己所带的汉军斩杀了匈奴的使者，胜利返回。汉昭帝下诏任命他为中郎，升为平乐监。

　　为了彻底解决后患，傅介子请缨去龟兹和楼兰刺杀他们的国王，大将军霍光说：龟兹路远，先去楼兰。

　　傅介子带着士兵和金钱来到了楼兰，因为之前傅介子杀了匈奴使节，楼兰王受到匈奴指责，不愿意再见傅介子。傅介子就假装离开，派翻译对楼兰王说：大汉皇帝有黄金锦绣赐给各国，你要是不要，我就给别国了。楼兰王贪财，就决定会见傅介子。大家都喝醉之后，傅介子对楼兰王说：大汉皇帝有要事让我对大王私下报告。楼兰王起身与傅介子进入帐幕，这时埋伏在其中的军士出来刺杀了楼兰王。傅介子带着楼兰王的首级回京交旨，汉昭帝封傅介子为义阳侯。

　　"介子弃觚"的故事是说傅介子十四岁的时候，有一天在家读书，忽然把手中的写字板（觚）扔在地下，感叹说：大丈夫怎么能坐在家里当老儒生呢，应该去异域立功才是！

谢名蝴蝶，郑号鹧鸪

谢逸，字无逸，北宋文学家，与饶节、汪革、谢薖并称为"江西诗派临川四才子"，曾经写过三百首咏蝶诗词，外号人称"谢蝴蝶"。

谢逸一生没有考取功名，或者说没有考上。过着"家贫惟饭豆，肉贵但羹藜"安贫乐道的清苦生活，以作诗文自娱。他的诗词，既有花间词的浓艳，又有晏殊、欧阳修的婉柔。长于写景，风格轻灵飘逸。下面这首《蝶恋花》是咏蝶词的代表作：

豆蔻梢头春色浅。

新试纱衣，拂袖东风软。

红日三竿帘幕卷。

画楼影里双飞燕。

拢鬓步摇青玉碾。

缺样花枝，叶叶蜂儿颤。

独倚阑干凝望远。

一川烟草平如剪。

从这首词里看见美人了吗？

郑谷，字守愚，唐朝唐僖宗年间的进士，官居都官郎中，人称"郑都官"。

郑谷是个诗人，一生作诗不下千首，大部分是咏物或者表现士大夫的生活，欧阳修评价其作品格调不高。因为一首《鹧鸪》诗，又被人称"郑鹧鸪"，在诗坛中占着一席之位。这首诗是这样写的：

暖戏烟芜锦翼齐，品流应得近山鸡。

雨昏青草湖边过，花落黄陵庙里啼。

游子乍闻征袖湿，佳人才唱翠眉低。

相呼相应湘江阔，苦竹丛深日向西。

借鹧鸪的鸣啼抒发游子思乡之情，的确是好诗。

戴和书简，郑侠呈图

戴和是汉朝人，没找到更多此人的记录。据说此人每每结交到知心的朋友，就到先祖的牌位前焚香报告，然后把朋友的名字写在书简上。人这一生，能得三两知己已非易事。如若如此，也就不用告诉祖宗了吧？

郑侠，字介夫，北宋宋英宗年间的进士，"一生为民请命"。

王安石担任宰相，开始变法的时候，曾提升郑侠为光州司法参军。光州所有的案件，王安石都按照郑侠的要求给予批复，郑侠把王安石引为知己，一心报恩。但是在变法的问题上与王安石看法不同，他在地方上见到很多由于变法带来的问题，数次向王安石报告并希望王安石能改弦更张。因此王安石不再重用郑侠。

有一年大旱，三个月没有下雨，赤地千里。老百姓食无粮、穿无衣，地方官吏却还要催逼灾民偿还青苗法所贷本息。连饭都没的吃的灾民要么卖掉所有家当还钱，要么背井离乡逃债。郑侠见到这样的情景，知道再跟王安石说什么都没用，于是就画了一套《流民图》，并写了一篇图解《论新法进流民图疏》，假称边关急报呈给宋神宗。神宗反复观看，长吁短叹，夜不能寐，次日下令开封府发放免行钱，三司使查察市易法，司农发放常平仓粮，三卫上报熙河用兵之事，诸路上报人民流散原因，青苗、免役法暂停追索，方田、保甲法一起罢除，共采取了十八条措施。百姓欢呼。三日后大雨降下，如同甘霖。朝臣入宫祝贺，神宗把《流民图》展示给文武百官，责备他们的错误做法。

瑕丘卖药，邺令投巫

瑕丘仲是唐朝人，一辈子卖药，活了一百多年，当地人都把他看作寿星。后来因为地震，瑕丘仲的房子被震坏了，又进了水，房子就坍塌了。瑕丘仲死后，有人就把他的尸体丢在水里，到他家收拾他留下的药继续去卖。有一天那人回来取药的时候，发现瑕丘仲身上披着羊皮袄跟在后面，差点吓死，立刻跪地求饶。瑕丘仲说：倒也无妨。不过你现在让人知道了我的真像，我就只能离开了。后来，瑕丘仲做了扶余国王的使者，又来到卖药的地方。北方人都说瑕丘仲是个神仙。

西门豹的故事貌似也在小学的课本里，不知道现在还有没有。

西门豹是战国时期魏国的人，魏文侯时期担任邺城县令。最初到邺城的时候看到这里人烟稀少，土地荒芜，就立志改善现状，造福百姓。他把县里年纪大的老人召集起来询问他们为什么老百姓生活这么穷苦。老人们说：我们这里有个习俗：每年都要给河神娶媳妇，不然河神就会发大水。所以每年到了时间，邺城的三老、廷掾（县令的属吏）就向老百姓征收赋税，而且还挑选漂亮的女孩子放到河上，任其漂流沉底，说是变成河神的妻子，所以家里有女孩的都吓跑了。西门豹听了说：好。今年到给河神娶媳妇的时候，你们来叫我。希望三老、巫祝他们都来。

　　到了为河神娶妻的日子，西门豹果然来到河边和三老、巫祝、官员和有钱有势的人相会。地方上的父老也都在，看热闹的好几千人。这一年的女巫是个七十岁的老婆子，带着十来个穿绸裹缎的女弟子。西门豹说：今年的河神媳妇是谁呀？叫她过来，我看看漂不漂亮。人们从帐中扶出一个女子，西门豹看了说：不行，这个女子不漂亮。麻烦大巫婆到河神那跟河神说一声，我们要换一个漂亮的。差役们立即把老巫婆扔进水里。过了一会儿，没有动静，西门豹说：怎么这么久还不回来，让她的弟子去催一催。于是差役们就把一个女弟子扔进河里，又过了一会儿，还是没动静，就又扔了一个弟子到河里，到扔下第三个弟子后，西门豹仍然恭恭敬敬地等待。等了好久，还是没见回音，就把三老也抛进河里。再等，还是没动静，西门豹就要再"派"一个廷掾或者豪长到河里"催催"，这帮人早已经吓得肝胆俱裂，趴在地上砰砰磕头，头都磕出血来。西门豹说：好吧，那就再等等。又等了一会儿，西门豹说：看来河神要留他们很久，大家都散了吧，回家去吧。邺县的官吏和百姓都吓坏了，从此再也没有人提给河神娶媳妇的事儿。

　　通过修水利等措施，西门豹把邺县的经济搞上去了，老百姓生活得便越来越好。这时候，原来被西门豹整治过的官吏就向魏文侯告发西门豹，说邺县官仓无粮、钱库无银、军无装备，邺县治理得一塌糊涂。魏文侯听了，就到邺县视察，问西门豹为什么会"三无"，说不出来杀头。西门豹从容回答：王者使人民富裕，霸者使军队强盛，亡国之君使国库充盈。邺县官仓无粮，因为粮食积储在百姓手中；金库无银，因为银钱都在百姓口袋里；军无装备，因为这里人人皆兵，武器都在百姓手中。大王若不信，让我上楼敲敲鼓，看看邺县钱粮兵器如何？说着，西门豹上楼。一声鼓响，百姓全副武装，手执兵器从四面八方跑来集合；二声鼓响，又一批百姓推着粮草车在楼下集合。

魏文侯见了大喜，说我看到了，让百姓们回去吧。西门豹说：这可不行。民可信不可期。既然召来了，就不能随意解散，不然他们会觉得受骗。既然燕国经常侵我疆土，不如您下令让我带着他们去攻打燕国。魏文侯点头同意。西门豹发兵攻燕，果然收回不少失地。

两千年前的西门豹居然不信鬼神，不用"伟大"二字真不知道怎么形容。

冰山右相，铜臭司徒

张象是唐朝唐玄宗时期的进士，以学识渊博满腹经纶而闻名。但是此人品格清高，不愿意与奸佞为伍。金榜题名后，并没有按照惯例去拜访当朝右丞相杨国忠，还对那些对豪门趋之若鹜的进士冷嘲热讽。有人就劝他，说：作为当朝的进士，你要是想得到好的差事，就必须拜会这位杨宰相，他妹妹可是当今圣上最宠爱的杨玉环啊。没有杨国忠的认可，你是当不了官的。张象听了，不屑一顾地笑笑，讥讽地说：

喊！你们都把杨国忠看作泰山北斗，在我眼里，他只不过是一座冰山，太阳一出来，他就化成一摊水，到时候我看你们依靠谁！说完他就到嵩山隐居去了。

崔烈是东汉时期的人，是幽州的名士。当时汉灵帝刘宏公开卖官鬻爵，就连三公（司徒、司空、太尉，国家最高的三个职位）也是明码标价，一千万钱一个。时任廷尉的崔烈就通过刘宏的傅母（就是保姆或者奶妈）程夫人，得到半价的折扣，花了五百万钱买了一个司徒。拜官的那天，刘宏跟身边的人说：我后悔了，不应该打折。程夫人在一边说：崔先生可是幽州名士呢。人家本来不想买的，幸亏我的撮合。陛下您还不满意呀？

对此，崔烈一直心里别扭。有一天他问儿子崔钧：我现在位列三公，外边的人怎么说我？崔钧直言相告：您没当司徒之前，有很好的名望，大家都觉得您应该位列三公。如今您做了司徒，天下人却觉得很失望。崔烈问道：为什么呢？崔钧说：因为大家都嫌您有铜臭味！

武陵渔父，闽越樵夫

"武陵渔夫"来自陶渊明的名作《桃花源记》。故事是这样的：

东晋太元年间，一个武陵渔夫顺着溪水捕鱼，忘记了路程，沿着一片桃林来到一个村庄。村里人人自给自足，恬然自乐。他们说是秦时避乱来此，不知道有汉朝，更不知道魏晋。渔夫跟他们讲了外面发生的一切，他们款待渔夫，并嘱咐渔夫不要把这里的事跟外面的人说。

渔夫出来的时候做了很多记号，将这事报告给太守，太守李勘派人跟着渔夫去寻找，却再也找不到了。

唐朝有个樵夫叫作蓝超。有一天他追着一头白鹿，通过一个极窄的石门进入到一个豁然开朗的地方。那里鸡犬之声相闻，主人说他们是秦朝人，避难来此。蓝超想回家跟亲人们告个别再回来，可是回来的时候就再也找不到那个石门了。

很多文学作品都来自民间传说，看样子，类似"桃花源"的传说不止一个地方有。

渔人鹬蚌，田父逡卢

"鹬蚌相争，渔翁得利"是一则寓言，出自《战国策》。

一个鹬鸟叼住了蚌肉，蚌就用壳夹住了鹬鸟的喙，两个谁都不想松开。鹬鸟先松开，就吃不到蚌肉，蚌先松开就有性命之忧。鹬鸟说：今天不下雨，明天不下雨，蚌就会被晒死！蚌说：今天出不去，明天出不去，鹬就会被饿死！路过的打鱼老翁看见了，连鹬鸟带蚌一起带回家，享受了一顿美餐。

就是不知道，鹬和蚌的"嘴"都占着，如何说话打嘴仗呢？

在本书第五篇"五微"中，有一段故事叫作"淳于窃笑"，说的是淳于髡的故事。淳于髡是战国时期齐国的政治家和思想家。此人博学多才，滑稽善辩。有一年齐国打算讨伐卫国，淳于髡就对齐王说：

韩子卢是天下跑得最快的狗，东郭逡则是海内最狡猾的兔子。韩子卢追东郭逡，绕过三座山，再越过五座岭，一定累得筋疲力尽。这时候，田里的农夫不费吹灰之力就能把它俩抓了。现在齐、魏两国相争，就像是韩子卢和东郭逡啊。齐王听了，立即罢兵。

郑家诗婢，郗氏文奴

郑玄，字康成，东汉末年的儒家学者、经学大师。

除了在十八岁的时候，因为迫于生计在乡里做了两年小吏之外，郑玄的一生都是在学习和研究学问中度过的，再没有担任过任何官职，尽管有各种公卿诸侯举荐或者征召。

年轻的时候郑玄从师第五元先，不但学习研究了《周官》《礼记》《左氏春秋》，还学习研究《三统历》《九章算术》。当他成为山东一带首屈一指的学问家的时候，他决定走向更广阔的天地。于是，经过刘备的老师卢植介绍，郑玄千里迢迢西入关中，拜最著名的经学大师马融为师。学了七年之后，四十岁的郑玄已经成为全国著名的经学大师了，成百上千的人来听郑玄讲课。

第二次"党锢之祸"，郑玄莫名其妙地被牵连，从四十五岁开始，一直被禁锢到五十八岁。在此期间，郑玄注释和著书"几百余万言"，创立了"郑学"，对中国经学的发展做出了无与伦比的贡献。

黄巾起义爆发后，郑玄的禁锢被解除，之后的十多年间，先后有大将军何进、后将军袁隗等推荐或者征召入仕，被郑玄一一拒绝，坚持夜以继日、孜孜不倦地研究经学。有一年，郑玄从徐州返回高密，在路上遇到大批黄巾军。意外的是，黄巾军对郑玄非常尊重，"见玄皆拜，相约不敢入县境"。因为郑玄，高密一县居然没有受到黄巾军的劫掠。可见郑玄在当世的影响有多大！

传说郑玄家中的奴婢都能读书，奴婢们甚至能用《诗经》中的句子对话，所以叫"诗婢"。

郗愔^{xī yīn}是东晋时期的官员，大书法家王羲之的小舅子，官至平北将军，徐、兖二州刺史。郗愔也善书法，擅长草隶体。传说郗愔家有奴仆文章写得很好，王羲之很喜欢他，常和郗愔提起。

附录：《龙文鞭影》

第一卷

一东

粗成四字，诲尔童蒙。经书暇日，子史须通。

重华大孝，武穆精忠。尧眉八彩，舜目重瞳。

商王祷雨，汉祖歌风。秀巡河北，策据江东。

太宗怀鹞，桓典乘骢。嘉宾赋雪，圣祖吟虹。

郗仙秋水，宣圣春风。恺崇斗富，浑潦争功。

王伦使虏，魏绛和戎。恂留河内，何守关中。

曾除丁谓，皓折贾充。田骄贫贱，赵别雌雄。

王戎简要，裴楷清通。子尼名士，少逸神童。

巨伯高谊，许叔阴功。代雨李靖，止雹王崇。

和凝衣钵，仁杰药笼。义伦清节，展获和风。

占风令尹，辩日儿童。敝履东郭，粗服张融。

卢杞除患，彭宠言功。放歌渔者，鼓枻诗翁。

韦文朱武，阳孝尊忠。倚闾贾母，投阁扬雄。

梁姬值虎，冯后当熊。罗敷陌上，通德宫中。

二冬

汉称七制，唐羡三宗。杲卿断舌，高祖伤胸。
魏公切直，师德宽容。祢衡一鹗，路斯九龙。
纯仁助麦，丁固梦松。韩琦芍药，李固芙蓉。
乐羊七载，方朔三冬。郊祁并第，谭尚相攻。
陶违雾豹，韩比云龙。洗儿妃子，校士昭容。
彩鸾书韵，琴操参宗。

三江

古帝凤阁，刺史鸡窗。亡秦胡亥，兴汉刘邦。
戴生独步，许子无双。柳眠汉苑，枫落吴江。
鱼山警植，鹿门隐庞。浩从床匿，崧避杖撞。
刘诗瓴覆，韩文鼎扛。愿归盘谷，杨忆石淙。
弩名克敌，城筑受降。韦曲杜曲，梦窗草窗。
灵征乌狗，诗祸花龙。嘉贞丝幔，鲁直彩缸。

四支

王良策马，傅说骑箕。伏羲画卦，宣父删诗。
高逢白帝，禹梦玄夷。寅陈七策，光进五规。
鲁恭三异，杨震四知。邓攸弃子，郭巨埋儿。
公瑾嫁婢，处道还姬。允诛董卓，玠杀王夔。
石虔娇捷，朱亥雄奇。平叔傅粉，弘治凝脂。
伯俞泣杖，墨翟悲丝。能文曹植，善辩张仪。
温公警枕，董子下帷。会书张旭，善画王维。
周兄无慧，济叔不痴。杜畿国士，郭泰人师。
伊川传《易》，觉范论《诗》。董昭救蚁，毛宝放龟。

乘风宗悫，立雪杨时。阮籍青眼，马良白眉。
韩子《孤愤》，梁鸿《五噫》。钱昆嗜蟹，崔谌乞麋。
隐之卖犬，井伯烹雌。枚皋敏捷，司马淹迟。
祖莹称圣，潘岳诚奇。紫芝眉宇，思曼风姿。
毓会窃饮，谌纪成麋。韩康卖药，周术茹芝。
刘公殿虎，庄子涂龟。唐举善相，扁鹊名医。
韩琦焚疏，贾岛祭诗。康侯训侄，良弼课儿。
颜狂莫及，山器难知。懒残煨芋，李泌烧梨。
干楷杨沛，焦饭陈遗。文舒戒子，安石求师。
防年未减，严武称奇。邓云艾艾，周曰期期。
周师猿鹤，梁相鹪鸱。临洮大汉，琼崖小儿。
东阳巧对，汝锡奇诗。启期三乐，藏用五知。
堕甑叔达，发瓮钟离。一钱诛吏，半臂怜姬。
王胡索食，罗友乞祠。召父杜母，雍友杨师。
直言解发，京兆画眉。美姬工笛，老婢吹篪。

五微

敬叔受饷，吴祐遗衣。淳于窃笑，司马微讥。
子房辟谷，公信采薇。卜商闻过。伯玉知非。
仕治远志，伯约当归。商安鹑服，章泣牛衣。
蔡陈善谑，王葛交讥。陶公运甓，孟母断机。

六鱼

少帝坐膝，太子牵裾。卫懿好鹤，鲁隐观鱼。
蔡伦造纸，刘向校书。朱云折槛，禽息击车。
耿恭拜井，郑国穿渠。国华取印，添丁抹书。
细侯竹马，宗孟银鱼。管宁割席，和峤专车。

渭阳袁湛，宅相魏舒。永和拥卷，次道藏书，
镇周赠帛，虙子驱车。廷尉罗雀，学士焚鱼。
冥鉴季达，预识卢储。宋均渡虎，李白乘驴。
仓颉造字，虞卿著书。班姬辞辇，冯诞同舆。

七虞

西山精卫，东海麻姑。楚英信佛，秦政坑儒。
曹公多智，颜子非愚。伍员覆楚，勾践灭吴。
君谟龙片，王肃酪奴。蔡衡辨凤，义府题乌。
苏秦刺股，李勣焚须。介诚狂直，端不糊涂。
关西孔子，江左夷吾。赵抃携鹤，张翰思鲈。
李佳国士，聂悯田夫。善讴王豹，直笔董狐。
赵鼎倔强，朱穆专愚。张侯化石，孟守还珠。
毛遂脱颖，终军弃繻。佐卿化鹤，次仲为乌。
韦述杞梓，卢植楷模。士衡黄耳，子寿飞奴。
直笔吴兢，公议袁枢。陈胜辍耜，介子弃觚。
谢名蝴蝶，郑号鹧鸪。戴和书简，郑侠呈图。
瑕丘卖药，邺令投巫。冰山右相，铜臭司徒。
武陵渔父，闽越樵夫。渔人鹬蚌，田父逡卢。
郑家诗婢，郗氏文奴。